U0451537

大学的生命

第一卷

主　　编　崔延强
本卷主编　邓　磊

商务印书馆
The Commercial Press

图书在版编目（CIP）数据

大学的生命：全2卷 / 崔延强主编. — 北京：商务印书馆，2021
ISBN 978-7-100-18795-4

Ⅰ. ①大… Ⅱ. ①崔… Ⅲ. ①高校管理－文集 Ⅳ. ① G647-53

中国版本图书馆CIP数据核字（2020）第132034号

权利保留，侵权必究。

大学的生命
（全2卷）

崔延强　主编

商　务　印　书　馆　出　版
（北京王府井大街36号　邮政编码 100710）
商　务　印　书　馆　发　行
三河市尚艺印装有限公司印刷
ISBN 978 - 7 - 100 - 18795 - 4

2021年3月第1版　　　开本 680×960　1/16
2021年3月第1次印刷　　印张 41 1/2
定价：180.00元

序：大学的生命

12世纪文艺复兴以降，大学历经新知识大发现、民族国家兴起、宗教改革、工业革命、全球化等浪潮，曾被质疑为纨绔子弟挥霍之地，一度烛火飘摇，几近泯灭，幸每每于危难之际，其命维新。大学发展到今天，已深深融入社会和国家的肌体、血液之中，大学的生命与国家命运、社会命运相系。当前，我国高等教育逐渐由后大众化向普及化转型，大学系统的各要素将在此过程中被重新检视和调整，加之"双一流"建设的开启，国内学术界对大学的思考逐渐形成了一波热潮，均希望借由大学研究为当代大学问题找到良方良药。本文集收录文章43篇，是近年来我的团队在大学研究方面的相关成果，解码了大学的生命之源流，并提出了未来的改革进路，以期与读者共飨。

一、大学的生命何来

大学的出现不是偶然的，中世纪的行会经济、文化知识的复兴以及宗教对人才培养的重视为大学的诞生提供了土壤。一般认为，知识复兴催生了知识分子阶层的形成，知识分子养家糊口的需求、社会公众对知识的渴求，使得知识的"买卖"、"传授"成为一种可能，这是早期大学诞生的原动力。效仿手艺人行会制度，学者行会和知识分子法团逐渐制度化，成为最早的大学。从源头来看，正如纽曼所言，大学是传授普遍知识的地方，为传授知识而生，为学生而设，以教学为唯一功能。纽曼的观点代表了传统大学的发展之道，无论是先生大学还是学生大学，均是建立于知识授受的契约之上。随着大学与外部互动的增强，其日渐成为与社会、国家之间的十字街。洪堡带领下的柏林大学第一次赋予绵延近600年的大学以新使命，亦即科学研究，为了实现国家的再次复兴与强大，德国按照人文主义精神对柏林大学进行了深入改革，培养目标不再仅限于知识习得与执教能力养成，人们更加关注独立的科学研究品格以及科学知识生产能力形塑，首要任务是培养科学接班人。"知识传授"与"知识生产"职能的形成加速推进大学走向社会中心，在实用主义思想的浸润下，以美国高校为代表的现代大学基于人才培养和高水平科研能力逐渐构建了以服务社会为使命的发展模式，"莫雷尔计划"与"威斯康星思想"的出现等均象征了大学社会服务功能的生成。历时态下，大学功能的历史变迁的本质是大学肌体和灵魂的生长，大学从黑暗社会的智慧之花渐趋成为当代世界改革与发展的动力站，彰显了大学生命的不断成熟和强大。

二、大学的生命何以赓续

我们需要思考，大学何以会不断成长并展现勃勃生机，而不像其他社会组织随着政权、战争、灾难而更迭，大学自12世纪诞生至今已经800多年，其基业长青的奥秘何在？我们认为，其核心即在于对大学精神的坚守和对大学逻辑的遵循。大学精神既有不变的永恒，如对大学自治与学术自由的执着，也有变的成分，因为大学精神与时代呼应，不同时期的精神内涵均具有时代烙印。就前者而言，大学在其诞生之初就以"特许状"这种契约勾勒了与世俗、宗教的关系，进而保证大学在追求真、善、美的过程中不被外部力量所干预；自治也好，自由也罢，均是如此。当然，大学精神也是时代精神的折射，中世纪的巴黎大学，近代的柏林大学、威斯康星大学，以及烽火岁月中的西南联大，无不是时代使命与大学使命的有机融合体，这种既与时代互动又与之保持距离的关系，反映了大学的明哲保身之道。逻辑是基于深层价值而表现出的行动范式，政治逻辑、认识论逻辑以及经济逻辑也在不断融入大学的肌体，使得大学一直小心翼翼地寻求与国家、市场以及真理之间的关系。千百年来，大学一直在这多种关系的博弈中寻找平衡点，如果这一平衡不小心被打破，那么这也意味着大学精神的迷失；无论是政治的垄断，还是市场的统治，抑或对真理追求的无视，均将威胁大学生命的赓续。大学的生命之树长青在于大学精神，在于大学逻辑，此为大学生命之基。

三、大学向何处生长

"现代性"无疑是我们这个时代的焦点所在，它内在形塑着大学的运行模式与路径，让社会生产系统的理性、主体性、契约精神、科层化以及民族国家等诸多要素进入大学的组织，推动着大学的现代化进程，现代大学成就的取得也正得益于此。但同时，我们不能否认"现代性"的风险，学术评价的量化、指标化，大学的绩效主义，对秩序的过度追求也在让大学陷入危机。"现代性"仍然是当代大学运行的主要支撑力量和前行的动力，但需要注意的是，大学在接受"现代性"影响的同时也逐渐与"后现代"联姻，这两者之间并不冲突，甚至可以认为"后现代"是现代主义的一种延伸和拓展，它并非"现代性"的终结力量。促进后现代大学发展的动力来自两方面，一是知识经济的发展，一是信息技术的变革，这两者一个内在改变大学的运行路径，一个外在改变大学的形态。知识社会下，知识生产主体呈现多中心化，产业界等外部组织也日益扮演知识生产者和人才培养者的角色，学术研究与人才培养的定制化、情境化、商品化，文凭的消费主义等已经显著区别于近代以来学科框架下的大学范式。此外，技术与大学的深度融合，也在改变知识的获取方式、学位的获得途径，人工智能与深度学习革新了教学形态，虚拟大学、混合式教育催生了新的大学形态。

大学从没有像今天这样遭遇如此深刻的变革境遇，这也许是当前我们开展大学研究，并建立专门的高等教育学学科制度的重要原因之一。

　　大学已经处于深度的变革调整期，这种调整的目的是为了更好地理顺大学与社会、国家、市场，甚至是与技术的关系。在今天的社会，大学的功能与价值并没有被削减，相反，社会的发展更加依赖大学的智力输出与支持。传统社会中知识的价值并未凸显，大学与社会相互保持着距离，然而今天的大学，已经走进社会的中心，成为名副其实的动力站，社会的每一步发展都必须依赖知识的生产和创新。2019年国家科学技术奖励项目中，大学占比达82.8%，作为第一完成人单位的也达66.5%，大学在人才培养上更是占据绝对主导地位，高层次硕博人才培养数量远远超过科研院所。可以认为，今天的大学虽然不断遭遇外部环境、价值的挑战，但同时也是大学生命演化中的机遇期。郭为藩在《转变中的大学：传统、议题与前景》中也曾提出，现代大学正在经历一场"静默的革命"，是19世纪中期以来最巨幅的转变。构建合理的、科学的、高效的大学内外部关系，使大学成为人类的精神家园、公共空间和文化的引领者、社会发展的促进者，毋庸置疑，大学改革还有很长的路要走。

　　立足于大学生命的基点，本文集意在整理近年来我的团队的相关学术论文，从大学思想到大学变革维新，从大学制度到大学争鸣等，探索大学延绵800余年、至今不衰的历史之谜与发展之路。

　　道以为制，制以为新，这是大学的肌体。文以载道，育人为先，这是大学的生命，中国大学的生命。

　　是为序。

崔延强

2019年冬于嘉陵江畔

目　录

第一卷

大学之源

中世纪欧洲大学的精神遗产 ... 3
 一、中世纪欧洲大学孕育现代大学核心要素 ... 4
 二、中国传统书院：保持在柏拉图学园的意义上 ... 5
 三、行会性质不可等闲视之 ... 6
 四、讲解与论辩：获得学术独立的内在精神气质 ... 8

大学组织的权力来源与功能演变 ... 11
 一、早期大学的组织特征与发展间隙 ... 12
 二、中世纪大学的权力来源与组织功能 ... 14
 三、中世纪大学组织的启示 ... 18
 四、社会主义大学的功能 ... 20

历史视野与现实导向
 ——中世纪大学研究的问题、意义与理路 ... 23
 一、近阶段我国中世纪大学研究的基本情况与突出问题 ... 24
 二、中世纪大学研究的主要目的 ... 26
 三、中世纪大学研究的基本理路 ... 30

大学之流

古典大学文化生活的现代续延：英式住宿学院的缘起、承继
    与启示 37
    一、英式住宿学院的起源与特色 38
    二、美国大学对英式住宿学院的承继 42
    三、英式住宿学院对我国大学的启示 46

大学使命的历史沿革与发展趋向
    ——以社会契约论为视角 50
    一、大学与社会的"契约关系" 51
    二、"社会契约"的调整与大学使命的沿革 53
    三、当今社会的发展向度与现代大学的历史使命 57

大学功能的演进逻辑
    ——基于社会契约的视角 63
    一、大学功能的社会起源 64
    二、大学功能的历史沿革 66
    三、大学功能的当代转型 69

从"支点"到"中心"
    ——现代性视野下的学术范式与大学定位 75
    一、学术之意味：知识社会学的解读 76
    二、大学的诞生：学术范式的确立以及神权君权的平衡支点 78
    三、研究性大学的出现：传统学术范式的消解与大学的
          国家化之路 79

四、知识社会的到来：知识的民主化与作为"中心"的大学.........81

"大楼"之于大学

——基于美国住宿书院建造史的大学场域之思..................86

一、"大楼"隐喻以及大学场域的历史渊源....................87

二、场域缺失：美国大学书院建造运动的缘起.................90

三、场域重构：美国大学书院建造运动的进展与成就............93

四、建构大学场域：美国大学书院建造运动的启示.............101

大学之变

大众化向普及化转型期的大学人才培养模式变革..................107

一、大学人才培养模式变革的基本逻辑........................108

二、大众化向普及化转型时期大学人才培养的趋势与挑战..........109

三、转型时期的中国大学人才培养模式变革....................114

大变革时代

——洛厄尔的哈佛改革对中国伟大大学建设的启示................120

一、"大变革时代"来临：美国大学的危机与契机................121

二、独立、民主与创新：洛厄尔的高等教育思想................125

三、课程、考核与文化培育：洛厄尔的改革措施................132

四、大学内外：洛厄尔改革的历史影响........................144

五、建设中国特色的伟大大学：洛厄尔改革的当代启示...........145

培养整全之人：大变革时代的美国大学理念焕新及其启示..................154
    一、大变革时代的到来与全人教育理念的提出 155
    二、全人教育的理论渊源与政策主张................158
    三、全人教育者的实践措施与历史影响................163
    四、美国大学理念焕新对中国大学之启示................168

论大学的学术责任
    ——现代大学学术研究的四重属性................171
    一、大学学术的职业规定................172
    二、大学学术的道德诉求................176
    三、大学学术的政治责任................180
    四、大学学术的社会功能................183

大学起源要素探析与中国大学体系建构
    ——基于唯物史观的视角................186
    一、必然与偶然：大学起源的社会条件................187
    二、一元与多维：大学起源的主体选择................189
    三、反思与启示：中国大学的主体功能与多元取向................192

大学之新

现代性语境下的大学演进与中国大学图新................199
    一、现代性的知识根基与学术范式................200
    二、现代性语境下的大学组织演进................203

三、施特劳斯的三次浪潮和孔德的三阶段 208

　　四、现代性逻辑下的新时代中国大学图新 211

大学学科的现代性问题及其超越 222

　　一、学科的内涵及演进形态 223

　　二、学科现代性问题的现实形态 228

　　三、超越学科现代性困境的行动路径 235

"双一流"建设下的高等教育体系均衡发展

　　——基于美国经验的省思 240

　　一、美国高等教育体系的建构历程 241

　　二、美国高等教育体系的基本特征 250

　　三、美国经验的省思：促进高等教育体系的均衡发展 253

中国研究生教育改革

　　——从学术型到职业型的转变 259

　　一、扩大专业学位培养规模，丰富其办学层次 261

　　二、加大经费投入，提高专业学位教育的培养质量 262

　　三、实行多元培养模式，加强专业学位教育的实践环节 264

　　四、结语 266

大学的文化性格与中国大学的文化功能 268

　　一、大学文化性格的解读 268

　　二、中国大学的文化功能 270

"双一流"背景下的学位制度改革与卓越人才培养

　　——基于英美大学"荣誉学位"的省思 272

　　一、我国学位制度在人才培养方面的不足 273

二、荣誉学位制度在英国大学的起源 275
　　三、荣誉学位制度在美国大学的发展 278
　　四、荣誉学位制度对中国大学人才培养改革的启迪 281

城市参与大学治理与章程制定路径初探 285
　　一、城市与大学的历史渊源 286
　　二、城市参与大学治理与章程制定的现实意义 287
　　三、城市参与大学治理与章程制定的现实困境 290
　　四、城市参与大学治理与章程制定的现实基础 291

第二卷

大学理念与思想

今日大学需要怎样的"博雅"和"通识" 299
　　一、西方世界的"博雅"和"通识"传统 300
　　二、绕不过去的困惑 303
　　三、今日应提倡怎样的"博雅"和"通识" 305
试论教育即是立"心" 307
　　一、心育 308
　　二、立仁心 310
　　三、立匠心 312
　　四、立公心 314

五、统三"心"以进于世界之心 317

中世纪大学学位制度形成的历史渊源 321

　　一、中世纪的教育 321

　　二、大学的兴起 323

　　三、学位制度的形成 327

　　四、结语 336

自由探索抑或国家意志：大学学者学术责任的审思 338

　　一、自由探索：大学学者的理性旨归 339

　　二、国家意志：大学学者责任的时代诉求 342

　　三、悖论与超越：大学学术研究责任的审思 344

论大学章程的文化个性

　　——基于欧洲三所大学章程的比较 348

　　一、何为大学章程的文化个性 349

　　二、对三所大学及其章程的分析：文化个性三个层面的视角 351

　　三、文化个性比较：三部大学章程的文化共性 358

大学制度与范式

章程实施与大学组织文化生成机制 365

　　一、作为一种非正式制度的大学组织文化 366

　　二、大学章程与大学组织文化的关系 367

　　三、大学组织文化生成的机制：章程实施的视角 370

四、政策建议 372

现代性语境下高校学术量化评价的隐忧及超越论析 376

一、高校学术量化评价内涵概述 377

二、高校学术评价"计算思维"的现代性根源 378

三、高校学术量化评价的现代性隐忧 380

四、学术量化评价现代性困境的超越 383

基于清单制度的大学与政府关系构建 388

一、清单制度的内涵与结构体系 388

二、建立权力清单,明确各自权力的限度 390

三、建立责任清单,使责任与权力同等重要 392

四、建立负面清单,真正落实"法不禁止即可为" 393

台湾私立大学院校退场制度研究 395

一、台湾私立大学院校引进退场制度的动因 396

二、台湾私立大学院校退场制度的政策演变 400

三、台湾私立大学院校退场制度的实施 402

四、台湾私立大学院校退场制度的反思与展望 407

我国大学基层教学组织的学术制度构建研究 412

一、基层教学组织的形成及其学术制度内涵 413

二、大学基层教学组织建制的现实观照 414

三、基层教学组织学术制度构建的路径选择 421

大学嬗变与图新

基于学科文化创新的一流学科建设路径探论 431
  一、学科文化：结构与功能 432
  二、理想型学科文化的核心特质 437
  三、当代高校学科文化生态的主要困境 439
  四、一流学科建设的文化创新路径 445

论一流大学成长的实践逻辑 450
  一、要有一位富有教育情怀的一流大学校长 451
  二、要遵守和创新现代大学的基本制度 453
  三、要自觉建构一种一流的大学文化 456
  四、要培养一支富有教育使命感的学者队伍 458
  五、要妥善经营和使用大学发展的多元资金 461

我国高等职业教育学位的制度功能及其构建 464
  一、职业属性——学位的应然之意 465
  二、高等职业教育学位的制度功能 468
  三、域外高等职业教育学位制度建设实践 471
  四、我国高职教育学位制度的构建路径 474

谈学位授权审核制度中省级政府职能的转换 479
  一、我国省级政府在当代学位授权审核制度中的职能演变 479
  二、权力结构中省级政府的职能及存在的主要问题 482
  三、新时期学位授权审核中省级政府转变职能的重点 485

我国开放大学治理困境与现代大学制度推进 489
 一、何谓大学治理 490
 二、开放大学治理面临的困境 491
 三、探索建设现代大学制度路径的开放大学治理 495

抗战时期金陵大学系科调整的历史考察 502
 一、抗战前期金陵大学系科发展之历程 503
 二、抗战时期金陵大学系科调整之必要性 506
 三、战时金陵大学系科调整之历史考察 509
 四、抗战时期金陵大学系科调整的历史意义 516

歌以载道：大学校歌与战时大学精神论析 521
 一、抗日战争时期的大学校歌整理 523
 二、战时大学校歌的核心词频考察 528
 三、战时大学精神管窥 532
 四、余论 539

理论与实践争鸣

科学院大学现象研究
 ——一种新型大学模式的生成逻辑与发展前景 543
 一、科学院大学"新"在何处 544
 二、科学院大学的生成逻辑 546
 三、科学院大学发展前景分析 551

论大学治理模式变革的知识逻辑 559
- 一、大学治理模式变革的知识源起 560
- 二、大学治理模式变革的知识形态 563
- 三、提升大学治理能力的知识理路 570

异化与制度化：现代大学学术权力审思 574
- 一、大学学术权力的来源 575
- 二、现代大学学术权力异化表现 576
- 三、现代大学学术权力制度化路径 580

重构传统文化的符号空间：书院人文教育的现代性困境与突围路径 586
- 一、书院人文教育的现代性困境：传统文化符号空间的断层与破碎 587
- 二、书院人文教育的传统文化符号空间解构：一种困境突围的可能性 591
- 三、现代书院人文教育的建构路径：重构传统文化符号空间 595

中国近现代教育变革中学派师承的特征、变迁及价值 600
- 一、学派师承研究的难点及其克服方法 602
- 二、中国近现代学派传承的基本特点 604
- 三、学派师承对近现代中国教育变革的深刻影响及其反思 610
- 四、学派师承的现实困境及其重建价值 614

现代社会科学的现代性问题
——从现代社会科学的起源看 618
- 一、社会科学概念之起源 619

二、新权威下的理性主义原则 620

三、民族国家语境下的欧洲中心主义 627

四、"客观主义"色彩的实证主义 632

五、超越与创新 635

六、结语 640

大学之源

中世纪欧洲大学的精神遗产

崔延强

近日,北京大学传出消息,将取消院系行政领导的行政级别,改为聘用制,恢复这些院系负责人的学术责任人身份。北大此举被认为是推进高校综合改革、坚守大学精神的重要措施。在此背景下,我们回眸被视为近现代大学之滥觞的中世纪欧洲大学,看看它为我们提供了一份怎样的精神遗产。

为什么大学可以历经近千年而不衰?大概世界上还没有一种社会组织系统有大学这么古老而常新。大学不因政治的风云变幻、改朝换代而飘摇不定,也不因生产方式的革命而被革命。是什么使大学在时间洪流中坚挺如初?必定是一种精神,大学所特有的一种精神。因为任何制度都可以被命运击碎,唯有精神才能永恒。大学制度长寿的秘密就在于它的精神一以贯之,绵延不绝。那精神就是学术自由、大学独立、追求卓越。这种精神的原初形态在中世纪大学是以怎样的方式呈现出来的?中世纪的大学为我们提供了一份怎样的精神遗产?

大学滥觞于中世纪的欧洲。在意大利中部有一所叫博洛尼亚的大学,是有史可记的最早的大学,至今依然人声鼎沸、薪火相传,在校生规模大约有 6 万人。几乎同时期的还有巴黎大学,在 1215 年和 1231 年两度获得教皇授权,从而具备了官方办学许可。另外,牛津、蒙彼利埃、剑桥、萨拉曼卡、帕多瓦、那不勒斯、图卢兹、奥尔良、里斯本、海德堡、科隆、都灵、莱比锡、鲁汉、弗莱堡、巴塞尔、布拉格、维也纳、哥本哈根、图宾根等大学相继建立，成为13—15世纪欧洲知识传承的中心。

一、中世纪欧洲大学孕育现代大学核心要素

中世纪不是知识和文明的断裂，不是黑暗的代名词。欧洲人学会逻辑理性思考、运用亚里士多德博大的知识体系和犹太人炽热的宗教信仰改造日耳曼人精力过剩的躯体与荒蛮的心灵，肇始于中世纪。大学，这个人类精神的家园，正是改造心灵的产物。12世纪的欧洲城市文明随着阿拉伯文化的西渐，进入了一个"小"文艺复兴时期。知识生产需要一个较高专业化水准的行业系统来担负，于是便催生了专门销售和购买这些技能的职业群体——知识分子，初步形成了与现代大学一脉相承的核心要素。比如修课、考试、答辩、学位、系科、学院、校长、章程、注册、学费、办学主权等，都可以在中世纪的大学，尤其是在博洛尼亚大学和巴黎大学这两所"原型"大学找到踪迹。这些要素中尤为关键的是学位制度的萌芽。博士、硕士学位源于"执教许可证"（licentia docendi），意味着教师和其他职业从业者的资质应当经由大学确认，意味着大学成为知识生产与再生产的权力机构，逐渐从对宗教和世俗政治的依附中独立出来，形成与教权、王权相呼应的第三种权力，成为社会阶层分化的加速器。在这种意义上，大学自主独立的第一要素是获得职业准入资质的审核权。

中世纪大学的这些要素是崭新的，在古希腊、古罗马时代的教育活动中并不存在。古希腊、古罗马的教育属于有闲暇阶层的"自由教育"。希腊学园最多属于成人学校或高等教育机构，而绝不会是大学，它不具备支撑大学存在的基本要素。也就是说，学园与文凭无关，还

没有成为一种职业资质的生产机构。跟着柏拉图研习几年，也不会发给你一个执教资格证书。学园掌门人的确立似乎也不存在中世纪大学里的按系科（faculties）或同乡会（nations）推选出一名校长（rector）负责管理的推选制度，而是老园长指定。实际上，根据有关文献，古希腊、古罗马时代的学园更多的是一种政治、宗教、学术的混合体，培养"哲学王"那样的政治领袖、立法者、演说家大概是学园的主要任务，从早期的毕达哥拉斯派、柏拉图主义的学园派到希腊化时代的众多流派的学校概莫能外。智识活动未能从政治和宗教生活中完全剥离出来，成为一种职业化而非身份化的活动，所以古希腊、古罗马的学园还不能被称为大学。

二、中国传统书院：保持在柏拉图学园的意义上

顺便说来，欧洲中世纪的知识分子群体与中国传统知识分子大不一样，大学的这些要素也不会存在于传统书院文化中。欧洲中世纪的知识分子一开始就是生于"草本"，自谋生计，自食其力，没有一个从政治中心、从主流群体游走出来，落于"草根"、沦为边缘的过程。中国知识分子自古属于士、农、工、商"四民"之首，垄断知识生产与再生产，一条科举大道把读书人的命运与官僚科层体制紧紧联系起来。1905年的某一天这条改变命运的大道突然坍塌，读书人一夜之间手足无措，纷纷涌向政治的边缘，落草为工、为商、为兵，"四民之首"不复存在。从民国初年的被动落难，到"五四"时代一部分人的积极高呼"劳工神圣"，直到最后终于成为"工人阶级的一部分"，知识分子从身份关系到契约关系的转型，其精神蜕变过程不可谓不痛苦。由传统中国知识分子结成的书院，为何往往不被视为大学而被视作高等教育机构，大概也是因为它缺乏从中世纪以降大学的核心要素。书院基本与柏拉图学园的意义相当，属于非知识生产与再生产的悠闲阶层的

心智训练机构。

在欧洲，知识分子自始至终就是生产者或者小生产者的一部分。为了保护自身的知识生产利益，他们结成师或生的行会组织（universitas），不断与地方的宗教、政治、世俗势力抗争。大学的知识产生不仅要具备基本要素，还必须获得独立于宗教和政治的自主权。中世纪的大学正是周旋于罗马教廷、地方教会、王权政治、世俗社会之间，逐步争取到了独立生存空间的。大学需要教权的支持、庇护和授权，但它绝非教会的附庸，尽管大学早期与教会有着血脉关系；大学需要世俗政治赋予一定的权力，但它不是王权的"智囊团"，大学知识分子不是依附于世俗王权的御用文人。这就是为什么大学可以历经近千年而不衰的根本原因。

三、行会性质不可等闲视之

最早的大学与城市其他行业组织一样，属于行会性质。13世纪的文献指称大学的拉丁词汇有两个：一个是universitas，另一个是studium generale。前者为法律用语，通称各种类型的社团和法人，如行会、商会、兄弟会等。如果谈论的主体是教学的话，往往加上限制词："教师法团"（universitas magistrorum）或"学术法团"（universitas studii）。需要说明的是，universitas在中世纪纯粹是教师或学生的行会或法团，并没有后来，尤其是德国古典哲学家所理解的知识的"总汇""全体""综合性""普遍性"等引申意义，比如雅斯贝尔斯提出的"知识的宇宙"。大学就是把试图学习或传授某种知识技艺的人群集结起来，制定规矩章法、争取合法权力、保护团体利益、垄断行业竞争的一群人。如社会学家涂尔干所说："就其本身而言，这个词没有丝毫的学术和教育方面的关联。"因此，我们不能望文生义，把今天综合性大学科目之间的整体性、关联性、有机性过早或过度地赋予原初状态的大学,掩盖了行会或法团——大学组织——的本原意义,而这种意义至关重要,正是由于大学的行会性质,使之与古希腊、古罗马的贵族的"自由教育"和传统中国的书院区分开来。

studium generale 在 13 世纪中期以后出现,我尝试译作"普通学校"。因为欧洲的一些主要大学,到了 13 世纪中后期,为其办学授权的资质逐步从教区主教向罗马教皇转移,只有教皇才真正有资格创办一所 studium generale,即"整全的或普适性的学校",也只有教皇才能授予大学享有全基督教世界通用的执教权,大学从此获得了世界主义的特征。总之,studium generale 一词大致可以概括为三重含义:第一,学校由最高权力如教皇或皇帝在法律上授权和确认。第二,经教皇授权颁发的学位或执教许可证具有普遍效力。第三,所获得的授权普遍适用于不同学术法团或行会领域(facultas),如艺学、法律、医学、神学。studium generale 已出现现代意义上的大学或学院联盟的含义。

因此,universitas 和 studium generale 是中世纪大学组织体系发展的两个阶段,体现出大学由自发性的、区域性的、单一性的、非学术意义的行会向最高授权性的、普适性的、联合性的、多科性的、学术性的行会系统过渡,大学的组织结构的轮廓线条逐步明朗清晰起来。

早期大学组织的行会或法团性质的意义不可等闲视之,它标志着一种职业化的知识分子或教师在欧洲产生。古希腊、古罗马的知识分子或教师不是职业性质的,他们要么是柏拉图式的自由文人,要么是西塞罗式的业余爱好者。中世纪的教师受聘于学生行会或"博士(教师)协会",授课的内容、方式、课时、效果、纪律有着明确的规范约束。如博洛尼亚大学章程规定,教师不得无故缺课或迟到早退,离开城镇要缴纳保证金。少于 5 名学生听课要被罚款。[①] 教学活动是全职性

---

① 参见查尔斯·霍默·哈斯金斯:《大学的兴起》,王建妮译,上海人民出版社 2007 年版,第 6—7 页。

的，教师成为一种真正的职业。最重要的一点，中世纪的学生读大学的目的是为了做教师、做律师、做医生、做神职人员来进行职前训练的。因此，职业需求和发展一定是刺激13世纪大学产生的强劲动力。当然不排除传统"七艺"对于大学存在的意义，但我们不应过分渲染以"七艺"为核心的古典教育在大学产生方面的绝对意义。实际上在中世纪，博士、硕士等最高学位或执教证书的获得者不在以"七艺"为传授内容的艺学系科，而在职业性系科。职业性要素在古希腊、古罗马时代的学校和传统中国的书院及知识分子或教师身上是难以找到的。

四、讲解与论辩：获得学术独立的内在精神气质

中世纪大学，无论学习哪个科目都必须接受讲解与论辩的严格训练。中世纪大学的教学一般采用两种方法评注和解释权威著作。一是讲解（expositio），仅限于解读经典文本的论点。《范畴篇》《前分析篇》《后分析篇》《论题篇》等亚里士多德的逻辑作品，以及波菲利、波依提乌等大家的注释作品、普里西安的《文法基础》是所有科目必须要接受的基本训练，其他专业科目也有自己的必读经典。比如，博洛尼亚大学的教师奥德佛雷德斯针对《旧法理汇要》（Old Digest）的讲座，谈到自己的教学方法：第一，讲解原文前概述每个标题；第二，清楚讲述每个标题及其每条法律的内涵；第三，以校正为目的通读一遍文本；第四，简短重复每条内容；第五，指出自相矛盾之处，并附带补充法律的一般原理。这位教师强调，这种方法是从古至今，博士们讲课的法定程序。[①] 如此细致缜密，乃至显得刻板枯燥的讲经、诵经、

[①] 参见查尔斯·霍默·哈斯金斯：《大学的兴起》，王建妮译，上海人民出版社2007年版，第36页。

注经构成了中世纪心智训练的坚实基础,即使今天看来,大学课堂教学如有这样严格的流程,对学子们也不失为一种福音。

另外一种教学方法就是究问(quaestiones)。究问即论辩(disputationes)。中世纪大学把这种论辩视为神授权利、众学之王,是独一无二、普遍适用的方法。每个论题,当且仅当其接受论辩之剑的考验和理性天平的称量后,才能被称作真理。通常,演练究问或论辩的教师会首先设定一个真实的论点,与自己的观点辩,与反对自己的观点辩,并将这些观点加以对照。每周、每年都有法定的论辩。论辩之风盛行,充斥于大学公共空间和私人空间。这种究问论辩之习性或许是从古希腊哲学那里传承并得以不断强化的最为重要的一种探究方法。

文艺复兴时期的人文主义运动发起了大学课程改革,矛头直指亚里士多德为中心的知识体系和教育方式。皮科、拉姆斯、瓦拉等新人文主义者试图以古典辩证法、雄辩术和修辞术等人文课程取代亚里士多德经院逻辑的课程。他们批评经院逻辑的无用空洞,主张采用世俗化、实用化、更加"优雅"的西塞罗、塔西佗意义上的政治雄辩术和柏拉图式的辩证法。但正是这种看来空洞枯燥、不接地气的逻辑训练,使得中世纪大学孕育了推崇理性、究问真理、思想独立的品格。问与答,这种论辩推理的方法、讲堂技术和文章形式养成了自由思想与平等对话的思维习性。这种思维习性逐步沉淀、凝结为文教制度而巩固下来。进入这种制度的人逐渐独立于宗教政治力量,成为一个分化的社会结构。[①] 究问与论辩乃中世纪大学获得学术独立的内在精神气质。

谈到这里,我们回眸中世纪欧洲大学留给人类的精神遗产,总体可以归为三条:第一,初步建立了大学所具备的核心要素,尤其是学位制度或职业准入资质,为大学成为独立于世俗政治和教会的第三种

[①] 参见吉尔比:《经院辩证法》,王路译,上海三联书店2000年版,刘小枫中译本导言"辩证法与平等的思想自由习性"。

力量提供了内在制度保障。第二，大学的行业性、行会性使知识传承走出单一化的古希腊、古罗马古典"自由教育"，成为一种有着严格规训的职业化的生产，催生了职业教师这一群体，为大学独立提供了坚实的社会基础。第三，究问与论辩，养成了大学在权威与真理、信仰与理性、教师与学生之间进行平等对话的思维习性，构成学术独立之内在思想品质。这一切，尽管笼罩在神学若即若离的迷雾之中，浸淫在亚里士多德枯燥无味的逻辑体系之中，但离开了这些东西，大学何以从洪荒走来？

（本文选自《社会科学报》2016年12月）

大学组织的权力来源与功能演变

邓磊　崔延强

摘　要：掌握权力是社会组织赖以生存的根本，大学的存在和发展需要社会权力的支撑。从源头出发解读大学组织的权力来源是对其进行历史分析与价值判断的逻辑起点，也是明晰现代大学功能、建设社会主义一流大学的理论基础。在社会权力论视野中，大学基于社会意识、文化取向、经济发展和政治诉求等群体意志的推动，在社会空间与权力网络的间隙中产生，并担负起以人才培养为核心诉求，教学、研究为实践形式的组织功能。随着社会的发展，大学获得权力的空间不断变化，因此需要不断探寻大学权力的时代基础，重新思考大学功能的内涵及各功能间的逻辑关系。

关键词：组织权力；大学功能；中世纪大学；社会主义大学功能

社会权力是人们通过支配环境以追逐和达到目标的能力，在追逐自身目标的过程中，人类在社会中加入了彼此合作的权力关系，由此形成"有组织的权力"和"权力型组织"。由于种种复杂的原因，人类在群体意志的作用下被分割为多重交叠和交错的社会空间与权力网络，并形成社会制度。随着人类文明的发展和权力网络的进一步发展，既有的社会制度遭到挑战，并可能无意地、"间隙地"——在它们的空隙之间和围绕它们的边缘——创造新的关系和制度，英国社会学家迈克尔·曼形象地将这样的过程称为"间隙出现"(intersticial emergence)。① 根据他的观点，意识形态、政治、军事与经济是人类历史上各种进步性社会组织获得社会权力的四大来源，也是组织权力"间隙出现"的生长点。现代大学发端于中世纪欧洲，在当时的历史背景和社会网络中，大学悄然孕育并迅速成长，至今依然屹立、一脉相承。因此，若要明确大学组织的权力与功能，理当探寻早期大学的社会基础和发展间隙。

一、早期大学的组织特征与发展间隙

中世纪欧洲是高等教育的历史渊薮，大学之所以出现在"黑暗蒙昧"的中世纪而非其他时期，是由其组织特性决定的，对此，迈克尔·曼的"间隙出现"理论，颇能说明缘由。

（一）中世纪大学的组织特性

相比之前出现在人类历史上的教育机构，中世纪大学有着本质的不同——它们具有相对完善和独立的组织架构。中世纪之前的教育机构，不仅很少具有完善的组织，并且大多是某种社会权力的附庸。譬如欧洲古典时期的贵族学校和中国古代的官学，就是以政治权力为依托；即使那些少数似乎具有独立品格和学术追求的学校——譬如亚里士多德的学园和中国宋明时期的书院，也是依赖某些先贤大哲的庇荫，一旦大师离去，学业亦随之坍塌。一言以蔽之，在中世纪大学兴起之前，所有教育机构皆可视为权力机构或权威个体的附庸；一旦支撑这

---

① 迈克尔·曼：《社会权力的来源》（第一卷），刘北成、李少军译，上海世纪出版集团2007年版，第19页。

些组织的旧有权力被新权力所替代,它们也会烟消云散。中世纪大学的独特之处,就在于它们承载了人类对知识发展和文明传承的集体意志。它们不隶属于某个政治势力,也不局限于某个地理区间,乃是致力于求知与教学、具有内在文化性格的教育组织。中世纪大学至少具有三个特质:第一,致力于吸引,或者至少邀请世界(欧洲)各地,而不是某国某地区的学子前来从事纯粹的研究和学习;第二,提供高层次的学科教育,即除基础文艺教育外,还提供神学、法学、医学三大学科之一的教育;第三,有多位不同学科(至少两个以上)的教师从事教学和研究工作。上述三个特质中,第一个至关重要,也最为根本。[①]

(二)中世纪大学组织的"间隙出现"

根据迈克尔·曼的社会学理论,组织的产生与发展需要适当的社会网络,而中世纪的政治格局、经济条件、文化传统和宗教背景,皆为大学组织的出现提供了适当的发展间隙。首先,中世纪欧洲离散而交错的政治权力为文化的多样性提供了活动空间。公元5世纪以降,蛮族入侵并大量迁入欧洲文明腹地,此后欧洲的统治便陷入混乱,直至公元10世纪初步形成了由一系列小规模、交错互动的社会网络所组成的群落。政治秩序的离散为大学组织的诞生提供了宽松而多元的文化空间。在德国,由于奥图王朝(the Ottos)采取开明政策,文化发展的征兆在10世纪中期显露端倪;在意大利,人们为防御萨拉逊人和匈牙利人的劫掠而建筑带有明墙暗堡的强大防御工事。这些因素不知不觉间成就了市民社会的兴起,并进一步为知识生活的复兴奠定了牢固的基础。[②] 上述诱因促使10世纪末的欧洲开始出现丰富多样的文化及随之而来的有序与和平,不仅使欧洲文化获得了重生的机会,也为大

[①] 海斯汀·拉斯达尔:《中世纪的欧洲大学——大学的起源》,崔延强、邓磊译,重庆大学出版社2011年版,第5页。
[②] 邓磊:《中世纪大学组织权力研究》,西南大学博士学位论文,2011年,第88页。

学的产生奠定了基础。

其次,11世纪欧洲经济的繁荣和行会组织的发展,为大学的出现提供了物质基础。由于经济发展和商业繁荣,人们需要知识,尤其是法律知识;商业的发达让城市逐渐聚集起足够的人气和物产,促使行业开始集中,"行会"因此产生。脱胎于行会,以知识为商品的教师与学生行会逐渐成形,并迅速获得一定的社会地位和组织权力,最后发展为具有法人地位的大学组织。

再次,古典文化的复兴使得人们开始主动追求知识和理性,从而奠定了大学组织的学术根基。11、12世纪欧洲文化的复兴是古典传统的自然结果,也是人们努力摆脱蒙昧、追求文明的缩影。自蛮族入侵至11世纪,欧洲的智慧和理性主要源于教会神学对亚里士多德部分学说的继承;此后东西方文化的交流和基督教的内讧使人们开始综合审视古代知识,由此出现了古典哲学的大争鸣,然后形成了经院学术体系。最初,经院学术仅致力于以逻辑学方法研究世俗文化;随着12世纪文化复兴,经院研究方法被引入神学理论的探讨,从而创造出经院神学思想。经院学术的繁荣从两方面促进了大学组织的出现:一方面,经院思想的大发展及其所引发的研究热潮诱发了神学的发展和教会的重视,从而使学者群体受到越来越多的重视和尊重,并获得了学术自由的空间;另一方面,经院学术促使学者大规模集聚,为大学的发展打下基础。

此外,教会思想的传播为欧洲精神的一体化和学者沟通的便捷性提供了平台,由此也催生了大学的出现。教会权力的鼎力支持以及教会学校的举办与发展,正是中世纪大学产生和发展的原初动力。

二、中世纪大学的权力来源与组织功能

中世纪大学的出现并非历史的偶然。作为新兴组织,其承载了时代

的群体意志，拥有深刻的社会基础，因而能在权力网络的间隙中不断发展。与此同时，鉴于社会组织的内在追求以及群体意志对组织有效性的期望，大学在获得社会权力的同时，必然会背负相应的社会功能。

（一）意识形态权力与引领社会意识

中世纪大学具有天然的教会性格，这是因为罗马文明衰落凋零之后，教会几乎成为唯一占有知识并主动传播者。公元5世纪蛮族的入侵虽然对古典文化与政治造成了巨大的破坏，但同时也促成了意识形态的统一。此前，欧洲只是西罗马帝国与日耳曼蛮族活动区的混合区域，并不存在所谓的统一；从此之后才有了一种整体性。[1] 促进欧洲社会向整体发展的核心力量，便是以天主教为中心的意识形态权力。中世纪的基督教意识构成了欧洲社会最强大、最广泛的社会认同，这是一种超越宗教意识的认同，其赖以实施的方式是宗教性的人员流动。在蛮族攻克欧陆之后的黑暗时代，天主教通过宗教教育和思想传播完成了意识形态上对欧洲社会网络的整合。意识形态权力正是中世纪大学组织的权力基础之一，由于宗教权力在继承古典文化的基础上大力推行宗教教育、发展神学研究，使得大学得以产生和发展，并承担起引领社会意识的功能。与此同时，基督意识也成为欧洲大学身上的烙印，至今依然清晰可见。

（二）文化权力与传承创新社会文化

文化不仅指一系列客观社会机制，物化为制度、仪式的区隔体系，还包括人们物质环境之间历史形成的交往互动，以及被习性内化为身体经验的价值和标准；所以文化"关系性地"存在于"象征性位置空

---

[1] 迈克尔·曼：《社会权力的来源》（第一卷），刘北成、李少军译，上海世纪出版集团2007年版，第462页。

间"(space of symbolic stances)与"社会位置空间"(space of social stances)的结构同源中。[①] 文化权力和社会等级、制度仪式、机构系统以及日常生活须臾不离,它并不只是存在于精神和头脑里的幻象,而是无孔不入地渗透每个与之相关的社会场域。在中世纪的社会空间,文化权力的深刻作用对大学组织影响甚深。对古典文化的尊重是欧洲社会千百年来不断传承的群体意志,虽然北方蛮族的入侵一度改变了固有的社会秩序,但在神学研究的引领下,古典文化的复兴再次召回曾经失落的文化权力。的确,中世纪大学的组织权力源于教会,但如果一直处于教会的庇佑下,大学只能成为"教会之婢女",永远无法发展为独立自治的教育机构。促使大学蓬勃发展的力量,是古代知识的复兴所带来的文化重彰。拉丁语在宗教世界的普世应用,罗马法对新兴市民社会的规范,以及古典文化对欧洲思想的重新孕育,都充分体现了文化权力的功用。以古典知识为核心的欧洲文化权力体现了当时的群体意志,大学组织因此而发展,反之亦必然担负文化传承创新之功能。中世纪大学对于文化的传承与创新不仅体现在对经典的发掘与阐发,更表现在新知识体系的创生。在宗教教条开始压抑理性时,欧洲古典文化的回归促使中世纪知识分子开始用古代智慧审视神学问题,辩证法因而再次成为审视一切理论纠纷的利器。大学的诞生进一步促使知识分子群体将文化复兴的种种势头汇聚成不可阻挡的时代大潮,并创造出新的知识体系,由此,长期以来修道院戒律和托钵修士团体控制欧洲思想的局面逐渐被打破,理性追求慢慢从知识分子群体扩展到广大民众——一种广义上的文雅、理性的生活开始萌芽。

[①] E. Li Puma, "Culture and the Concept of Culture in a Theory of Practice", in Craig Calhoun, Edward Lipuma and Moishe Postone eds., *Bourdieu: Critical Perspectives*, University of Chicago Press, 1993, p. 18.

（三）政治权力与社会服务

创建大学最初是知识分子群体的自发行为，但如果要在具体社会中生存和发展，就必须获得外在的认同。在萌芽阶段，大学不过是组织松散的学者行会，经过漫长而曲折的发展之后才成为拥有权力的法人社团。大学组织权力的形成，不仅需要文化资源，政治支持同样不可或缺。教会虽然为大学提供了意识形态权力，但却无意为自己树立一个强大的敌人，因此一直倾向于控制而非任意发展大学的权力。古典知识的复兴虽然为大学提供了文化权力的基础，但在当时普遍蒙昧的状况下却无法与根深蒂固的教权相抗衡，当时唯一能让大学获得与教权抗衡的力量就是世俗王权。出于抵抗教权、培养人才的考虑，中世纪欧洲各国的世俗统治者大多对大学表示支持，这不仅因为大学创新知识、自由探索的气质有助于打破罗马教皇的思想钳制，同时大学培养的法学、医学等专门人才也是世俗统治不可或缺的智库。由此中世纪欧洲大学在世俗王权的支持下获得了与教权相抗衡的机会，同时也发挥起培养世俗人才的组织功能。譬如，博洛尼亚大学便通过整理和完善法学知识而获得了法律导师的身份以及进入政府机关的通行证；巴黎大学因为城市在宗教世界的超然地位而获得了神学研究的发言权；牛津和剑桥则由于本国地理位置的孤立和世俗政权的稳固，得以潜心研究文学和艺术，为英国世俗教育的进步做出了杰出贡献。

（四）人才培养是大学组织的核心

无论是引领社会意识还是传承文化、服务社会，大学所发挥的组织功能皆建立在其核心事业——人才培养——的基础上，因为上述行为皆需要大量的专门人才。在大学出现之前，饱受北方蛮族蹂躏的中世纪欧洲社会，能够掌握知识、传承文化的人才已经为数不多并且大多隐于基督教修道院；大学出现后，知识分子开始聚集，并形成了一个稳定的社群，从而使得知识和文化得以延续和发展，同时也促进社会的发展和意识形态的巩固革新。从此，人才培养便一直作为大学组织的主体功能传承下来。

三、中世纪大学组织的启示

对中世纪大学组织权力与组织功能的分析显示，大学的产生与发展离不开特定的社会背景。大学从来不是远离人间烟火的"象牙塔"，而是体现群体意志、承担时代责任的社会组织。历时8个世纪，大学容颜虽变，但即使最年轻的大学，其权力来源与核心追求也与中世纪一脉相承；不同的是，现代大学组织获得权力与承担功能的方式已颇异其趣。

（一）现代大学的组织权力

大学权力源于集中起来的群体意志，权力与责任相伴相生，由此决定了大学功能的时代性。中世纪的时代背景曾赋予大学超越性的宗教特权和政治特权，而在现代社会，民主和法制是组织获得权力的来源和保障，这便决定了大学在享有权力的同时必然负有与之对应的责任与义务。笼统说来，现代大学组织权力的获得主要通过内发和外铄两种方式。所谓内发的组织权力即指大学所承载的某些内在、永恒的人类追求，如对真理的自由探索等，这使得大学拥有传统赋予的追求知识的权力和文化资本；而外铄的权力则意指大学与社会的契约关系——由于培养接班人和发展生产力的需要，大学从社会和国家获得的权力。无论是内发的权力还是外铄的权力，皆来源于人们的集体意志，并通过政府立法来确立大学在学术、教育和行政方面的合法权力。

（二）现代大学的组织功能

既然现代大学的组织权力源自内在诉求和外在契约，那么其也应背负对内对外的责任，即现代大学具有多重功能。现代大学的功能被概括为人才培养、科学研究与社会服务。从内在意蕴来看，现代大学的功能的提出归根结底是由权力所对应的义务决定的，应遵从内在组织追求以及外在社会契约，即大学作为科研场所、文化中心与教学基地所应承担的社会责任。从逻辑关系看，虽然人才培养、科学研究和社会服务皆为现代大学的功能，但三者间有主次关系：人的发展是大学发挥组织功能的出发点，也是其最终目的。因此人才培养永远是大学的核心功能，科学研究是大学培养人才的途径，社会服务则是其结果。

除实践层面的三重表述外，现代大学的功能还隐含着更深刻的内涵。首先，大学是特定社会意识的社会组织，其最初组织权力来自于意识形态权力。社会意识是具体存在着的思想观念、价值体系和理论学说，反映时代思维和集体意志。中世纪欧洲大学的产生有赖于统一的基督教社会意识，在此基础上大学进一步对基督教义进行反思和发展；现代大学的组织模式是在民族国家的意识中开启的，因此必然背负统领与反思社会意识的时代任务。现代民族国家是独立自主的政治实体，是现代民族自决和自治概念之实践，这个政治共同体的建构基于民族身份、地缘政治、文化认同等多重意识因素。作为国家组织的大学，理应对社会意识进行反思，并致力于新的发展。其次，人才培养是大学的核心功能，而人才成长于特定文化，并拥有某种文化身份，因此大学组织应当具有与所属国家相对应的文化性格。现代民族国家在兴起过程中产生了相对独立的文化体系，因此各国大学无不具有独特的文化性格。正如英国哲人霍尔丹勋爵所说，"大学是民族灵魂的反映"，大学的文化性格与民族性格不可分离。如法国大革命和资产阶级知识价值观塑造了法国大学的风骨；深邃的德国哲学，尤其是黑格尔、康德哲学诞生了德国大学的自治观念；悠久的博雅教育传统和经验主义哲学则赋予了英国大学的学术尊严。[1]从此种意义来讲,大学是人类传承文化的平台,是体验创造性文化生活的园地,具有文化传承创新之功能。

四、社会主义大学的功能

(一)培养社会主义人才,加强科学研究创新

在现代民主国家,法律代表国家的基本意志,代表高度集中的集体意志。《中华人民共和国高等教育法》第五条规定:"高等教育的任务是培养具有创新精神和实践能力的高级专门人才,发展科学技术文化,促进社会主义现代化建设。"毋庸置疑,以上表述集中体现了中国特色社会主义大学的核心要务——培养社会主义事业需要的专门高级人才。这不仅与大学的主体功能相一致,同时也与社会主义大学和社会主义国家的社会契约相吻合。社会的发展需要大学的智力支持,国家竞争力的提升离不开现代科技的推动,因此社会主义大学在培养人才的同时也应兼顾服务社会和科学研究。简而言之,科学创新是手段,人才培养是关键,为社会主义建设服务是目的,这三者密切结合,不可分割。

(二)以核心价值为指导,探索意识形态建设

社会主义核心价值体系在我国整个社会价值体系中居于核心地位,是社会主义意识形态的核心和灵魂,马克思主义指导思想、中国特色社会主义共同理想、以爱国主义为核心的民族精神和以改革创新为核心的时代精神,以及社会主义荣辱观念共同构成了社会主义核心价值体系的基本内容,从理论、理想、精神、道德四个方面形成了一个相

---

[1] 邓磊、周鸿:《论现代大学的国际性格与国家性格》,《江西教育科研》2007年第10期。

互贯通的科学体系。① 然而，这还只是一个纲领性的、政治性的概括，还需要系统的学理探究和深入的内容提炼。作为社会主义国家的大学，其建立和发展都有赖于意识形态的推动，社会主义核心价值体系对中国大学的发展具有内在的指导意义。从实践来看，现代大学功能的实现也离不开意识形态的指引：大学所培养的人才成长生活在特定的文化和社会，因此必然需要正确的意识形态指导；科学研究虽然崇尚价值中立，但是研究成果的应用却一定存在价值诉求；社会服务直接与意识形态息息相关，文化的传承创新也属于社会价值的范畴。因此，中国高校应当在社会主义核心价值体系的引领下，坚持社会主义办学方向，致力于社会意识的统领和反思，弘扬和发展社会主义核心价值观，积极探索新时代的意识形态建设。

（三）培育大学精神，推动文化发展与繁荣

首先，就普世性而言，大学是拥有自由思想、自治理念的学术王国，具有文化自主、文化反思和文化批判的能力。这就决定了社会主义大学要树立文化自信和文化自觉，维护学术研究的独立性和自主性。大学是知识分子自由探究的知识殿堂，必须坚守思考的独立性和学术的自治性，注重大学精神的培育和学术理念的创生；同时作为科学知识与文化知识的生产者与改革者，以自身的交往能力为依托对知识进行协调与联系，对文化进行评价与传播，为建构社会主义下的技术公民身份和文化公民身份提供支持和内容。大学文化的核心是形成学术传统，学术传统是学术制度建设的基础，反过来学术制度的建设则有利于对学术传统的呵护。因此，大学继承学术传统、培育学术理念的关键是制度的设计与建构，这也是当今中国大学的紧迫任务。

其次，基于文化性格的特殊性以及社会身份的赋予性，社会主义

---

① 崔延强、郭平：《社会主义核心价值观初探》，《光明日报（理论版）》2011年1月16日。

大学还应立足社会主义文化形态，在自身所处的文化体系与时空坐标中独立思考问题、承担责任、发挥功能；决不能罔顾精神和历史的差异，在纷繁复杂的世界文化体系中以流行的建设理念为标准。作为社会主义大学，其建立和成长都有赖于意识形态的推动和主流文化的支持，因此必须以社会主义核心价值体系为指导，在社会主义文化大发展、大繁荣背景下履行自身职责，通过知识传授和学术研究促进社会主义文化的发展与繁荣。

（本文选自《高等教育研究》2012年第8期）

历史视野与现实导向

—— 中世纪大学研究的问题、意义与理路

邓磊 崔延强

摘 要：中世纪大学是现代大学的源头，也是促进中世纪欧洲社会和文化向近现代转型的核心知识机构。由于史料的缺失，以及对现实问题的集中关注，我国学者对中世纪欧洲大学的研究相对不足。伴随着中国高等教育的内涵式发展，愈发需要对一些重大历史和理论问题进行廓清，中世纪大学研究的重要意义因此而凸显。探究中世纪大学，不仅是发掘历史，更是丰富理论、引导实践。研究者必须勘察问题，明确意义，明晰理路，促进理论探究不断发展，为现阶段的高等教育发展和改革提供借鉴。

关键词：中世纪大学；历史视野；意义与理路

经过长期的观察与反思，中国大学的研究者和改革者皆越来越深刻地认清一个重要问题：众多酝酿已久的实践方案，归根结底需要对基本理论进行澄清；许多悬而未决的现实挑战，层层剥开之后却是对历史传统的发掘和解读。因此，自20世纪80年代以来，围绕中国大学的发展方向和改革措施等重大问题，教育学、社会学、历史学以及文学等领域的诸多学者纷纷以"何谓大学""大学何为"等论题为切入

点,力图以史为鉴,通过梳理大学的生长脉络为高等教育的发展革新寻找依据。在上述背景下涌现了许多优秀的学者和学术成果,也促使越来越多的人认识到一个更深层的问题:无论是在中国还是在其他任何国家,大学的内在理念和外在功能归根结底都是在数个世纪的发展过程中逐步巩固的,现代大学所面临的诸多挑战和问题,也是在历史的发展过程中逐渐形成的,需要对历史进行事实澄清和理论反思。因此,对中世纪欧洲大学展开全面而深入的研究,乃是研究大学现实问题的理论诉求和深化高等教育改革的现实需要。

一、近阶段我国中世纪大学研究的基本情况与突出问题

自 20 世纪 90 年代以来,在前辈学者的研究基础上,张斌贤、陈洪捷、贺国庆等学者对中世纪大学的缘起、发展和演变进行了深入探究,对欧美大学数百年的发展史进行了系统梳理。迄今为止,关于中世纪大学的研究取得了许多重大进步。

首先,对中世纪大学的历史地位给予了充分肯定。在此方面学界的共识是,巴黎大学和博洛尼亚大学这两所源自 12 世纪的欧洲大学,是世界各国大学的真正起源,各国大学的精神理念、组织机构、学位制度和学术范式都或直接或间接地继承于此。澄清这一问题,对于我国的大学史研究具有奠基作用。

其次,对中世纪大学研究的主要人物和重要著作进行了介绍和翻译。2001 年贺国庆教授还在感叹:"史料建设一直是我国外国教育史研究的薄弱环节,它也是制约外国教育史学科发展的障碍之一。"[①] 时隔 10 余年,拉斯达尔(Rashdall)、哈斯金斯(Haskins)、阿兰·科

---

① 贺国庆:《外国教育史学科发展的世纪回顾与断想》,《河北师范大学学报(教育科学版)》2001 年第 3 期。

班（Alan Cobban）、威廉·克拉克（William Clark）、里德-西蒙斯（Ridder-Symoens）等欧美中世纪大学史重量级研究者的译著先后出版。

再次，近年来学术界对中世纪大学领域的研究正呈现多学科集中爆发的趋势。教育学、历史学、社会学和宗教学等诸多学科的专家学者，纷纷围绕这一领域展开了多视角的研究。譬如贺国庆的《中世纪大学与现代大学》等系列文章较早分析了历史与现实的关系，认为大学面临的许多问题同样是今日大学所回避不了的，然后在此基础上比较中世纪大学和现代大学的异同[1]；华中科技大学宋文红的《欧洲中世纪大学：历史描述与分析》致力于从历史学的角度厘清大学在源头的发展脉络[2]；黄旭华等从分权制衡的管理学视角集中研究中世纪大学的执教资格授予权[3]；芦琦等同时从教育学和法学视角探讨了中世纪大学的法律教育[4]；陈沛志等分析了中世纪大学对于近代科学与科学研究者的培育[5]；胡钦晓以社会资本为视角，论述了非正式制度影响下的大学组织生发[6]；檀慧玲则深入分析了西方人文主义传统与中世纪大学的深刻联系[7]。由此可见，对中世纪大学的研究绝不仅仅是为了回答和解决教育学方面的理论和问题，其还涉及多个方面的考量。

虽然取得了显著的成就，但目前中世纪大学研究仍然存在着几个方面的突出问题。第一个问题是一个基础性问题，即史料建设仍待完善。在当前的中世纪大学研究成果中，虽然德尼弗勒、拉斯达尔和哈

---

[1] 贺国庆：《中世纪大学和现代大学》，《河北师范大学学报（教育科学版）》2004年第2期。
[2] 宋文红：《欧洲中世纪大学：历史描述与分析》，华中科技大学博士学位论文，2005年，第12—15页。
[3] 黄旭华、李盛兵：《中世纪大学执教资格授予权博弈：基于分权制衡的视角》，《教师教育研究》2014年第6期。
[4] 芦琦：《中世纪大学法律教育的导源：教育自治与教育救赎》，载何勤华主编：《外国法制史研究：大学的兴起与法律教育》，法律出版社2013年版。
[5] 陈沛志、王向阳：《西欧中世纪大学与近代科学的产生》，《自然辩证法研究》2012年第12期。
[6] 胡钦晓：《社会资本视角下中世纪大学之源起》，《教育学报》2010年第1期。
[7] 檀慧玲：《西方人文主义传统与欧洲中世纪大学》，《教育学报》2010年第2期。

斯金斯等西方主要研究者的著作都已经有所译介，但都尚未梳理完整。尤其是牛津和剑桥两所英国古典大学的发展史，目前尚未启动系统的翻译介绍。第二个问题是一个操作性问题，即就史论史的研究仍处于主导地位，重要成果多为译著，较少专著，长于叙述，较少有洞见的分析。如何以历史研究为镜鉴，结合现代高等教育发展和革新的现实问题，在继承古典大学主体精神的基础上以古喻今，具体考虑东西方文化的差异，提出既符合大学组织核心要义，又不脱离当前社会现实需要的理论分析，是研究者所必须迎接的挑战。第三个问题是一个规范性问题，即有关中世纪大学的某些核心概念尚有待形成统一的认识，以避免在不同的研究者笔下出现概念上混淆芜杂的现象。除此之外，研究者还需要改变用现代眼光居高临下地俯视中世纪大学的做派。中世纪大学具有十分重要的社会功能和文化意义，其以教会和国王之外的第三种支配势力的面目诞生于 12 世纪前后的欧洲，集中承载了当时的时代意志，具有十分深厚的文化蕴意和社会缘由。只有全面解读其形成和发展的内在意义，尽力寻找其绵延不绝的根本原因，才能厘清大学的历史逻辑和文化脉络，把握现代大学革新的核心要义。

二、中世纪大学研究的主要目的

鉴于前期的研究积淀和当前的时代背景，对中世纪大学进行的研究应当进一步厘清概念，继而用多元开放的视角展开探讨。仅仅从大学内部来审视这个历久弥新的社会组织，已经不足以澄清理论的纠缠，更无法满足实践发展的需要。

首先，研究者应当明晰大学在中世纪的独特地位及其与现代性发展的区分与关联。今日所熟悉的有关"大学"的各种概念和体系，大多是在现代性开启之后的现代社会形成的，其含义和功用都非常专业和具体。这也是现代性发展的典型特征：理性化、职业化。或者，换句话说,对于现代人而言,何谓大学,何谓学院,何谓学科,何谓课程,都是十分清晰明了的,不同的机构和知识相互之间似乎都有着明确的范围和界限。但是,这种思维方式并不适合于中世纪。在当时,虽然人们的需求非常具体——当然,无论在任何时间、任何地点人类的基本需求都是非常具体的,由衣食住行等由生理需要决定的经济行为是一切社会的基本要素之一——但是,中世纪的人们在引导自己行为选择的精神世界中,并不像现代社会的人们那么"理性"而"坚定"。在那个时代,生存下去是一件相对简单的事情,尽管生活条件十分艰难,但为什么生存、生活的目的和方向在哪里,却不太容易弄明白。基督信仰的确为中世纪社会涂下了基色,但多元涉猎基督教发展史或中世纪政治、思想史后就会发现,在如同"天命"之隐喻一般的"上帝信仰"的宏阔理念之下,基督教会在教义、逻辑、组织和经济行为上的复杂性和丰富性。不仅如此,罗马遗民与蛮族统治者、教会权力与世俗权力、教士与信徒彼此之间也都存在着深刻矛盾。当日耳曼征服者狂野的欲望交织着基督徒谦卑的信仰,当他们桀骜不驯的激情被纳入基督伦理的容器,正如德国教育史家保尔生所言:"中世纪的整个文明在其发展原则中包含着一种内在矛盾,构成了一种充满活力的对立……文明的内容与容器、实质与形式互为矛盾,互不相容。"[1]那么,到底是什么力量维系着这种"充满活力的对立",使其在内在矛盾的前提下趋于平衡呢?对此问题,拉斯达尔(Rashdall)、涂尔干(Durkheim)、哈斯金斯(Haskins)和科本(Cobban)等最具代表性的中世纪研究者都给出了一个共同的答案——教育。中世纪教育承载着多重维度的意义:从文明延续的宏观角度来看,教育是罗马文明在日耳曼文明中的移植;从宗教发展的中观角度来看,教育是基督信仰带给广大教众的道德抚慰;从社会生活的微观角度来看,教育则具有

---

[1] 埃米尔·涂尔干:《教育思想的演进》,李康译,上海人民出版社2006年版,第25页。

更加多元的意义,其不仅是教士履行职责、信徒寻求庇护、世俗统治者培养人才的主要途径,更是学者行会赖以谋生的职业诉求。上述中世纪的社会问题经过7个世纪的酝酿,终于促成了大学的诞生。因此,中世纪大学扮演的角色是多元的,其是罗马文明传统与日耳曼宗教信仰的交汇点,也是调和中世纪社会矛盾、维系基督教义与世俗情感的支点。因此,对其进行的探究,首先就是要在中世纪的时代背景下明晰法团、行会等基本概念的社会蕴意,厘清学科、学院、执教资格、就职礼等核心概念的多元内涵。

其次,研究者还需要澄清大学在人类世界的历史定位,继续探讨大学精神。大学的诞生不仅是中世纪欧洲的独特现象,而且是人类文明史上最值得关注的成就之一。拉斯达尔曾用热情洋溢的笔调来描述大学诞生的时代特征和历史蕴意:"将理想植根于组织系统,这种能力是中世纪思维特有的天赋;但与此同时其最明显的缺陷也正是其将理念物质化的倾向。可以毫不夸张地说,中世纪遗赠给我们的各种组织制度,要比其留下的气势恢宏的大教堂更加的珍贵和不朽;而大学,如同宪政王权、议会代议以及陪审判决等组织制度一般,毫无疑问正是中世纪最独特的组织建制之一。"[1]涂尔干认为大学的诞生昭示了"文明的出口"[2]。哈斯金斯提出"大学是中世纪的产物,犹如中世纪的大教堂和议会"[3]。克拉克·克尔也有一段著名的论述:"在85个创立于公元1520年之前,至今仍然一脉延续,拥有相似功能和不间断历史的西方组织名单中,包括少许主教座堂,爱尔兰和冰岛的议会,以及大不列颠和瑞士的几个州议会;另外,就是接近70所的大学。当那些曾经不可一世的专制王朝、封建领主和垄断行会都已烟消云散,这70所大

---

[1] Hastings Rashdall, *The Universities of Europe in the Middle Ages*, Volume I, Oxford University Press, 1936, p. 16.
[2] 埃米尔·涂尔干:《教育思想的演进》,李康译,上海人民出版社2006年版,第76页。
[3] 查尔斯·霍默·哈斯金斯:《大学的兴起》,王建妮译,上海人民出版社2007年版,第73页。

学,依然矗立在相同的地址,沿袭着同样的称谓;仍然有教授和学生在一些古老的房子里做着大致相同的事情,遵循着一脉相承的治理方式。"[1]大学历经千年而不衰,大概世界上还没有一种社会组织系统像大学这么古老而常新。大学不因政治的风云变幻、改朝换代而飘摇不定,也不因生产方式的革命而被革命。这源自于大学特有的精神和使命,其一以贯之,绵延不绝,值得现代及以后的研究者一如既往地展开深入多元的探讨。

第三,基于中世纪大学的社会功用和历史地位,应当结合实践的需要,继续从多学科的视角对其进行深入系统的分析。按照托尼·比彻和保罗·特罗勒尔在《学术部落及其领地》这部知识社会学和高等教育学名著中的阐述,历史学作为一种典型的"纯软科学",其研究领域的知识发展"具有重复性,知识结构呈现为有机和整体的结构,可以比作流淌的河流"[2]。任何历史研究都具有一定程度的现实考量,人类社会发展的重复性和非线性特征,决定了我们完全有可能从过去的历史中寻找那些似曾相识的场景和现成可用的经验。涂尔干在《教育思想的演进》这部极具创造力的著作中提出:"在第一个生命细胞得以构成的那一刻,也就具备了独一无二的、绝对是无法根除的意涵,它的效果会贯穿此后整个生命始终。生命体的这种情况也在同等程度上适用于社会器官,不管这些社会器官具体会是什么形态。它们的未来,它们发展的方向,它们在此后生存的各个不同阶段所蕴含的力量,都在极大程度上依赖于孕育它们的那个最初萌芽的本质。"[3]作为中世纪社会机构的中世纪大学与作为现代大学萌芽的中世纪大学既是同一个事物的两种表征,又是不同视域下对这一事物的综合理解。想要全面把

---

[1] Clark Kerr, *The Uses of the University*, 5th Edition, Harvard University Press, 2001, p. 4.
[2] 托尼·比彻、保罗·特罗勒尔:《学术部落及其领地:知识探索与学科文化》,唐跃勤等译,北京大学出版社2008年版,第38页。
[3] 埃米尔·涂尔干:《教育思想的演进》,李康译,上海人民出版社2006年版,第15页。

握中世纪大学，必须从多学科的视角展开分析。

总而言之，对于中世纪大学进行历史研究，根本目的就是，在一个大变革的时代背景下，既从高等教育的视角理解社会发展历程中的主体诉求，又反过来从社会学的视角把握高等教育的基本功能。依照这样的研究方法，历史的问题亦是现实的问题。中世纪大学留给后世的财富是多方面的，对其进行研究的核心目的就是以知识的生长逻辑为基点，管窥一个学术组织与教育机构如何在文明的涅槃期逐渐成长为"一个时代的独特禀赋"，并作为人类文明的核心机构延续至今，进而寻找启示。"无论何地，现在正是过去的传人，现在源自过去，并且构成了过去的延续。在任何新的历史处境与此前的历史处境之间，并没有什么固定的鸿沟，相反倒有着熟悉而密切的关联，因为从某种特定的意义上来讲，前者正是后者的传人。"[1]

三、中世纪大学研究的基本理路

基于以古喻今的研究目的和多元综合的研究方法，中世纪大学研究的基本理路应当首先概括分析欧洲文明发展到中世纪的政治文化背景，概括探讨欧洲智识的复苏与经院哲学的发展对教育的影响；其次解读早期大学发生、发展的历史概况，分析原型大学的组织方式、制度体系、学术生活和学院机构；最后综合分析中世纪大学的遗产。

中世纪欧洲大学的缘起有着特殊的时代背景，这段历史不仅是大学得以产生、发展的源头，同时也是欧洲历史，甚至世界历史的一个重要节点。这既是一段走出蒙昧的历史，也是一段破而后立的历史，更是一段开启未来的知识范式生成史。一直以来，不仅在东方，甚至在西方的大部分人眼中——包括那些接受过高等教育的人，中世纪是

---

[1] 埃米尔·涂尔干：《教育思想的演进》，李康译，上海人民出版社2006年版，第22页。

不变的、静止的和落后的同义词。在西方文学作品和日常俚语中,"中世纪"这个词汇常常用来指代过时之物。如萧伯纳所言,甚至连上一代人的时髦餐具也会被宣布为是"中世纪"的。中世纪最遭人误解的就是在科学与艺术方面的贫瘠,在众多贬低中世纪的人们眼中,这个时代是盲目的宗教信仰、荒诞的炼金术与蛮族的杀戮交织在一起的黑暗时代,与后来缘起于意大利的启蒙时代形成了强烈鲜明的对比。的确,中世纪欧洲社会最突出的特点就是封建制度的广泛适用、教会的无上权威以及经院哲学的故步自封共同形成了长期而稳固的社会形态。相比之下,此前的时代和此后的时代似乎都有更多的变革。从字面意义上来看,这种观点或许具有一定的客观性,但却经不起历史逻辑的推敲。人类历史是平滑而不间断的发展历程,历史的连续性从根本上决定了在前后相继的时期之间不会存在明显而强烈的反差。现代研究表明,不仅中世纪不是人们以前认为的那样黑暗和停滞不前,后来的文艺复兴也没有那么光明和突然。事实上,14—16世纪的文艺复兴到来之前,欧洲历史上已经有过一次文化与艺术的复兴,即发生于1050—1250年间前后相继约200年的文艺复兴运动。因为此次复兴在12世纪达到巅峰,因此又常常被称为"12世纪文艺复兴"。对于12世纪文艺复兴,哈斯金斯有一段充满感情的描述:"这个世纪,是圣贝尔纳骑在骡背上的世纪,一个在许多方面充满活力、生机勃勃的年代。这是十字军的时代、城镇兴起的时代、西方最早的官僚国家形成的时代。这一时期,罗马式建筑步入顶峰,哥特式建筑开始兴起,方言文学开始出现,拉丁古典著作、诗歌和罗马法走向复兴,吸收了阿拉伯人成就的希腊科学和大量的希腊哲学得到了恢复,并且诞生了第一批欧洲大学。"[①] 哈斯金斯的话语澄清了中世纪的历史真相,同时还暗示了一个更为重要的事件——中世纪时代的伟大禀赋,抑或这个时代最杰

---

① 查尔斯·霍默·哈斯金斯:《十二世纪文艺复兴》,张澜、刘疆译,上海三联书店2012年版,第2—3页。

出的成就，集中体现在一个被后世称为"大学"的机构上。因此，中世纪大学研究者所要着力解决的第一个问题，就是从历史的角度分析大学出现的时代背景和核心要素。

从大学组织的内部运行视角来看，中世纪大学虽然与现代大学无法同日而语，但是其核心功能却是大致相同的，那就是人才培养和知识探究，这也是其作为一个教育机构的基本功能。中世纪大学最突出的功能就是培养人才，为教皇，也为国王，但更根本的目的还是为整个欧洲共同的基督信仰培养传道授业的人才。中世纪大学最具特色的功能则是研究神学，在当时一切人间知识都是匍匐在神学光辉照耀下的婢女，神学研究涵盖了天上地下一切有意义的问题。总而言之，无论是教学管理还是学术研究，中世纪大学在履行自己的职责时都带有鲜明的"献祭"色彩，这也是中世纪大学的独特之处。从社会结构的外部发展视角观察，中世纪大学也具有独特的历史地位。由于令人震惊的腐败和连续不断的内讧使得曾经盛极一时的罗马帝国不可避免地走向了衰落，北方蛮族的入侵只不过是压死骆驼的最后一根稻草。但与此同时，日耳曼人向罗马文明腹地的进军，也是引起未来历史风暴的蝴蝶振翅。曾经统治帝国的政治巨头已经在黑暗的墓穴中化为尘土，野蛮蒙昧的入侵者却又无力统治这片曾经诞生过苏格拉底、亚里士多德、恺撒和亚历山大的伟大土地。侵略者的铁蹄能够摧毁壮丽的宫殿和强大的军队，但却吹不熄文明的火种。从某种角度来看，中世纪的欧洲就像一个酝酿未来世界的母体；在这个母体内，希伯来的坚定信仰和北方蛮族的铁血征服就像进入其中的父系基因，而古典的欧洲文化和社会习俗则仿佛是原本就存在于本体之内的母系基因；这二者的结合形成了欧洲新文明的胚胎，并最终发展出近现代的政治制度、文化成就和宗教体系。大学，正是这个母体所诞生出来的一个胎儿。这个新生儿的诞生，经过了哪些历程，形成了哪些机构，形成了何种文化生活，这些问题需要在教育研究者的视域中得到澄清。

最后，我们还应当认真思索中世纪大学为后世留下的宝贵财富，以及大学存在于人类社会的主体功能。在当今以知识为中心的社会背景下，作为知识策源地与人才摇篮的现代大学俨然成为整个社会的核心机构。因此，世界各国纷纷把高等教育的成功作为促进社会发展的重要推动力量，从而投入巨大的人力物力来推动大学的发展。由于政府与社会的高度关注和慷慨解囊，不仅哈佛、耶鲁、牛津、剑桥等世界级著名学府几乎富可敌国，甚至连发展中国家的顶尖高校也"钱途"辉煌。大学，尤其是各国著名大学，资金上的充裕让相关人士常常处于一种莫名的亢奋之中，在许多人的眼中，高等教育的黄金时代似乎已经到来。然而，一些显而易见的问题却又不断引起人们的反思。"谁有黄金，谁统治"[①]，社会与政府在慷慨解囊的同时自然也期望加强对大学的控制，而大学历史悠久的办学传统和特立独行的文化性格使得投资者不可能随心所欲地把自己的意愿施之于前者身上。所以，自由教育与专业发展二者孰轻孰重、学术探究与社会服务之间的重心之争、商业机构和高等教育之间的利益博弈，以及行政权力与学术权力的内部龃龉等等，都是现代大学发展过程中必须面对和解决的问题。

针对以上问题，不可能随便给出一个简单的回答。事情的复杂源自于大学组织在社会结构中的双面性：一方面，大学自成立之日绵延至今已逾八个世纪，其传承和发扬的知识和理念不是局限于某一代或某一国，而是人类社会千百年来集中了的精神追求，是必然要长期延续下去的文化传统；另一方面，作为特定时代的社会机构，大学又必须承担现实的功能和使命，为当下社会做出具体而实在的贡献。事实上，在任何时候大学组织都遭遇着理想与现实之间的对抗。自中世纪以降，诸多先贤都曾描绘过自己心目中的完美大学形象；然而，无论

---

① B. R. Clark, *The Higher Education System*, M. Shattock ed., University of California Press, 1983, p. 136.

是早期远离世俗的"象牙之塔",还是洪堡寂寞自由的科学研修之地,抑或纽曼笔下博雅雍容、诗意栖居的真理渊薮,弗莱克斯纳眼中坚持理想、学术卓越的研究中心,甚至克拉克·克尔口中综合多元、服务社会的巨型大学,当这些高等教育的经典表达产生之时,大学的形态都已经不再是他们所描述的那样,已经有了更加深刻的变革。之所以如此,是因为大学的外在组织形态一直伴随着社会的发展演变而不断调适,因此大学的功能也一再扩展。但是,无论形态如何变化,功能如何扩展,大学依然是"大学",而没有变成其他任何组织。换句话说,大学组织存在着一种核心的价值追求和组织功能,这种追求和意蕴是人类内在的主体需求,也是大学存在合理性的基本前提。澄清以上问题,正是展开中世纪大学研究的旨趣所在。

(本文选自《山东高等教育》2017 年第 5 期)

大学之流

古典大学文化生活的现代续延：
英式住宿学院的缘起、承继与启示

邓磊　杨甜

摘　要：英式住宿学院缘起于中世纪，初现于巴黎，完善于牛津，后逐渐成为英国大学的重要标志，并被美国大学所继承。住宿学院具有悠久的传统和独特的理念，其不仅是一套经得起历史检验的管理制度，也是一种卓有成效的育人体系，更是大学精神和创造性文化生活的体现。对于英式住宿学院制度的借鉴和学习，应将理论逻辑与实践逻辑相结合，认识到制度的建构和运行须建立在深厚的文化根基之上。

关键词：古典大学；文化生活；英式住宿学院

教育不仅在课堂上，还应在生活中。雅斯贝尔斯认为，一个真正意义上的大学，要包含三个彼此密不可分的方面：学问传授，科学与学术研究，以及创造性的文化生活。[①] 由于市场逻辑和工具理性的盛行，现代大学规模不断膨胀，学术日益专化，人际日渐疏离，文化生活日趋荒芜，这种情形已引起人们的深刻反思。缘起于中世纪，并被众多后世大学仿效的住宿学院（residential college）较为典型地代表了古典

---

① 雅斯贝尔斯：《大学之理念》，邱立波译，上海人民出版社2007年版，第7页。

大学精神，值得进行深入而持续的研究。随着我国现代大学制度建设的深入探索，近年来学界对英式住宿学院制度的兴趣日益浓厚，不仅涌现出一系列研究成果，亦有大学付诸实践。在理论层面，国内对英式住宿学院的研究主要集中在育人理念、管理体制和教学模式几个方面，致力于发掘制度背后蕴含的人文精神，及其对我国大学人才培养和管理制度的启示；在实践层面，个别大学或借鉴英式住宿学院制度，或者模仿中国传统书院模式，或兼而有之，也开启了一系列有益的探索。但整体而言，国内对于英式住宿学院制度的研究还停留在借鉴、吸收的层面，应进一步探索理论逻辑与实践逻辑的契合；制度的构建完善和有效运行必须建立在深厚的文化根基之上，必须遵循原发内生的历史逻辑。综观英式住宿学院在世界范围内的播散，美国大学的承继最为全面，但也并非简单地移植与嫁接，而是进行了长期反复地试探与创新。溯源而上分析英国住宿学院的滥觞以及美国大学承继创新的过程，有助于认清大学制度的历史逻辑与实践逻辑，从而明晰建设中国特色现代大学制度的理论逻辑。

一、英式住宿学院的起源与特色

（一）住宿学院的缘起

住宿学院是一种源自中世纪欧洲的院系组织模式，萌芽于巴黎，完善于牛津。大学创建伊始，并无固定的教室和宿舍，教学主要在教师租来的房子里进行，学生须自行解决住宿问题。12世纪的欧洲大学，依然保留着知识献祭和虔诚清修的修道院传统，因此学生多为来自欧洲各地的贫困学子，住宿学院的前身就是高阶教士或贵族为贫困学生捐资建造的寄宿屋舍（House）。[①]12世纪末，巴黎大学始建寄宿

[①] Hastings Rashdall, *The Universities of Europe in the Middle Ages*, Oxford University Press, 1936, p. 681.

屋舍，13 世纪下半叶流传到牛津和剑桥，并逐步发展成设施完善、理念独特、师生栖居一堂的住宿学院。

除却少数由托钵修士创建的学院，牛津、剑桥等数十所风格各异的住宿学院皆由寄宿屋舍发展而来。屋舍的创始人都是著名学者或社会名流，其中不乏英国王室成员。如剑桥国王学院（King's College）便是英王亨利六世于 1441 年创建的；王后学院（Queen's College）则是玛格丽特和伍德维尔两位皇后先后捐资建立的。在捐助者的支持下，屋舍逐渐形成学者社群；在中世纪大学章程的规约下，学者社群进一步发展为具有自治性质的住宿学院。1489 年牛津大学教师团和各屋舍负责人联合拟定了《寄宿生规约》（Aularian Statute），标志着住宿学院制度正式确立。[①] 15 世纪后期，住宿学院制逐渐成为英国古典大学的主要办学模式；19 世纪，住宿学院开始承担起更多的教育功能，成为大学生活的核心领域，在学生入学的甄选、导师的指定、文化生活的创设等方面发挥重要功能。

（二）英式住宿学院的特色

1. 制度特色

英式住宿学院的制度体系主要涵括委托管理、混住模式、导师制度三个模块。

委托管理。自 1489 年《寄宿生规约》施行以来，住宿学院一直沿用"委托管理制度"，即捐赠人将管理权全权委托给学院，学院再组成管理委员会，由管理委员会负责制定学院章程（Statutes）、评议重大事件。19 世纪，管理委员会结构逐渐稳定，一般包括院长、教务长、导师、管理人员和学生代表。院长全面负责，教务长宏观指导学生的

---

① Hastings Rashdall, *The Universities of Europe in the Middle Ages*, Oxford University Press, 1936, p. 683.

学习与生活，二者及其家属都住在学院。导师与学生的关系最为密切，负责在生活和学业上给予学生最直接的指导。管理人员包括宿舍维修人、餐厅负责人和宿舍安保员等，负责维持学院的正常运转。学生代表则负责意见的上传和下达。除管理委员会外，学院还设有专门负责某些具体事项的机构，如膳食委员会、学术委员会等，由行政人员与学生代表组成。学生内部则有学生委员会，其主要工作是为低年级学生提供咨询，以及组织活动、参与制定学院规章等。由于管理机构的多元，几乎所有师生都被纳入其中。

混住模式。即不同专业和年级的学生自主选择居室，以彰显学院管理的民主与自洽。住宿安排在入学之前就已经开始，新生在入学前填写一份申请表，上面包括自己的兴趣、爱好、生活习惯、学习特点等。管理人员会将学生提交的数据进行整理，在充分考虑学生习惯的前提下分配住宿，借此尽可能消除不和谐因素，避免矛盾冲突。

导师制度。导师制是专门面向本科学生的教导方式，注重师生间面对面的交流，旨在通过导师的言传身教影响学生的发展。导师分生活导师和专业导师两种，生活导师一般是研究生或低阶教师，专业导师则由教授担任。年龄相近的在读博士生、硕士生，能够在生活上为本科生提供全面、直接的帮助，主要负责组织活动、提供咨询、评阅论文、学习协助和生活帮助等；专业导师主要负责提供学术上的帮助。导师和学生同住在学院中，师生的朝夕相处为彼此交流提供了便利。

总体而言，住宿学院制度希望学生能够在自治自洽、雍容博雅的氛围下学习和成长。英国教育学家纽曼认为，英式住宿学院制度是最理想的学习形式；因为在这样的环境里，学生不仅有机会与教授朝夕相处，同学间还能够相互学习，比那些只有教授讲座而缺少其他教学方式的大学具有显而易见的优势。

2. 文化特色

英式住宿学院不仅是生活起居的园区，更是诗意栖居的文化场域，此间师生形成了拥有共同志趣的学者社群，很好地诠释了何谓"创造性的文化生活"。

首先，住宿学院拥有丰富多彩的文化活动，其中最具代表性的有源于传统、带有宗教气息的社交活动，以及学生自主、不断革新的社团活动。住宿学院社交文化源于中世纪教会礼仪，包括祈祷、弥撒、晚宴等。之后社交活动的宗教色彩有所消退，学术气息逐渐浓厚，其中独具特色的有高桌晚宴和下午茶。高桌晚宴庄重雅致，师生皆正装出席，严格遵守进餐、祝酒、交谈等方面的礼仪传统。下午茶则宽松自由，无论是德高望重的教授，还是青涩稚嫩的新生，皆可一边享用美食，一边畅所欲言，充分享受午后的休闲时光。社团文化的源头也可追溯到中世纪大学的学者同乡会。随着时代的发展，以地缘、族缘为纽带的同乡会逐渐让位于以个人兴趣为主旨的社团，如牛津、剑桥著名的赛艇俱乐部，以及其他文体兴趣小组等。学生社团不仅经常在本院举行音乐演奏和诗歌朗诵等活动，还经常举行院际文艺演出和体育比赛。[1]

除文化活动外，牛津、剑桥等古老大学的住宿学院还有着别具特色的文化景观。以创始人为名数百年不易的学院名称，历经世纪风雨的古老建筑，传承古老的院徽、院歌和院刊，再加上点缀在周边的自然美景，都在潜移默化间发挥了"隐性课程"的功能。对此，金耀基教授有一段精彩的评述："一个（剑桥大学）基督学院的学生看到弥尔顿手植的桑树，能否无动于衷？一个三一书院的学生住在牛顿的书房里，焉能没有一丝见贤思齐的激奋？而一个圣约翰书院的学生听到伍尔华滋描写他母院礼拜堂的'一声是男的，一声是女的'的钟声，又怎能不生一丁点儿诗人的遐思？"[2]

---

[1] 刘艳菲：《住宿学院——耶鲁学生的精神家园》，《世界教育信息》2007年第1期。
[2] 金耀基：《大学之理念》，生活·读书·新知三联书店2001年版，第134页。

总之，住宿学院制的特色在于用民主平等的方式进行自我治理，用充满历史厚度的文化氛围培育博雅之士。纽曼曾充满感情地赞美住宿学院："这是个年轻的社会，是一个整体，它体现了一种特别的理念和主义，它不仅实施一套行为准则，同时还提供思想与行为的道德原则。它带来的是一种鲜活的大学教育，形成的是一种自我延续的传统或所谓的场域文化精神，萦绕在它产生和形成的地方……每个人都在它的笼罩之下成长。"[1]

二、美国大学对英式住宿学院的承继

作为一种源远流长的院系组织，英式住宿学院并没有在历史河流的冲洗下退去荣光。时至今日，其不仅依然鲜活在牛津与剑桥，并且被以美国为代表的其他国家的近现代大学所承继。大致而言，住宿学院制度在美国的发展可分为四个阶段。

（一）尝试阶段

1860年之前，美国学者长期以来忙于漂洋过海到德国求取先进理念，源于德国的制度和人才也一度成为约翰·霍普金斯等美国研究型大学的发展动力。然而，德国大学理念深深植根于古典哲学之中，美国大学能够模仿其制度，却无法移植气质和文化。为弥补这一缺失，19世纪中期，哈佛大学等名校决定仿效牛津的住宿学院，围绕小规模的学生和教员重构本科教学。时任哈佛校长的艾略特并不青睐英式学院，但耶鲁却比较热心，并迅速付诸实施。此后，芝加哥和普林斯顿也开始尝试，但均未明确形成体系和制度。1902年，芝加哥大学校长哈珀计划将本科生和导师们一同安置到八个方型院落；但该计划由于

---

[1] John Henry Newman, *The Idea of a University*, Yale University Press, 1996, p. 3.

1905年他的突然离世而搁浅。1906年，威尔逊校长也筹划将普林斯顿的学生食堂改造为牛津模式的住宿学院，但也因为遭到教员的激烈反对而未能实施。①

（二）发展阶段

19世纪晚期，现代美国大学开始出现。伴随着机构的扩张以及教授在定向科研方面的兴趣日增，学生与教师的疏离日益成为难题，许多学者对大学将学生与教师割裂成两个体系的做法提出强烈质疑。为解决这一问题，富有创新精神的大学管理者采取了各种措施，其中最具雄心壮志的举措就是在现代大学的校园内建立寄宿制学院。伴随这一举措，全美掀起了一股模仿英式住宿学院的风潮。20世纪20年代，著名慈善家爱德华·哈克尼斯（Edward Harkness）捐献了一大笔教育基金，使哈佛和耶鲁得以创建大批具有牛津风格的学院和宿舍。几乎同时，加州波莫纳学院（Pomona College in California）也采取了一系列措施，有选择地在已有单一学院系统内另行创设起一系列英式住宿学院；通过这一安排，波莫纳得以在规模和功能不断扩展的情况下始终保持小型学院的教学风格。随后，斯克利普斯学院（Scripps College）等一批住宿学院也相继出现，直至20世纪40年代这一势头才有所减缓。

（三）深化阶段

二战之后，美国大学人数持续激增，大学机构的增加却趋于停滞。1964年，全美所有专科学院和综合大学的在校生约530万人，比1940年增加了近400万。虽然战后美国社会的繁荣促使一流大学愈

---

① Alex Duke, *Importing Oxbridge: English Residential Colleges and American Universities*, Yale University Press, 1996, p. 2.

发注重教学质量与原创精神，但由于规模的膨胀、人数的激增以及对科研越来越狂热的关注，导致美国大学教师与学生之间的关系愈发疏离，教学质量和原创精神也在衰退。基于对上述情形的警惕以及越战之后人们对人文精神的强烈吁求，以威尔森（A. Wilson）为首的教育家们再次将目光投向牛津和剑桥，他们认为将教师和学生整合在一个半自治的小型教学组织里，将对大学教育同时完成自己的道德使命和学术使命产生重要作用。因此，20世纪六七十年代，英式住宿学院在美国再次盛行，仅60年代全美就兴建了44所住宿学院。高等教育学家杰里·盖夫（Jerry G. Gaff）提出了著名的"群聚学院"（The Cluster College）理念，并在1968年举行了一场全国性的学术会议，讨论"群聚学院"的未来。"群聚学院"的倡导者呼吁人们重新认识牛津和剑桥弥足珍贵的住院传统，并掀起了一场轰轰烈烈的建院运动，其中最重要的举措就是于1965年创建以住宿学院为主要模式的加州大学圣克鲁斯分校（University of California-Santa Cruz）。[1] 从筹建计划来看，圣克鲁斯对牛津的借鉴不仅是修建大量的学生宿舍，更是要确立英式住宿学院制度；该校的住宿学院不单是一个学术部门，还是一个从学校层面上构建的学科课程院际交流平台，一个教师工作和生活的公共空间。后来，尽管圣克鲁斯也逐渐重视研究生教育和科学研究，但其主体宗旨一直没有偏离克拉克·克尔校长的理想——大学应以强大的本科生教育为根基。

（四）反思与重构阶段

经过多年的学习与借鉴，美国大学对英式住宿学院制度的继承已颇为全面。根据美国教育统计中心（NCES）提供的数据，1997年全

---

[1] Alex Duke, *Importing Oxbridge: English Residential Colleges and American Universities*, Yale University Press, 1996, p. 3.

美80%的公立高校为学生提供住宿，100%的私立大学采取住宿学院制。但这并不意味着英式住宿学院的育人理念和人文精神已经在美国大学生根发芽。长期以来，美国高校的理念是科研重于一切，且科研的动力也不是源自教学创新的需要或学术探讨的结果，而是市场的消费导向。专业化和精细化的研究趋势使得教学沦为鸡肋，住宿学院遂成为围城，不仅教师急于逃离，学生也不那么热衷。2008年，仅有13.8%的美国大学本科生居住在校内。① 当然，这绝不表示住宿学院制度在美国大学的失败，事实上，学生选择居住在校外的原因是多种多样的。首先，大学招生人数过多，住宿学院并不能容纳所有人；其次，校内住宿的费用常常要比校外公寓的租金高，多数学生出于经济压力才选择离开。研究结果表明，住宿学院能够为学生提供最安全的环境。2008年，93%的大学生犯罪事件发生在校外，肇事人绝大部分都是在校外住宿的学生；住宿学院内的学生在刑事案件、酗酒滋事等方面的概率也远远低于住在校外的学生。② 另有研究显示，虽然住宿学院内外的学生在学业上并没有显著差异，大学一年级时学生在违反纪律的频数上也大体一致；但在大二之后，住宿学院之内的学生，尤其是男生，违反纪律的频数要远远低于住宿在校外的学生。③ 不仅如此，从长远的发展来看，在个人道德、公民身份、团队荣誉感、协作学习等多个方面，住宿在学院内培养的学生皆优于住在学院之外的学生，而这也正是美国大学选择住宿学院的根本原因。

---

① Mavis Winona Fleenor, "A Quantitative Analysis of Crime Rates in American Colleges and Universities With and Without Residential College Systems"(dissertation), East Tennessee State University, 2009, p. 150.

② Tina Lynn Smith, "The Impact of Residential Community Living Learning Programs on College Student Achievement and Behavior"(dissertation), Tennessee State University, 2008, p. 77.

③ Mavis Winona Fleenor, "A Quantitative Analysis of Crime Rates in American Colleges and Universities With and Without Residential College Systems" (dissertation), East Tennessee State University, 2009, p. 151.

时至今日，美国大学管理者们依然孜孜不倦地探索英式住宿学院的传统。尤其是20世纪80年代以来，"小的是美好的"（small is beautiful）①这一口号给美国带来巨大震撼，人们开始深入反思规模膨胀带来的教育异化。1998年，威斯康星大学、南卡罗莱那大学、莫瑞州立大学、波士顿学院等学校的校长们相聚于牛津大学，再次探讨如何将住宿学院体系应用于现代巨型大学，借助住宿学院在通识教育、全人教育等方面的优势弥补现代大学的缺失，解决专业分化和学科区隔所带来的问题。总之，美国大学对英式住宿学院的继承正在从模式到理念、从制度到精神进行反思和重构。

三、英式住宿学院对我国大学的启示

住宿学院的一大特点就是重视创造性的文化生活，将生活和学习相结合。长期以来，我国大学的教学与生活相隔离，学生管理统一僵化，住宿制度功能单一，既缺生活之乐，更乏教化之功。英式住宿学院源远流长，制度完善，文化育人功能显著，值得学习和借鉴。

（一）贯通教学与生活，恢复大学教育的从游精神

教育不仅在课堂上，更应贯穿生活的始终。英式住宿学院最大的特点就是将教师与学生纳入到一个致力于寻求真理的共同体之中，以形成共通的思想和丰富的精神生活；学生在导师示范和精神生活的熏陶下，学会交往，充实知识，形成完整人格。我国大学应当学习英式住宿学院，注重师生之间的交流；教师不仅从学业上，同时也从生活

---

① "小的是美好的"这一说法源于德裔英国经济学家E. F.舒马赫出版于1973年的一本声讨现代工业文明弊病的经典著作 *Small is Beautiful*，20世纪80年代，美国学者在其影响下掀起了教育改革的浪潮，旨在反思资源集中化带来的效益的降低和教育的异化，从此拉开了院校、班级小型化运动的序幕。

上、人格上对学生进行培养。事实上，中国的大学教育中曾经长期保有师生之间的亲密关系。如梅贻琦先生曾在《大学一解》所言："学校犹水也，师生犹鱼也，其行动犹游泳也，大鱼前导，小鱼尾随，是从游也，从游既久，其濡染观摩之效，自不求而至，不为而成。"恢复这种"从游精神"，是我国大学培育创造性文化生活的重心所在。当前我国也有高校实行了本科生导师制，这对学生的专业发展起到了一定的作用。但由于导师大多居住在外，与学生有着物理和精神上的双重区隔，无法深入学生的生活，对学生在专业之外的影响比较有限。因此有必要要求教师定期进驻学生园区，同时也可聘请同样居住在学生园区的优秀研究生担任本科生生活导师，营造大学教育的从游氛围。

（二）恢复学统，塑造中国大学的文化性格

英式住宿学院的精髓是博雅教育，其背后是英国传统的文化性格和民族精神。事实上，大学是民族灵魂的反映，任何国家的大学都有属于自己的民族烙印，如德国大学的古典哲学精神，如法国大学的公共知识分子价值观。美国大学 100 多年来承继住宿学院制度的历史也充分说明了民族文化对于塑造大学精神的重要意义。有鉴于此，中国大学应当重视中华民族精神传统的连贯性，扎根历史传统与现实生活，在所处的文化体系与时空坐标下思考问题、发挥功能和承担责任，不能罔顾精神和历史的差异，在纷繁复杂的世界文化体系中奉某个暂时流行的舶来品为圭臬，时刻保持历史的清醒与文化的独立。为实现这一目标，就必须恢复和重构中国学者的治学传统，树立中国大学的文化性格。关于学统，钱穆先生曾提出中国的学问具有三大系统：第一系统是"人统"，即"学者所以学做人也"；第二系统是"事统"，即"学以经世致用"；第三系统是为"学统"，即纯学术的研究与探讨。[①]

---

① 钱穆：《有关学问之系统》，《中国学术通义》，台湾学生书局1977年版，第225页。

这三者之间相辅相成，不可分割。至于中国大学的文化性格，"格物致知，修齐治平"的学者理想，以及"大学之道，在明明德，在新民，在止于至善"的教育理念，都充分说明了中国大学应当以求科学研究之知为基础，以求社会主义建设之功为目标，以求中华民族伟大复兴之德为理想。归根结底，我们对于英式住宿学院的学习并非简单地照搬照抄和制度移植，而是深入理解其内在的组织方式和文化性格。中国大学的崛起并非体现在数字指标的提升和他国制度的移植，而是体现在学统的恢复和文化性格的塑造；只有在此基础上，中国大学才能培养出具有公民意识、文化自信和坚定信仰的人才。

（三）完善学生管理制度，加强住宿管理的育人功能

长期以来，我国高校学生管理较为统一，宿舍功能相对单一，对住宿生活的教育功能挖掘不够；应借鉴英式住宿学院施行民主管理，加强育人功能。

管理体制的完善能对学生的学习和生活给予全方位的指导，培养其综合素质。首先，我国大学应当健全学生管理体制，明确学生的权利和义务。在管理理念上，要以"服务、教育、民主"三原则为基础；在管理队伍建设上，应注重发挥学生的主体性，吸收学生代表进入管理队伍，建立学生自治委员会。其次，我国大学还需要改革住宿管理制度，一方面要尊重学生的个性需要和自主选择，革新住宿统一分配制度；另一方面要打破住宿安排的僵化，鼓励学生群体的自治与自洽，在充分考虑学生意见的基础上采取跨年级、跨院系的混住模式；与此同时还应当以住宿园区为平台，结合实际条件，组织富有创造性和文化性的课外活动，促进学生的文化体验和知性交流，丰富住宿园区的文化内涵。以上措施不仅尊重学生的个性诉求，还能够打破院系、专业、年级壁垒，促使不同专业和年级的学生相互交流和学习，彼此互动和协作，有利于培养一专多能、博学多闻、全面发展的人才。

（四）国内大学的尝试与发展方向

关于住宿学院的建设，近年来我国高校也有了一些有益的尝试。2005年，复旦大学建"复旦学院"，在此机构下包含了四个以四位复旦老校长的名字命名的书院，面向大一新生提供通识教育。复旦大学将建设书院制看作本科生教育制度改革、提高本科学生培养质量工作的一部分，希望建设一套融生活、学习于一体，拥有相当的公共空间和指导教师、超越专业学习局限的书院制度。2006年，西安交大设"彭康书院"，2008年又设"崇实书院"，以学生公寓为生活社区，承担学生的思想品德教育与行为养成等方面的任务，旨在重现中式书院传统，探索大学生社区生活管理新模式。2011年，苏州大学借鉴剑桥大学"三一学院"的管理模式创"敬文学院"，将不同学科专业背景的学生会聚在一个小型社区进行集中管理。[①] 以上举措对于我国大学改革育人模式、完善管理制度等方面具有重要意义。但住宿学院在现代中国大学中毕竟时日尚短，规模较小，有待进一步的实践和观察。况且，住宿学院的发展和完善不仅要进行制度上的设计，更需要积淀文化底蕴，形成精神内核。为提升学生的综合素质，培育创造性的文化生活，探索具有中国特色的现代大学制度，中国大学的住宿学院应在文化自信、文化自强的基础上，立足于实践，以塑造中国大学文化性格为主，借鉴他国经验为辅，冷静思考，多元发展，完善顶层设计，施行自主创新策略。

（本文选自《高等教育研究》2013年第9期）

---

① 姜泓冰、杨彦、尹世昌：《书院制改变了什么》，《人民日报》2011年9月16日。

大学使命的历史沿革与发展趋向
—— 以社会契约论为视角

崔延强　邓磊

摘　要：契约论既是一种源远流长的哲学思想，也是公民社会的核心价值，能够为现代公民社会的建构和治理提供理论指导和价值判断。从契约论的角度进行观察，大学使命即大学与社会之间契约关系的体现。中世纪以降，大学与社会的契约关系先后因为时代发展的需要出现了数次重大调整，大学使命因此也相应地发生数次显著革新。时至今日，人类迈入后工业时代，知识社会已经到来并不断深化，大学与社会的契约关系有了新的表述，大学使命必然也会出现新的发展趋向。

关键词：契约论；大学使命；知识社会；福利型社会；现代大学

契约论既是一种源远流长的哲学观点，也是现代社会的核心价值。从希腊的城邦文明，至中世纪的教会统治，再到霍布斯、卢梭、洛克等思想巨匠对人类社会"深谋远虑的合理性"所做的长远谋划，契约论思想在社会建构和政治治理方面一直有所体现。尤其是民族国家和市民社会兴起以后，在现代化发展的裹挟下，契约思想成为民主社会建构的理论基础。在现代政治哲学体系中，契约论被用来铸造概念化社会，是政治合理和政治顺从的基石，也是社会组织结构安排的理论基础。从契约论的角度观察大学使命与社会发展的历史逻辑，是在政治哲学理论逻辑和大学组织实践逻辑的基础上进行回顾与反思，这不仅是理解大学历史脉络的基本途径，也是把握现代大学发展方向的关键步骤。

一、大学与社会的"契约关系"

关于大学与社会（抑或人民）的关系，长期以来受到两种不同观点的影响：一种是认识论的，认为求知的目的在于"闲逸的好奇"；另一种是政治论的，认为人们探讨深奥的知识，不仅因为"闲逸的好奇"，而且还因为它对国家有着深远影响。[1]根据这两种观点，人们对大学使命有着不同的理解。按照认识论的观点，大学是人类无尽探索未知的实验室，是人类精神财富传递和创生的平台，大学生活是经验的，是体验创造性文化生活的保留园地，因此大学使命就是超脱世俗，远离社会和政治的干扰，按照理性的认知逻辑进行知识献祭。按照政治论的表述，大学是国家组织，担负着现实的政治使命和社会使命，必须体现国家诉求和社会需要。从表面上来看，上述两种观点看似意见相左，甚至不可调和，但如果从深层的理论逻辑和实践逻辑来看，二者却是大学组织的一体两面。大学在诞生之初就是承载着时代精神与现实功用的社会组织。中世纪大学通过研究知识，连接神圣和世俗，切实起到了整合欧洲思维的历史功用。在此之后，随着社会的发展，大学的使命也渐次实现了从秉承宗教信仰到服务民主政治、从传承古典文化到面向市民社会的历史转折。在现代社会中，大学组织

---

[1] 布鲁贝克：《高等教育哲学》，王承绪、郑继伟、张伟平译，浙江教育出版社2001年版，第13—15页。

建立在世俗社会的基础之上，因此在获得种种特权的同时，亦需要负有面对社会和政府的义务。纵观大学的发展史，不难发现大学与社会、政府既存在不可割裂的关系，同时也始终保持着一定的距离。一方面，大学承载的是人们向上仰望的目光，是信仰与理想的栖息之地；另一方面，大学也需要立足于世俗社会，承担培养世俗人才的组织义务。一旦大学过于远离尘世，就疏离了自己的义务；如果大学失去了仰望星空的精神，那么她就亵渎了自己的理想。大学与社会的关系也不是一成不变的，从中世纪教会世界的职业期望，到文艺复兴时期人文主义抱负下的自由教育观念，再到启蒙运动下的科学研究和现代社会中的服务功能，大学组织机构的合法性及其使命几经更迭。总而言之，大学与社会既在保持一定距离的前提下相互呼应，同时也伴随着历史的发展与需求不断进行调整，我们可以将两者的关系视作一种"契约关系"。

关于大学与社会的"契约关系"，德里克·博克认为这并不是一个准确的政治概念，但却是一个启蒙式的隐喻。[①] 根据契约论思想，每一个作为社会细胞的人组成一个个独具功能的社会机构，而社会机构在另一种程度上作为个体，一方面从共同体获得权威，另一方面则要执行功能、履行使命。在政治哲学体系中，社会契约理论是被用来铸造概念化民主社会的，它是民主社会中政治合理和政治顺从的基石。在创建大学、确立学位授予资格以及对资金的分配等方面，政府和人民都是终极权威。政府赋予大学使命，并向其提供相对稳定的长期支持；为更好地履行自己的职责，大学拥有从政府获得的自治权的同时，教授们获得学术自由。学术自由是大学最引以为豪的特殊权利，也是大学赖以生存和发展的基本理念，但这并不是形而上的学者天赋，而是大学与社会的一种隐性契约。因为没有人可以规定探索真理的界限，

---

① D. Bok, *Beyond the Ivory Tower: Social Rsesponsibilities of the Modern University*, Harvard University Press, 1982, p. 5.

所以学者在从事此类工作时获得了研究无边界的允诺，但这并不意味着学术没有自己的形式和方向。经过历代学者的不断探索，学术研究不仅积累了极其丰富的成果，同时也形成了一套科学的范式。尤其是在知识日益专化的背景下，不同学科逐渐形成具有严格区别和界限的"学术部落"，各自拥有独立的体系和文化，形成了不同的学术"领地"。[①] 大学必须在科学研究的框架下，经过系统、专门的习训，遵照科学的范式，在理性的范畴内从事相关劳动，并致力于知识的发现、创新和应用，根据研究成果的数量和质量获得相应的认可和回报。总之，大学的诸多使命以及其特殊的地位建立在大学与社会的契约关系之上，最终的合理性源自社会中的人民。

二、"社会契约"的调整与大学使命的沿革

大学缘起于中世纪，经历了长期而曲折的发展历程。在此过程中，大学与社会之间一直保持着隐形的"契约关系"。随着社会的发展，大学的"社会契约"不断变化，大学使命也相应地发生变化。

（一）早期大学的"社会契约"及其"教导"使命

关于大学的早期历史，学界至今尚无一个明确的答案，哈斯金斯甚至认为早期的大学"没有创建人，或者没有确切的起始日期，相反'只是在成长'，缓慢地、悄无声息地产生，没有明确的记录"[②]。尽管最古老大学的开端依然不甚明朗，但可以肯定的是，大学产生的时期是一个"知识大复兴的时期"。"1100 年至 1200 年间，一股新的知识

[①] 托尼·比彻、特罗勒尔：《学术部落及其领地》，唐跃勤译，北京大学出版社 2008 年版，第 3 页。

[②] 查尔斯·霍默·哈斯金斯：《大学的兴起》，王建妮译，上海人民出版社 2007 年版，第 1 页。

潮流以强劲的势头涌入了西欧,其中一部分经由意大利和西西里传入,不过主体部分是由西班牙的阿拉伯学者引进来的,其中包括亚里士多德、欧几里得、托勒密和希腊医生的著作,新的算术论著以及在黑暗时代里被隐藏起来的罗马法教材"[1]。虽然这一时期的大学尚未脱离皇权和神学的范畴,但由于知识大复兴的社会潮流,大学能够从教皇和君主手中获得特许状,并拥有一部分"学校自治、学术自由"的权利。此时的大学被定义为"教导的地方,自由教育的栖居地"。在这样的地方,"知识能够成为其自身的终点。这缘于人们思维的构造,即无论何种知识,如果真切地成为知识,都可以是其自身的犒赏……(学生)即使无法完全理解知识,也能感悟到知识的伟大轮廓,领会其存在法则,其各部分的比例,感受它的光芒和荫蔽,以及它的伟大和渺小"。总之,大学为知识而生,教授们以广博的知识而闻名,大学除感受知识的光耀之外别无他物。这一时期的大学以古希腊的自由七艺为基本授课内容,开设文、法、神、医等人文学科专业,以修习高深思想和知识为主,远离自然科学以及应用技术,因此,此时的大学又被形象地称为"象牙塔"(ivory tower)。

从产生的背景和过程来看,早期大学与社会发展之间隐含着深刻的契约精神。12世纪之后,随着欧洲智识的复兴与文化权力的彰显,修会学校提供的浅陋知识已经无法满足渴望新知的启蒙人群,基督神学教义的混乱与晦涩也不利于传道和解惑,亟需更完善、更高明的理论来进行自我辩护;与此同时,伴随着市民社会逐渐成形和商业往来日趋频繁,国王也需要专业人士的帮助。由于教会神学和世俗统治的双重需求,教皇和君主不得不借助教师行会的力量,给予大学自治的权利。应社会和政治之需,大学须致力于知识的保存和传授,并培养具有虔敬思想和专业知识的精英阶层,从而为教会系统和世俗统治提

---

[1] John Henry Newman, *The Idea of a University*, Yale University Press, 1997, pp. 74-75.

供人才。由于中世纪宗教信仰的普世性，大学在这一时期的最大特点就是远离世俗。一方面，这是由于教会与君主力量的强大使得科学知识尚无法与之对抗；另一方面，亦是因为大学获得机构自治和学术自由的同时，必须付出远离世俗的代价。总而言之，在中世纪社会的时代背景下，大学的使命是通过知识的研究和传播，按照"上帝的意志"建构教会的世界秩序。

（二）"社会契约"的初次调整与近代大学的"研究"使命

大学与社会契约关系的初次调整发生于17世纪中期到18世纪中期，此时期是欧洲社会秩序产生重大改变的关键时期。大学产生于中世纪，因此也就理所当然地会打上中世纪的烙印，神学的桎梏以及陈旧的理论一直制约着早期大学的发展。16世纪之后，文艺复兴与宗教革命导致中世纪大学赖以存身的陈旧社会秩序最终崩溃，宗教改革与皇权的衰落又不可避免地使大学退去了昔日的光环。宗教改革的兴起颠覆了教会统治，资产阶级运动和民族独立运动风起云涌，由单一民族或数个民族联合构成的民族国家成为主宰世界格局的政治实体，所有的社会组织都被归入民族国家的政治框架之内，大学也不例外。17、18世纪，产业革命的勃兴以及中产阶级的崛起带来了对教育机会以及对自然科学的渴望，然而传统的大学还沉浸于中世纪陈旧的知识和教条之中，因此必然会衰落。大学的衰落与社会对高等教育的渴望并行，这就导致了新教育机构的出现，也为大学"社会契约"的重新商定创造了条件。19世纪中叶，以柏林大学为代表的德国高等教育模式的出现，标志着大学使命完成了新的转变。柏林大学成立于1809年，被誉为现代大学之父。从柏林诞生的新理念，是大学应为研究高深学问而生，教学和科研并重。19世纪的德国大学理念脱胎于启蒙哲学，尤其是康德哲学，主张知识是科学探究的结果，大学则是知识探究的场所。按照柏林大学的理念，教授不需要是教导多种课程的通才，而是在各自的领域进行教学和研究；由于在传统（已确立的知识）和理性探究之间存在永恒的冲突，因此各学科都需要在理性之光的照耀下，对已确立的知识进行再验，并获得发展。按照以上表述，大学需要以专业训练的形式进行组织和管理，致力于学术研究和研究人员的培养。19世纪末期，德国大学成为领先世界的科研中心，为诸多国家所钦慕和仿效。德国大学模式的出现是大学与社会的契约关系进行调整的结果。在当时，宗教革命和皇权的衰落打破了中世纪的宗教统治，工业革命的勃兴和资产阶级的崛起建立起新的社会秩序。由此，知识，更为确切地说是自然科学知识和技术，成为社会发展的主要动力。由于传统的小作坊、学徒制的技术传授在数量上和水平上都无法满足大工业生产的需要，因此，作为知识中心的大学必须直接面对国家的利益诉求和社会的发展需要。从此，新的自然科学知识和应用性经验开始进入大学课程，大学的招生规模和渠道也有所拓宽，大学逐渐成为民族国家的科研中心，担负起科学研究和培养研究人员的使命，服务于锻造现代民族国家的事业。

（三）"社会契约"的再次调整与现代大学的"服务"使命

大学"社会契约"的再次调整酝酿于19世纪末期，完成于20世纪中期，这段历史也是人类历史发展的重大转折期。在此期间，大工业时代的出现以及民主社会的发展，连同两次给人类带来无尽痛苦的世界大战，共同催生了一个联系更加紧密、互动更加频繁的人类社会。在这个新的时代背景下，大学不仅要面向国家的利益诉求，同时还要体现社会的公共价值。人类社会的发展已经到了一种更广阔的集中阶段，之前由于自然因素而产生的社会隔离，统统在新技术的发展之下被一一打破。在这种社会背景下，所有的组织机构都需要以更主动的姿态为社会做出贡献，为每一个阶层甚至每一个公民的发展提供帮助。基于以上事实，美国大学由于本国市民社会的成熟和实用主义思想的兴起，率先完成了与社会之间关系的再次调适。通过康奈尔计划和威斯康星思想的确立，美国政府在不断学习德国大学模式，并继续保持殖民地时期遗留下来的英国大学模式的基础上，开始在新的社会发展规划下，用一种新的办学理念来指导高等教育的发展。这种新的规划体现于对美国西部地区的开拓以及工业和农业的全面发展。根据社会新需要整合出来的新的大学使命，就是强调与社会进行频繁而直接的互动，为社会和经济的发展提供服务。大学为社会服务是美国大学的典型特色，其开创性地打破了大学与社会之间的边界，确认大学不仅要体现民族国家的利益诉求，还要实实在在地从事社会服务，为每一个公民——无论民族和文化——提供帮助，只有这样才能尽到一个现代组织的责任。随着美国经济地位的提升和大学实力的增长，美国大学理念被逐渐推广到世界各国，并逐渐成为近现代大学的一种主导模式，服务社会也成为现代大学的使命。

三、当今社会的发展向度与现代大学的历史使命

无论大学有多么辉煌的过去，我们都必须正视一个事实：社会一直都在变革，一成不变的大学不可能满足所有时代的需要。正如历史学家哈罗德·珀金所表明的那样："现代大学是过去社会对于传统大学不满的产物。"[①] 随着时代的发展，大学与社会的契约关系将会继续调整，现代大学的使命也必然出现新的转变。

（一）当今社会的发展向度

在现代大学的发展历程中，已经发生的、有着明显影响的社会运

---

① 伯顿·克拉克：《高等教育新论——多学科的研究》，王承绪等译，浙江教育出版社2001年版，第49页。

动大概表现在以下几个方面：第一，社会政治权力构成层面上，不断追求统一和强大的民族国家成为具有共同语言、文化和情感心理的局部社会最高权力形式；第二，社会经济制度层面上，在承认私有财产制度的合法性，以及承认人都是有自利倾向的"经济人"、"理性人"的前提下，市场经济制度获得广泛认可[1]；第三，文化观念层面上，在"经济人"文化和"市场规训"的作用下，个人精神文化生活对物质的依赖越来越严重，社会行为调节的基础取向主要依靠法律、制度等"他律主义"的外部治理手段，而不是建立在宗教信仰和宏大社会理想基础上的个人道德自觉[2]；第四，知识进步方面，在市场经济制度的刺激下、文化观念变迁的过程中，应用性科学知识、实用知识受到推崇[3]。由以上运动引导的社会变革，深刻地改变了大学的形态，使其除却教学、科研与服务社会三大显性使命之外，还在政治、文化和市场等方面隐含多重使命。在回顾历史的基础上考虑当今社会的发展向度，可以发现有两个明显的趋势，即知识社会的成型和福利型社会的到来。

20世纪90年代，西方商业评论家迫不及待地宣称一个新的时代——后工业知识经济时代——的到来。事实上，早在1963年，克拉克·克尔就开始对知识经济的特征进行论述。1973年，丹尼尔·贝尔对率先进入后工业时代的美国社会进行了深入的探讨，认为世界上的其他各国会亦步亦趋地渐次进入后工业时代。后工业时代的出现源于经济、技术与职业系统的转型。贝尔定义了此种转型的几个维度：从商业产品主导的经济模式向劳务主导的经济模式转型、专业人员和技术等级的素质提升、理论知识成为社会改革和政策制定的核心等。

---

[1] 李鸿昌、朱新涛：《从"市场规训"反思"经济人"假设的局限性》，《中州学刊》2006年第6期。

[2] 马克斯·韦伯：《学术与政治》，冯克利译，生活·读书·新知三联书店1998年版，第28—33页。

[3] 朱新涛：《现代大学对中世纪大学的继承与反叛》，《高等教育研究》2007年第4期。

后工业时代发展所涉及的领域不但包括我们熟悉的诸如零售、交通以及娱乐业等方面，同时也包括商业服务、通信、股票、政府、健康、教育和研究。当转型完成之后，劳务行业的工作者操纵的是符号和观念，而非物质产品。换句话说，主导社会发展的主体力量已经变成知识工作者。贝尔指出："知识在任何社会的运作中都理所当然地不可或缺，后工业时代的独特性在于知识自身性格的转变，在组织决议和发展方向的转变中起决定性作用的是理论知识的向心性。"[1] 在知识社会中，所有的生产者都必须自觉地从事研究工作，从而推进理论知识的发展和实际问题的解决。

当今社会的另一个发展趋势是福利型社会的出现。自从20世纪中叶以来，各国政府的角色纷纷扩展，公民与政府逐渐形成了一种新的契约关系。越来越多的人相信，民主国家负有为公民谋取福利的责任，而不是完全依靠自由市场决定人民的生活水平。"福利政府"这一概念便由此而来。"福利政府"最早是在第二次世界大战期间，相对于纳粹的"强权政府"而提出的。通过福利政府理念的提出，人们深刻意识到战争的危害，尤其认识到平民和战士在战争中的悲惨命运，并最终达成了构建"福利型社会"的共识。根据西方学者的论述，福利型社会建立在政府对公民的一系列承诺的基础之上，其首要的承诺是充分就业。政府不会再听任自由市场独立运行，而是对其进行干涉，使其进行稳定的上下波动，在刺激经济发展的同时实现充分的就业。福利政府的第二个承诺是为公民应对一些不可避免的风险提供公共保险，使其不会再因为失业、年老或疾病而失去生存的最后保障。福利社会的终极承诺是确认公民身份，这意味着一系列的政治权利。英国社会学家托马斯·H. 马绍尔（Thomas H. Marshall）认为公民身份具有三

---

[1] D. Bell, *The Coming of Post-Industrial Society: Aventure in Social Forecasting*, Basic Books, 1999, p. 20.

层基础：民事的、政治的以及社会的。公民身份的要素由各种必要的公民权利组成，如个人的解放，言论、思想以及信仰的自由，拥有私人财产以及协定有效合同。与民事公民身份联系最密切的机构是法院。政治公民身份意味着"作为政治权力当局授权机构的一员，或是该机构成员的选举者参与政治权力活动，与之相对应的机构是国会和地方议会"。社会公民身份涉及"从对经济福利和社会保障的权利，到全部社会遗产，再到符合社会当下普遍标准的、有教养的生活等全部领域的权利享有"[1]，与之密切相关的机构是教育系统和社会服务部门。民事公民身份由于18世纪中产阶级的崛起而有所扩展，政治公民身份的扩展则产生于19世纪和20世纪初期，其首先接纳了工人阶级，随后又将公民选举权延伸到所有的男性，最后全体女性也拥有了完全的政治公民身份。社会公民身份是20世纪福利政府的产物，此种身份承认公民从福利政府中获得的利益是应得的，而不是被施舍的。除此之外，社会公民身份还是兼容并包的，它给予一切人成员资格。20世纪90年代以来，伴随着民主运动的深入发展，"福利型社会"在全球范围内成为各国政府必须面对的议题。

（二）现代大学历史使命的发展趋向

早在1967年，丹尼尔·贝尔就预言："如果在过去的一个世纪中企业是社会的核心机构，因为其为实现产品的大规模创造而组织生产，那么在下个世纪，大学将成为社会的核心机构，因为其所扮演的社会改革和知识创新之源的角色。"[2] 20世纪90年代以降，后工业知识经济时代逐渐成形，福利型社会广受推崇，大学的历史使命也必将出现新的发展趋势。除传统的教学、科研和社会服务之外，大学还将担负起

---

[1] Thomas H.Marshall, *Sociology at the Crossroads and Other Essays*, Heinemann, 1963, p. 74.

[2] D. Bell, " Notes on the Post-Industrical Society (I)", *The Public Interest*, 1967, vol. 6, pp. 21-35.

充当公共空间与交往中心、构建民主政治核心平台、调和市场与政府利益诉求等新的使命。

首先，知识社会的到来赋予了大学一个新的使命——充当公共空间与交往中心。在后工业时代，知识成为最核心的力量，作为知识策源地的大学被推向了舞台的中央。随着高等教育日益地大众化甚至普及化，社会对大学寄予更多期望，也给予大学更多支持，而大学也越来越多地在社会各领域发挥作用，其影响已经超越了知识的范畴以及经济领域，正越来越深刻地影响着整个社会的公共生活，日益成为公民社会政治生活的核心议题。现代大学制度的伟大之处在于，它使大学可以被称为现代知识社会中互相交流的最重要场所。"'大学必须成为这样的一种场所，与其他场所相比，它所有的努力就是为了对社会关系进行思考而不依靠统一的理念，无论是文化的还是国家的理念。'……使多元认识的存在制度化并使大学成为一个公开辩论的场所"[1]。一方面，大学学术的理性思维和创新精神能够为社会公共生活提供一种兼容并包、温和中立的平台，引导人们形成有利于民主和革新的思想观念，在一定程度上，大学学术扮演了社会心理的理智过滤器角色，引导公共理性的生长和成熟；另一方面，大学集中反映了社会的历史和现实，是科学知识与文化知识的生产者与改革者，基于科学的研究范式和理性精神，大学在社会文化传承与创新中发挥着巨大的作用。依靠人性矫正和理性坚守，通过文化自主、文化反思和文化批判，大学能够对公共空间中的事件和价值进行澄清，对符合公共利益的社会价值进行解读和弘扬，对有碍长远利益的现象进行分析和批判，从而引导公共社会的健康发展，明确并实现公共利益。

其次，在福利型社会中，人们需要通过接受教育来获得参与社会的成员资格，民事权利和政治权利的享有也要求人们拥有理性和才智，

---

[1] 杰勒德·德兰迪：《知识社会中的大学》，黄建如译，北京大学出版社2010年版，第9页。

因此，教育，尤其是高等教育，是一个核心的公共承诺，大学在一定程度上成为民主政治建设的核心平台。易于接近的大学教育是社会公民权的必要构成，大学教育的主体——本科教育、职业教育、研究生教育以及科学研究等，都扮演着至关重要的民主角色。本科教育中的通识教育是人们获得政治公民身份的核心承诺；职业教育能够保证人们拥有均等的职业发展机会，培养从业者的行业规范和社会责任感；研究生教育和科学研究则是深化社会改革、实现公共利益的智力平台。不仅如此，大学作为一种研究机构，对于社会理念的革新也能够起到无可比拟的促进作用。在当今以知识为基础的社会中，国家建设的重要抉择时常需要对复杂的问题进行审议，而唯独大学学术有能力在综合考虑自然、社会和人文等众多因素的基础上，对之提供最为全面的咨询和指导。

最后，现代大学还具有联结政府和市场的纽带功能，需要担负起调和国家利益和市场诉求的使命。英国学者德兰迪认为，在当前社会中，大学、政府和工业构成了一种"三重螺旋结构"：政府关注大学的重点之一，是使大学为技术文明服务；全球化将大学推向市场，但市场又离不开政府的宏观调控；大学越来越多地从社会获得资助并与工业联合，但仍然需要对政府的压力做出反应。在今天的世界各国，大学的专业设置和科学研究或多或少都受到劳动力市场和技术市场的影响；反过来，大学的研究成果也直接影响市场的生产方向和人们的生活方式，所以，通过科学分析、理性思考，进行社会问题的解释、发现和反思，为国家提供智力支持，为市场提供技术和指导，是大学在新的时代背景下必须做出的回应。当然，学术研究必须遵循自己的范式，因此大学不是通过直接服从命令来做出回应，而是通过自由、独立的科学探索来满足国家的利益和市场的诉求。

（本文选自《教师教育学报》2014年第2期）

大学功能的演进逻辑

——基于社会契约的视角

邓磊 崔延强

摘 要：大学诞生于基督教衰落而民族国家尚未兴起之际。当时宗教神权渴求理论的支持，封建君主亟需专业人才。作为唯一的知识渊薮，中世纪大学承担了化育欧洲智慧的责任，并因此获得了自治权，这是一个隐性的社会契约。社会发展的需要赋予大学种种特权，大学的教化之功又反过来促进社会的革新。伴随宗教改革、思想启蒙和工业革命，人类社会形态发生了根本性改变，大学的社会契约随之调整，现代大学应运而生。时至今日，知识社会已经到来并不断深化，大学的社会契约有了新的表述，大学功能也将继续演进。

关键词：社会契约；大学功能；知识社会

契约论是一种源远流长的哲学思想，萌芽于古希腊智者学派，伊壁鸠鲁最早对其做出较为明确的表述。进入现代以来，为了反抗非正义的暴力统治，社会契约论成为启蒙思想家对人类社会"深谋远虑的合理性"所做的长远谋划。格劳秀斯、斯宾诺莎、霍布斯和卢梭等通过把社会和国家看作人们之间订立契约的结果，来阐述政治权威、政治权利和政治义务的来源、范围和条件等问题。在现代政治体系中，契约论是政治合理和政治顺从的基石,也是社会组织结构安排的理论基础。从契约论的视角考察大学功能演进与社会制度变革之间的逻辑关系,是基于政治哲学理论逻辑和高等教育实践逻辑对大学发展史进行回顾与反思。这不仅是理解大学历史脉络的基本途径,也是把握现代大学发展方向的关键所在。

一、大学功能的社会起源

大学诞生于 12 世纪的欧洲,当时正值"教会的道德权力和政治权力正在衰退而现代政权体系尚未完全建立之时"[①]。因神职人员的无知堕落而开始遭受质疑的天主教,正渴求缜密和完善的神学理论支持教会运行;征服罗马帝国之后却陷入混乱无序状态的蛮族君主,则亟需具有专业素养的公务人员维持统治。作为中世纪时代的知识渊薮,脱胎于教会学校的早期大学承担了化育欧洲智慧的历史使命。大学通过对知识的整理和传播连接神圣与世俗,切实发挥了整合欧洲思维的功能。早期大学的功能与当时欧洲社会的需求是一种隐性的契约关系,德里克·博克认为,这并不是一个准确的政治概念,而是一个启蒙式的隐喻。[②]

早期大学的出现是一个缓慢而潜隐的过程,哈斯金斯甚至认为,大学"没有创建人,或者没有确切的起始日期,相反'只是在成长',缓慢地、悄无声息地产生,没有明确的记录"[③]。不过,可以肯定的是,大学诞生在一个"知识大复兴的时期"。"1100 年至 1200 年间,一股新的知识潮流以强劲的势头涌入了西欧,其中一部分经由意大利的西

[①] 杰德勒·德兰迪:《知识社会中的大学》,黄建如译,北京大学出版社 2010 年版,第 36 页。
[②] D. Bok, *Beyond the Ivory Tower: Social Responsibilities of the Modern University*, Harvard University Press, 1982, p. 5.
[③] 查尔斯·霍默·哈斯金斯:《大学的兴起》,王建妮译,上海人民出版社 2007 年版,第 1 页。

西里传入，不过主体部分是由西班牙的阿拉伯学者引进来的，包括亚里士多德、欧几里得、托勒密和一些希腊医师的著作，新的算术论著以及在黑暗时代里被隐藏起来的罗马法教材"[①]。知识的复兴源自社会的需要，中世纪前期的蒙昧与野蛮逐渐催生了欧洲人对开化和文明的渴求，而传统的教会教育只能提供极其粗浅且在神学教义下作茧自缚的基本知识。11世纪之后，由于教派的分裂和教义的纷争，越来越多的基督徒希望能够建立一个统一、纯洁的教会。这是一个旺盛的求知欲望将陈规陋习迅猛突破的年代，在信仰的召唤下，具有高度使命感的基督徒不断突破罗马教皇设置的壁障，寻找更纯粹的基督精神。该运动涉及的范围十分广泛，就连一向隐居避世的修道院也先后在克吕尼运动（Cluniac Movement）和西多会（Cistercian）的改造下逐渐焕发了朝气。十字军的征战则从另一个层面拓宽了人们的视野，不仅使得生活在四分五裂的欧洲版图上的人们得以相互交往，并且还向欧洲人打开了一个可以瞭望东方世界的窗口。从此欧洲人开始接触阿拉伯世界新奇的宗教与哲学，开始领略阿拉伯人心目中的亚里士多德，以及阿拉伯人对亚里士多德的评论，甚至最终回归到原初那个古希腊的亚里士多德。大学，在新时代的晨光中初露端倪。

  早期的大学只为教学而生。教师以源自古希腊的七艺教育为基本授课内容，在此基础上开设法学、神学和医学等高阶学科，主要修习高深的理论，因此又被形象地称为"象牙塔"。从产生的背景和过程来看，中世纪的大学功能与社会发展之间隐含契约关系。由于教会神学和世俗统治的双重需求，教皇和君主不得不借助教师行会的力量，因此给予大学自治的权利。应教会和国家之需，大学的功能在于保存和传授知识，培养兼具虔敬精神和专业知识的人才。

[①] John Henry Newman, *The Idea of a University*, Yale University Press, 1997, pp. 74-75.

二、大学功能的历史沿革

17世纪以来，现代性的大幕开启，知识分子开始从宏观层面上为人类社会的发展进行谋划，这一过程的根本动机是从"神圣"到"世俗"，从单纯强调内心的信仰转而关注真实的生活与社会的进步。中世纪的古老大学已经无法满足新的社会需要，大学功能亟须变革。

（一）研究型大学的兴起

现代性发展是17世纪以来人类历史上最重大的事件，从英国的工业革命到法国、美国的民主革命，再到两次世界大战之后的市场经济、福利政府和知识社会，其对人类社会的诸多领域和世界各国的发展历程造成了深远的影响。早期现代性的图式展演，经历了从精神到制度再到深层社会认知的路径，其最终的落脚点在社会知识经验的沉淀与认知结构的系统化，具体表现为教育的革新，尤其是研究型大学的兴起。

大学产生于中世纪，因此也就理所当然地带有那个时代的烙印。长期以来，教会神学的陈规陋习和教育内容的故步自封，一直禁锢着起源于中世纪的古老大学。16世纪以降，文艺复兴与宗教革命致使中世纪的社会秩序最终崩溃，教会退出世俗统治，封建皇权逐渐衰落，传统大学不可避免地退去了昔日的光环。之后，资产阶级运动和民族独立运动纷至沓来，由单一民族或数个民族联合构成的民族国家成为主宰世界格局的政治实体，所有的社会组织都被归入民族国家的政治框架之内，大学也不能例外。18世纪，工业革命的兴起以及中产阶级地位的上升，带来了欧洲社会对提高受教育机会和发展自然科学的渴求。但此时，传统大学仍然沉浸在教授陈旧的艺学知识和僵化的神学教条之中，其影响不断下降。传统大学的衰落与社会对新型科学知识的渴望并行，这就推动了新的科研机构与教育机构的诞生，也为大学与社会之间隐性契约的重新商定奠定了基础。19世纪上半叶，以柏林大学为代表的研究型大学的出现，标志着新的契约初露端倪，新的大学功能由此而生。

柏林大学成立于 1809 年，它的出现标志着现代高等教育的开端。柏林大学的伟大之处在于首倡大学应为研究高深学问而生的理念，主张教学与科研并重。柏林大学的创新理念深受 18—19 世纪的西方启蒙哲学，尤其是康德哲学的影响。根据启蒙哲学的主张，知识是科学探究的结果，大学是知识探究的场所。除精神层面的哲学基础之外，新的大学理念的提出还有赖于社会实践的变革。19 世纪初期，深受西欧工业革命影响的德国政府官员和市场代言人对仍然处于蒙昧状态的学术体制日益不满，于是联手实施改革以促进大学的现代化。在政府和市场的共同引导下，新型大学的学术实践开始向官僚化和商业化转变。柏林大学根据国家和社会的需要重新核准了新的大学功能：首先，教授不需要是教导多样课程的通才，而只需在各自的领域进行教学和研究；其次，由于传统（已确立的知识）和理性探究之间存在永恒的冲突，因此各学科都需要在理性之光的照耀下对已确立的知识再次进行检验并获得发展；最后，大学还需要以专业训练的形式进行组织和管理，以致力于学术研究和研究人员的培养。经过将近一个世纪的发展，19 世纪末期的德国大学已经成为世界领先的科研中心，为世界各国——尤其是处于资本主义和工业革命迅速上升期的美国——所钦慕和仿效。

研究型大学的出现是社会契约进行调整的结果，其根本原因在于工业革命的勃兴和资产阶级地位的上升产生了新的社会秩序。科技创新成为社会发展的原动力，传统的小作坊、学徒制的技术传授在数量和质量上都无法满足现代化生产的需要，因此作为知识中心的大学必须直接回应国家的利益诉求和市场的发展需要。基于以上缘由，新发现的自然科学知识和应用性的经验技术开始进入大学课程，高等教育的招生规模不断扩大，学生来源的渠道也有所拓宽，大学逐渐成为民族国家的科研中心，承担起科学研究和技术人员培养的功能。

（二）大学"服务社会"功能的出现

从 19 世纪末到 20 世纪中叶，大工业时代的到来、民主社会的发展，以及对带来无尽痛苦的两次世界大战的深刻反思，共同造就了一个联系更加紧密、互动更加频繁的人类社会。在这个新的时代背景下，此前由于自然因素而产生的社会隔离在新技术的发展下统统被打破，所有的组织机构都需要以更主动的姿态为社会做出贡献，为工业发展提供切实帮助。大学不仅要面向国家的利益诉求，同时还要体现社会和个人的公共价值。

在新的时代背景下，世界各国的大学纷纷做出调整以适应社会的发展。基于相对成熟的市民社会和普遍盛行的实用主义思想，美国大学率先完成了社会契约的再次调适。在不断学习德国大学模式，并继续保持殖民地时期遗留下来的英国大学模式的基础上，美国政府开始尝试用一种新的办学理念来指导高等教育的发展，"康奈尔计划"和"威斯康星思想"就是此背景下的产物。"康奈尔计划"始于 19 世纪后半期，当时美国正处于工业和农业蓬勃发展的历史时期，社会迫切需要大量高素质的专业人才。为了满足社会发展的需要，1862 年，美国联邦政府出台了著名的"莫里尔法案"，支持政府投资创建新型大学，着力培养社会发展所需的农业、工业人才。由此，以康奈尔大学为代表的一批新式大学成立，美国大学逐渐形成了通过开设实用性的课程来服务社会的习惯，史称"康奈尔计划"。"威斯康星思想"出现在 20 世纪初期。1904 年，威斯康星大学校长查尔斯·范海斯主张高等学校应该为区域经济与社会发展服务。威斯康星大学在教学和科研的基础上，通过培养人才和输送知识两条渠道，打破大学的传统封闭状态，努力发挥大学为社会服务的职能，积极促进威斯康星州的社会和经济发展。威斯康星大学也以其卓越的成就受到世人的称赞，为其他各州大学所效仿。

积极寻求社会资源并为社会提供服务是美国大学的典型特色，其开创性地打破了大学与社会之间的边界，确认大学不仅要体现民族国家的利益诉求，还要切实从事社会服务，为每一个公民——无论民族和文化——提供帮助。随着美国综合国力和国际地位的提升，美国高等教育的实力日益增长，其服务理念推广到各国大学，并逐渐成为近现代大学的一种主导模式，服务社会也成为现代大学的主体功能之一。

三、大学功能的当代转型

人类社会一直都在不断地发生变革，所有人类组织的基本功能也因此不断发生改变。历史学家哈罗德·珀金曾认为："现代大学是过去社会对于传统大学不满的产物。"[①] 随着时代的发展，大学与社会的契约关系将会继续调整，大学的功能也必然发生新的改变。

（一）知识经济时代的来临与大学的危机

20世纪90年代，西方商业评论家宣称一个新的时代——后工业知识经济时代——已经到来。事实上，知识界对此早有洞见。1973年，社会学家丹尼尔·贝尔就对美国社会的后工业时代现象进行了深入的探讨。贝尔认为，后工业时代的出现源于经济、技术与职业体系的转型。该转型包括以下几个维度：以商业产品主导的经济模式转向以劳务主导的经济模式，对从业人员的要求越来越重视专业素质和技术等级，社会改革和政策制定的核心要素从历史经验转向新的理论知识等。当转型完成之后，劳务行业的工作者操纵的是符号和观念，而

---

① 伯顿·克拉克：《高等教育新论——多学科的研究》，王承绪等译，浙江教育出版社2001年版，第49页。

非物质产品。换句话说，主导社会发展的主体力量已经变成知识工作者。"知识在任何社会的运作中都理所当然的不可或缺，后工业时代的独特性在于知识自身性格的转变，在组织决议和发展方向的转变中起决定性作用的是理论知识的向心性。"[1] 在知识社会中，知识也不再是精英知识分子的专利，而越来越多地被公众所掌握，所有的生产者都必然或多或少地从事与工作相关的研究，从而推进理论知识的发展和实际问题的解决，这是一种意义深远的认知模式的转换。由于社会制度架构的变化，知识的生产、传播和使用都打破了专业的界限和特殊人群的垄断，知识本身的合法性在于其洞察力和自反性，而不是知识精英的个人权威或者知识组织的法定地位。

在知识社会中，信息化打破了大学对知识的垄断，学术理念的多元结构消解了一元化的大学理念，知识分子从专业化的建构者转变为知识"去机构化"的推动者，大学从内部出现分裂，其存在的传统合理性开始动摇。一直以来，大学存在的合理性都是建立在科学技术的创新和知识技能传递的基础上。然而，在信息化的社会里，知识和技能的获得是随时随地都可以发生的事情。不仅如此，信息化时代的知识还具有即时性、变动性和碎片化的特征。旧的知识体系逐渐失去话语权，即使有责任感的公共知识分子希望能够重建一种良性的、具有"深谋远虑的合理性"的社会秩序，也不可能再依靠专家知识体系的垄断性来由上而下地推行。换句话说，大学已经无法像过去几百年间那样依靠学术研究和知识、技能传授来维护自己的合法地位。

鉴于以上事实，知识社会时代的大学功能将会发生一个基本的转向。现代性开启之后，原本处于二元对立状态的国家与社会、公共与个人，伴随着知识民主化的进程以及交往理性的兴起开始彼此靠近，

---

[1] D. Bell, *The Coming of Post-Industrial Society: A Venture in Social Forecasting*, Basic Books, 1999, p. 20.

大学正在由培养少数精英的学术机构转变成为全体民众服务的公共机构。学术研究依然是大学的生命，但是知识社会时代的学术研究不再被学科和专业所限制，不再是专家体系的专属。现代大学的学术研究同时面对三重需要：国家、社会与市场。关于知识社会时代的大学定位，埃兹科维茨和雷德斯多夫提出了大学、政府和工业的"三重螺旋结构"：政府关注大学的重点之一是使大学为技术文明服务；全球化将大学推向市场，但市场又离不开政府的宏观调控；大学越来越多地从社会获得资助并与工业联合，但仍然需要对政府的压力做出回应。[①]由此可见，知识社会中的大学将会变得更加多元和开放。

（二）知识社会中的大学功能

在当前的知识社会中，大学的基本功能就是通过学术研究，将国家诉求、市场需要和个体利益有机地联系起来，大学因此成为社会秩序重建和良性发展的中心。这既是知识在现代社会中的核心功用，也是大学组织合法性的根本所在。

首先，知识社会的到来赋予了大学一个新的使命——充当公共空间与交往中心。在后工业时代，知识成为社会发展和个人进步的核心力量，作为知识策源地的大学不可避免地被推向了舞台的中央。随着高等教育的大众化甚至普及化，社会将赋予该种组织越来越多的支持和期望。大学，尤其是承担教学、科研和社会服务等多种功能的综合型大学，正越来越深刻地影响着社会各个领域的形态与品质，其影响已经超越了知识范畴和经济模式，形塑着整个社会的公共生活。大学是现代民主社会中沟通知识模式、文化形态和制度创新的关键机构，对于21世纪的大学来说，其核心任务就是要在公共领域成为关键参与者，促进知识的民主化和民主的理性化。英国学者德兰迪认为，现代

---

① 杰德勒·德兰迪：《知识社会中的大学》，黄建如译，北京大学出版社2010年版，第145页。

大学制度的伟大之处就在于它可以成为知识社会中互相交流的最重要场所。"'大学必须成为这样的一种场所，与其他场所相比，它所有的努力就是为了对社会关系进行思考而不依靠统一的理念，无论是文化的还是国家的理念。'……使多元认识的存在制度化并使大学成为一个公开辩论的场所"[①]。一方面，大学学术的理性思维和创新精神能够为社会公共生活提供一种兼容并包、温和中立的平台，引导人们形成有利于民主和革新的思想观念。就此而言，大学需要在一定程度上扮演社会心理理智过滤器的角色，有责任引导公共理性的生长和成熟。另一方面，大学集中反映了社会的历史和现实，是科学知识与文化知识的生产者与改革者，基于科学的研究范式和理性精神，大学需要在社会文化传承与创新中发挥越来越重要的作用。通过人性矫正和理性坚守，依靠文化自主、文化反思和文化批判，大学能够对公共空间中的事件和价值进行澄清，对符合公共利益的社会价值进行解读和弘扬，对有碍于长远利益的现象进行分析和批判，从而引导公共社会的健康发展，明确并实现公共利益。

其次，现代大学还应当具有联结政府和市场的功能，需要担负起调和国家利益和市场诉求的使命。在今天的世界各国，大学的专业设置和科学研究都或多或少地受劳动力市场和技术市场的影响；反过来，大学的研究成果也直接影响市场的生产方向和人们的生活方式。所以，通过科学分析和理性思考对社会问题做出解释、发现和反思，为国家提供智力支持，为市场提供技术和指导，是大学在新的时代背景下必须做出的回应。当然，大学的学术研究也必须遵循自己的范式，它不是通过直接服从命令来做出回应，而是通过自由独立的科学探索来满足国家利益和市场诉求。最后，也是最重要的方面，在后工业时代，大学必须再次认真审视自由教育的价值，为每一位学生的心灵世界注

[①] 杰德勒·德兰迪：《知识社会中的大学》，黄建如译，北京大学出版社2010年版，第9页。

入丰富的内涵。从大学发展史来看,自由教育在各个时代都是大学理念的切实体现,即使在学生和教师必须接受市场导引和检验的知识经济时代,自由教育也不会失去其魅力。一方面,鉴于社会的加速度变化和非线性、复杂性发展,市场中行业发展和变化的速度和频率远远超过了大学学科设置和变化的速度和频率,无论大学再怎么调适自己的专业设置和培训模式,都难以满足市场对从业者各种专业能力和态度的需要。因此,大学为自己的学生所准备的,决不能仅仅只是专业的知识和技能。另一方面,自由教育将赋予人们一些几乎适用于各个行业的能力,这种能力正是当前就业市场最渴望的"迁移性技能"——一种"能够准确阅读并快速掌握各类信息且加以创造性利用的能力;能进行流畅清晰的口头表达及书面记录,以便于能明白无误地将新的信息、问题讨论的新进展传播与传递的能力;能读懂令人眼花缭乱的数据中隐含的意义并从各种表现形式中将其抽离出来的能力"[1]。这是自由教育最能培养出来的,或许也唯有自由教育才能培养出来的技能,它是在任何一个技术性行业中都广泛适用的本领。除实践的需要之外,自由教育之所以不可或缺,还因为它能够引导人们通向自己的思想家园。自由教育意在达成某种心智上的自由,这要求人们思考问题时不再顾及流俗,不再因为自己的思想无法与权威的意见达成一致而感到焦虑和恐慌。对思想的体悟不是停留在阅读某位前辈哲人留在纸上的文字,或者领会其透露出来的信息并作为自己的人生指导,而是要透彻地思考那些被反复提及、耳熟能详的观念,尝试着去考证这些观念在事实上的可信性以及在逻辑上的连贯性,进而把这些观念与自身的生活经历和心智情感相融合。的确,人们必须站在巨人的肩膀上,将自己置身于那些远比自己更富有智慧、想象力和洞察力的先贤哲人的

---

[1] 大卫·帕尔菲曼:《高等教育何以为"高"——牛津导师制教学反思》,冯青来译,北京大学出版社 2011 年版,第 84—85 页。

思想中，只有这样，才能不会被那些肤浅的、空洞的、毫无意义的社会现象遮蔽自己的心智。但是，仅仅将自己视作大师的门徒是远远不够的，人们还需要穿越大师的思想丛林，跨越他们的智慧高峰，为自己开辟一条通往"自由"和"自在"的道路，这才是自由教育的真实用意。正因为如此，即使"后现代的大学"已经不可阻挡地来临了，但是自由教育不仅不会失去过往的地位，反而会成为大学最具意义和独特性的标签。甚至可以这样认为：在后现代社会中，自由教育是大学教育的唯一独特性，也是后现代大学赖以存在的合理性根基之一。

正如哈瑞·刘易斯在《失去灵魂的卓越：哈佛是如何忘记教育宗旨的》一书的中文版序言中所说的那样："中国大学应该培养学生的人文精神、人格和对自己的社会责任的理解力吗？中国大学应该解放学生的心灵以便让他们决定如何更好地服务社会吗？如果中国大学课程强调了通识教育，大学生将会变得更有创造性、更富想象力吗？西方大学的经验告诉我，所有这些问题的回答都是肯定的。"[①] 大学的现代发展离不开传统根基，无论是以立足本土、传承文明的思路进行扬弃和重构，还是以"他山之石，可以攻玉"的心态进行学习和借鉴，自由教育传统都应当得到更慎重地对待。

（本文选自《高等教育研究》2014 年第 12 期）

[①] 哈瑞·刘易斯：《失去灵魂的卓越：哈佛是如何忘记教育宗旨的》，侯定凯等译，华东师范大学出版社 2012 年版，中文版序言。

从"支点"到"中心"

——现代性视野下的学术范式与大学定位

邓磊 杨甜

摘 要：知识是人类社会的基本要素，学术是系统化与专门化的知识。基于社会发展的需要，知识不断图新，学术范式也会随之变迁。大学以知识为中心，是学术研究的承载者，学术范式的变迁集中展现了大学和社会的沿革。从传统到现代，学术范式日益专化，大学也从象牙塔发展为服务站。在后福特主义的知识社会中，知识的民主化打破了专业的垄断和隔离，交互性与自反性成为新的认知模式，学术范式正在面临新的转型，大学的定位也应当重新被审视。早期中世纪大学维系着教会和王国之间的平衡，研究型大学是国家与市场连线的支点，知识社会中的大学将成为联结国家、社会和市场的中心。

关键词：学术范式；大学定位；知识社会

知识是人类社会经验的积累和集体观念的反映，学术是系统化、专门化的知识，是人类认识世界、改造世界的方法和路径。学术研究范式的出现不仅意味着社会认知的模式化，还反映社会结构。从古典到现代，知识的探索历经哲人的自我沉思、知识分子的职业追求以及组织化、市场化的专业研究，学术范式也经历了从无到有、从松散到集中的演进路径。后现代的来临打破了"普遍概念"的元叙事神话，祛魅之后的知识和学术失去了其"自我立法"的自在合理性，新的学术范式将以知识的自反性和求知者的交往理性为特点，从宏观的元叙事转向多元异质的解释与求证。作为知识中心和学术组织，现代大学在当前的知识社会中扮演着极其重要的角色，其不仅承担着培养未来社会高层次人才的重任，也为当前社会提供科学理论、应用技术和人力资源等多方面的服务，同时还致力于个体的进步与幸福，这是一个从支点到中心的演进历程。

一、学术之意味：知识社会学的解读

虽然大学的功能是多方面的，但它最核心的事业还是学术研究。在《辞海》中，"学术"词条的解释是"指有系统的、专门的学问"，其对应的英文是 Academia，源自柏拉图在雅典建立的"学园"，指进行高等教育和研究的科学与文化群体。学术以学科和领域来划分，源于古希腊时代的"自由七艺"，形成于中世纪的欧洲大学。随着社会的发展，学术内容逐渐细化，新的学术领域不断出现，研究内容也越来越具有专业性。

当代科学哲学家托马斯·库恩认为，学术是知识的专门化和系统化，由于在不同的时代背景下，人们对"知识"的理解有着巨大的差异，因此在不同的历史时期有着不同的学术范式。"按既定的用法，范式就是一种公认的模型或模式"，"我采用这个术语是想说明，在科学实际活动中某些被公认的范例——包括定律、理论、应用以及仪器设备统统在内的范例——为某种科学研究传统的出现提供了模型"。[①] 前

[①] 托马斯·库恩：《科学革命的结构》，金吾伦、胡新和译，北京大学出版社2003年版，第22页。

范式时代的知识是开放的,每个独立思考的个体都可以声称自己能够获得甚至创造知识。但在认知模式形成之后,知识便与权力存在于同一个空间里,只有那些进入了专门的领域,掌握了话语权的群体,才有资格宣布自己是知识的拥有者。"学术",便是这种权力化和模式化的"知识"。对此,曼海姆、布尔迪厄、舒茨、马尔库塞等社会学巨匠皆有着清晰的洞察。学术范式的转换反映了知识体系和认知模式的变迁。法国思想家孔德认为,社会的发展是伴随着知识体系的发展而产生的,人类知识的发展先后经历了神秘知识占主导地位的神学时代、理性抽象知识占支配地位的玄学时代以及现代实验科学占据主导地位的实证时代。根据知识的阶段性发展,人类社会也相应地被分为传统、现代和后现代三个历史时期。[①] 孔德按照知识的范式来厘定人类社会发展阶段的做法,深刻地观察到人类认知观念发展与社会结构变迁的内在联系。

现代人常常将"学""术"连用,实在是一种较为省力的做法。一则学术一词常常与高等教育和相关研究机构联系在一起,二则现在科学研究的范式已经专门成型,"学"与"术"的分野已经成为基础科学和应用科学之间的专业区分,二者早已融为一体,彼此不可分离。但是在前学术范式的古典时代,"学"与"术"的区分不仅是知识内部的分野,而且还是知识观念的巨大区分。在古典时代,知识的生产具有两大特征,一是个体性,二是伦理性。根据古典时期思想家的表述,"知识"只有通过"心灵"和"理性"才能够获得,通过感官所获得的经验和技艺不属于"知识"的范畴。柏拉图认为,感官所能感触到的表象问题属于"意见",而背后隐含的永恒问题才属于"知识"。由于观察工具和生活方式的局限性,古典时期的知识观是一种抽象的沉思,结合了主观想象和抽象逻辑思维。此外,古典时期的知识还与道德相

---

① 孔德:《论实证精神》,黄建华译,商务印书馆2001年版,第1—3页。

混淆，知识本身就是目的，更多地被赋予了宗教和伦理的内涵。在这一时期，尽管有了大量的积累，但是从事知识生产的思想家并没有将"求知"当作一种职业的需要或认识世界的工具。学术研究范式的确立是在中世纪完成的，承担这一历史任务的机构就是大学。

二、大学的诞生：学术范式的确立以及神权君权的平衡支点

大学是求知的机构，建立在学术研究范式形成和专化的基础之上，大学的产生和发展学术范式的成型和变迁步调一致。

从中世纪的大学发展史来看，大学的产生在一定程度上可以被视作学术范式确立和知识分子职业身份建构的过程。在中世纪的历史背景下，宗教势力遍布欧洲，各种各样的教籍人士交织成一张错综复杂又层次分明的社会网络。教皇、大主教、教区主教、执事和神父，是高踞在教会序列上层的教会人士，托钵修士、隐修院修士以及传道牧师则是秉承上帝训诫的虔敬苦修者。除了这两种"传统"意义上的教会人士，还有一些虽然出身低微，但却希望进入教会序列、走上职业道路的世俗子弟。进入教会学校，终身致力于神学的学习与研究，是他们实现社会进阶的最佳途径。因此，越来越多的年轻人走进教会学校并开启了自己的职业生涯。在大学诞生之前，中世纪的"知识"不过是一些简单的语法、修辞和神学常识。随着欧洲智识的复兴与文化权力的彰显，修会学校提供的浅陋知识已经无法满足渴望新知的启蒙人群。与此同时，基督神学教义的混乱与晦涩也不利于传道和解惑，亟需更完善、更专业的理论来进行自我辩护。在教会知识匮乏和世俗需求增加的双重逼迫下，神圣罗马帝国皇帝查理（Charles the Great）在公元8世纪前后展开了教育改革，一方面广兴学校，另一方面吸纳世俗子弟进入教会学校，致力于神学以及文法、修辞和逻辑学等基础学科的学习与研究。由此，知识分子群体规模日益扩大，并逐渐获得

了众多学者特权。至 12 世纪下半叶，欧洲学者社群形成了独立的法团机构——大学。大学的成立，意味着知识分子社群"以学术为业"的职业身份正式确立。

中世纪大学知识分子的职业性集中体现在中世纪学术研究范式的成型。从表面上看，中世纪的知识和学术都是基督神学的附属物，但如果对早期基督教政治思想史进行深入分析，就会发现希腊哲学与罗马法才是构成教会世界的知识根基。为了使神学的殿堂更加富丽堂皇，更为了基督信徒能够找到自己的精神归宿，教皇和国王皆需要知识分子对古典知识进行发掘与整理。自由七艺的继承，文、法、神、医四大系科的建立，使知识专门化和等级化，同时也使知识分子的学术研究从私人兴趣转变为组织行为。

中世纪大学诞生于宗教神权开始衰落而世俗王权尚未兴起的历史时刻，教皇期望得到神学理论的支持，国王则迫切需要世俗管理的人才，双方都需要通过建立稳固的认知模式来维护自己领域内的统治，大学因此成为支撑神权与君权的平衡点，并获得了自治特权。由于中世纪基督信仰的普世性和教化性，大学在精神气质上与教会具有与生俱来的亲缘关系。不过，学术研究所必需的自由和理性与神学教条也存在天然的抵触，因此大学也会通过培养公务人员来寻求君权的庇佑。借助大学所培养的专业人才，王权不断壮大，直至宗教改革和民族国家兴起之后，大一统的教会世界被打破，宗教与世俗相分离，大学终于向国家靠拢。

三、研究性大学的出现：传统学术范式的消解与大学的国家化之路

基于 12 世纪的文艺复兴和大学的教化之功，欧洲民智渐开。通过战争和贸易，东方的技术和理念也开始流入。指南针的传入为跨越大

洋提供了核心技术，印刷术和造纸术为思想的广泛传播提供了关键支撑。在财富和信仰的双重刺激下，大航海时代来临，地理大发现首先证明了科学思想的正确性和神学理论体系的虚妄性，教会世界的统治根基开始动摇。哲学率先反叛，理性的价值系统与批判精神开始挑战宗教顺从；技术革新和工业革命接踵而至，资本主义逐渐发展，经济、政治和文化次第革新，社会制度的架构从最初的设想变为实践。启蒙之后，社会认知模式和学术研究范式发生改变，现代性开启。

现代性是"官僚化"（bureaucratization）与"商品化"（commodification）或"市场化"（marketization）所共同驱动的理性化进程，其构建了一个专属于现代世界的"现代秩序"。在这个"现代秩序"中，眼见为实的求证理念和合乎理性的发展形势战胜了口耳相传的英雄崇拜和神话传说，传经布道式的学术讨论让位给理性而寂寞的科学研究。出于政治和经济的考量，"政府官员和市场代言人共同致力于对学术体制实施改革和现代化，学术实践开始发生官僚化和商业化，由此催生了研究性大学"[1]。

在研究性大学中，传统学术范式消解，新的学术范式建立。传统的学术研究是拥有教会身份的中世纪学者在象牙塔内的独舞，研究的目的是帮助教会指导世俗国家按照上帝之城的理想模式建立人间之城，因为"只有在宗教事务方面完全服从于教会，世俗国家才能成为上帝之城的一部分"[2]；研究的内容是"属灵的"、神学的，研究的方式是经验的、叙事的。传统的学术体制具有浓重的宗教性和司法性，宗教信仰、法律裁定、学术研究与个体生活混为一体。在研究性大学中，学者的学术研究必须符合一系列官僚化或理性化的标准，包括发表作品的数量、勤勉的教学表现以及可接受的政治观点和生活作风等。学者

---

[1] 威廉·克拉克：《象牙塔的变迁：学术卡里斯玛与研究型大学的起源》，徐震宇译，商务印书馆2013年版，第1页。

[2] 罗素：《西方哲学简史》，文利译，陕西师范大学出版社2010年版，第191页。

的成就源自于发现和解决问题而非整理和传播故事，要在学术成果中展露自己的"原创性"。一言以蔽之，学术研究的范式不再是由"闲逸的好奇"引起的"高贵的沉思"，而是为满足需要、博取关注所从事的"科学生产"。

当传统学术的学术范式被商品化和官僚化祛魅之后，它彻底放弃了宗教，但也不是完全投向国家，因为市场开始介入。同传统大学一样，研究性大学依然起着维持平衡的"支点"功能，但是平衡的对象已经发生了改变，"市场"取代了"教会"。根据现代性演进的程度，不同国家大学的地位不尽相同。鉴于市场的成熟度和国家控制的力度，大学在二者之间游移，但基本上还是更偏向于国家。这是因为市场更多的时候是应用型知识的支持者和消费者，对大学一直以来所坚守的文化传统和认知结构不甚在意。总体来说，研究性大学必须保持均势，既要为市场提供专门的、有用的知识，同时也要保存与再生产民族文化传统，保护民族国家的认知结构。

四、知识社会的到来：知识的民主化与作为"中心"的大学

自17世纪至今，现代性在向世界各地不断延伸的同时，也在不断地自我嬗变。基于知识社会学的观点，英国社会理论家杰德勒·德兰迪对现代性的演进路径进行总结，提出了古典的现代性（从文艺复兴到宗教改革的"知识革命"）、自由的现代性（从法国大革命到19世纪末的"知识自治"）、组织化的现代性（从20世纪初到20世纪70年代的"知识专门化"）和"朝向自反性、多样性发展的新的现代性"四阶段论。[①] 迄今为止，现代性已稳步迈入第四个阶段，当前我们所处的时

---

① 杰德勒·德兰迪：《知识社会中的大学》，黄建如译，北京大学出版社2010年版，第25—26页。

代被许多社会学家称为"后福特主义的知识社会时代",其最大的特点就是反对福特主义时代的标准化和集中化,从生产到生活都提倡信息化、民主化、多元化与个性化。

知识生产模式和认知模式的改变,深刻地影响了大学的使命和定位。纽曼和雅斯贝尔斯都曾经告诫我们,认为大学建立在一个先验的、基本的"认知理念"之上的观念,在多学科方法成为新的标准、知识生产越来越多地发生在大学之外的"后学科时代",已经逐渐丧失了传统的地位。在这个时代,大学面临着生存危机。首先,17世纪末期以来国家与知识形成的历史契约正在变得松散,虽然国家仍然是主要的为知识提供资金的赞助者,却不再是知识生产的唯一保卫者;其次,现代社会无论是在经济生产、政治管制还是在日常生活中对知识的依赖性都越来越强;再次,大众教育和新信息技术促使知识更加广泛地传播,公众获得知识的深度和广度都大大提升;最后,知识发现的竞争越来越激烈,随着越来越多有活力的人被不断吸引到知识生产领域中来,传统知识精英的合法性被消解,由专家主导的文化陷入危机之中。[1] 旧的知识体系已经逐渐失去话语权,即使有责任感的公共知识分子希望能够重建一种良性的、具有"深谋远虑的合理性"(prudential rationality)的社会秩序,也不可能再依靠专家知识体系垄断性来由上而下地推行。新的学术范式正在形成,大学所面临的任务就是通过学术研究,将国家诉求、市场需要和个体利益有机地联系起来,成为社会秩序重建和良性发展的中心。这既是知识在现代社会中的核心功用,也是大学组织合法性的根本。

鉴于以上事实,知识社会时代的大学定位需要有一个基本的转向,其不再是一个摇摆不定的平衡支点,而是整个人类世界立体结构

---

[1] 杰德勒·德兰迪:《知识社会中的大学》,黄建如译,北京大学出版社2010年版,第4—5页。

的中心。现代性开启之后，原本处于二元对立状态的国家与社会、公共与个人，伴随着知识民主化的进程以及交往理性的兴起开始彼此靠近，大学正在由培养少数精英的学术机构发展成为全民大众服务的机构。学术研究依然是大学的生命，但是知识社会时代的学术研究不再被学科和专业所限制，不再是专家体系的专属。现代大学的学术研究朝向三个地方：国家、社会与市场。这三个方向彼此互相联结，形成一个稳定的三角。不同国家的大学因为政治、文化和经济发展的差异，对大学学术使命三个方向的赋值不同，但这并不影响三角形的稳定性。关于知识社会时代的大学定位，埃兹科维茨和雷德斯多夫表达了一个相似的观点：在知识社会中，大学、政府和工业构成了一种"三重螺旋结构"。政府关注大学的重点之一，是使大学为技术文明服务；全球化将大学推向市场，但市场又离不开政府的宏观调控；大学越来越多地从社会获得资助并与工业联合，但仍然需要对政府的压力做出回应。[1] 无论这三者之间的关系如何错综复杂，它们关注的核心议题只有一个——大学的学术成果。埃兹科维茨和雷德斯多夫观点的重点，在于凸显在全球化时代的经济发展，他们将着力点放在工业、政府与大学的关系上，忽略了作为大学对于个体寻求进步与幸福的社会意义。在结构越来越复杂、组织越来越多元的后福特主义时代，人们怎样通过大学教育寻找自身的定位？古典时期的思想家期望能够建构一个乌托邦式的理想国度，中世纪的神学家拒绝在现实世界寻找家园，他们的希冀是沿着虔敬苦修的阶梯通向"天国家园"，因此当时的学术范式是属灵的，大学是靠近教会的。现代性让人们彻底无家可归，因此研究性大学的学术研究的范式是实证化、数字化的，大学更靠近国家和市场。在学术范式形成之后的前两个阶段，大学是支点，主要起平

---

[1] H. Etzkowitz, L. Leydesdorff, eds., *Universities in the Global Economy: A Triple Helix of University, Industry, Government Relations*, Cassell Academic, 1997, p.75.

衡作用。在后现代的知识社会里，人们将根据个体认知重建自己的精神家园。大学的角色，不仅是要致力于外在世界的稳定和繁荣，更要通往每个人精神家园的重建之路。因此，基本上可以得出一个结论：大学已经成为或者正在成为中心，这是一个正在发生的事实。从纷繁复杂的外部世界回到作为主体的自我，是萦绕在每一个现代人心头的情结。

作为"中心"的大学必须重新定位自己的使命和职能。首先，大学要积极参与公共生活，成为政府、市场、个体的知识中心和多元思想的交往平台。大学对学术的追求，除了为社会提供有用知识外，还应当发挥公共作用，有助于公民身份的形成和文化价值观在社会中的广泛传播。"'大学必须成为这样的一种场所，与其他场所相比，它所有的努力就是为了对社会关系进行思考而不依靠统一的理念，无论是文化的还是国家的理念。'……使多元认识的存在制度化并使大学成为一个公开辩论的场所"[1]。大学学术的理性思维和创新精神能够为社会公共生活提供一种兼容并包、温和中立的平台，引导人们形成有利于民主和革新的思想观念，引导公共理性的生长和成熟。依靠人性矫正和理性坚守，通过文化自主、文化反思和文化批判，大学能够对公共空间中的事件和价值进行澄清，对公共利益的社会价值进行解读和弘扬，对有碍长远利益的现象进行分析和批判，从而引导公共社会的健康发展，明确并实现公共利益。

其次，伴随着信息时代的知识民主化进程，大学从 19 世纪末形成的偏向"专精"的教育模式正在重新走向另一种形式的"博雅"或"通识"。现代信息技术不仅构建了一个广泛连接的网络社会，同时还促使每一个组织和个体都成为网络社会的参与者和创造者，新媒体的广泛使用和网络的普及促使哈贝马斯的"交往理性"从一种理念成为

---

[1] B. Readings, *The University in Ruins*, Harvard University Press, 1996, p. 191.

可操作的实践。信息化祛除了学术的神魅，真正开启了知识的民主化之门，曾经掌握在少数人手中的知识话语权已经成为公共领域中批判与被批判的有力武器。在知识社会中，交流已经渗透到社会认知结构的最深层。因此，大学教育，尤其是本科阶段的大学教育，不应再片面强调学科内容，而是要拓宽知识，增加课堂以外的学习机会，注重学生收集、分析、整理和利用信息的能力。与此同时，还要重视核心课程，通过经典文本的解读、分析和讨论，着重培养学生的批判思维、沟通能力、历史反思能力和价值判断能力。

最后，大学的学术研究不仅要重视专业的方法和技能，还要对文化模式和认知模式进行解释、批判与建构。知识社会中，大学实现了与其他各种社会要素之间的广泛连接，与国家、社会和市场建立了广泛的契约关系。通过学术研究，大学将接过文化传承创新的火炬，为国家、社会和市场建立一种基本的认知秩序。这既是一个现实层面的社会责任和文化责任，同时还是一个理性层面的知识责任。在这个开放、多元的时代中，知识赖以存身的合理性无法依靠传统权威和专业主义进行存续，一切经验主义的和结构主义的知识与文化都面临着新的知识、新的认知模式的冲击。除了知识自身的价值之外，其他外在的因素都不再足以支持和解释知识。由此，交流和自反必须成为主导力量，大学的重要性也由此而凸显。

（本文选自《高等教育研究》2015年第11期）

"大楼"之于大学

——基于美国住宿书院建造史的大学场域之思

邓 磊

摘 要：大学需要"大师"，不可缺少"大楼"。在大学视域下，"大楼"是一个关于教育场域的隐喻，具有物理空间、群体生活和文化传统等多重内涵。大学教育场域不仅接纳肉体，而且安放精神，让身在其中者能够"诗意地栖居"。住宿书院建造运动是美国大学走向卓越的重要举措，其核心目标就是构建教育场域、培育文化生活。该运动增添了大学的魅力和底蕴，形成了拥有统一文化身份的学术共同体。研究这段历史，对崛起中的中国大学极具启发意义。

关键词：大学场域；住宿书院；大学文化生活

"大学非有大楼之谓也，有大师之谓也"，梅贻琦先生这句名言已被奉为圭臬。但在万众呼唤"大师"的当下，人们往往断章取义地强调"大师"的重要性，忽略"大楼"的基础功能及其与"大师"的逻辑关系。事实上，梅贻琦先生还有一句箴言："学校犹水也，师生犹鱼也，其行动犹游泳也，大鱼前导，小鱼尾随，是从游也，从游既久，其濡染观摩之效，自不求而至，不为而成。"[①] 这句话不仅指明了教育乃

---

① 梅贻琦：《大学一解》，《清华学报》1941年第十三卷第一期。

是师生之间的前行后效、熏陶化育，而且暗喻了人与环境的融合，点出了师生交流合作需要悠游自在的教育场域。概括而言，大学教育离不开两个基本要素，一是"人"，即以"大师"为代表的教育者及其指导下的莘莘学子；二是"域"，即作为教育场域的"大楼"及其文化生活。前者固然重要，后者亦不可或缺；唯有在二者兼美、彼此交融的前提下，大学方能弦歌不绝、长盛不衰。有关于此，美国大学的住宿书院建造举措堪为表率。

一、"大楼"隐喻以及大学场域的历史渊源

（一）"大楼"隐喻的解析

对于大学而言，"大楼"是一个隐喻。大学之"大楼"，首先是由建筑和景观构成的校园（campus）。由于年代和理念的不同，大学校园或古朴典雅，或现代前卫；或精致纤巧，或大气雄浑。但无论是何风格，均能体现大学之特色。如果说塔楼高耸、古色古香的中世纪书院记载了巴黎、牛津、剑桥等欧洲古典大学的悠久传统，爬满绿色长藤的哥特式建筑彰显了美国"常青藤盟校"的自诩和骄傲；那么"红砖大楼"表明了英国工程技术大学的实用风格，内有钢材结构、外罩玻璃幕墙的现代建筑则展示了当今大学的科技感与开放性。概而言之，"大楼"不仅承载具体功能，而且彰显历史传统。

其次，"大楼"也是学者社群的生活场所。挪威建筑学家诺伯-舒兹（Norberg-Schulz）基于存在主义哲学提出"场所精神"，为物理建筑赋予了哲学意义。诺伯舒兹指出，每种建筑都有其存在的价值和目的，都是人类为诠释自己的存在状态而构建的"立足点"。"想要获得一个存在的立足点，人必须要有辨别方向的能力，他必须知道身在何处。同时得在环境中认同自己，也就是说，他必须知道自己和某个场所是怎样的关系……事实上，人类是经由定居熟悉他所能理解的一

切。"[1] 通过与建筑、环境的复杂联系,人们会形成特殊的意识,这种意识将人的情感、记忆和历史与建筑融为一体,从而为其赋予社群精神。因此,"场所"是集中了情感共鸣的栖居之地,而场所精神则可以理解成人对建筑、环境的思考和交融所产生的认同感和归属感。作为学者社群的栖息场所,大学校园正如荷尔德林那首由海德格尔阐释过的著名诗篇《人,诗意地栖居》所言,不仅接纳肉体,而且安放精神,能让身在其中的个体找到自己的精神家园。

最后,"大楼"还是以文化为内核的教育场域(field)。布尔迪厄认为,文化不仅指代客观社会机制以及物化为制度、仪式的区隔体系,还包括人与物质环境之间长期形成的交往互动,以及经由社群习俗内化为个体经验的价值和标准。所以,文化"关系性地存在于'符号位置空间'(space of symbolic stances)与'社会位置空间'(space of social stances)的同源结构中"[2]。从社会要素之间的关系来看,文化独立于经济和政治,其发展动力来自于专家群体的创造性,作用机制依靠的是一套符号体系。符号不仅存在于精神和头脑中,而且无孔不入地渗透到相对独立的小世界——场域之中,并形成场域逻辑。"一个场域可以被定义为在各种社会位置中间存在的客观关系网络","进一步说,场域是一种较为独立的社会空间"。[3] 换言之,"场域"是相对独立的社会空间或环境,能够孕育和传承稳定的社会关系和文化身份。大学的核心功能就是通过操纵符号来传播知识和培育人才,而知识和人才的生长规律则共同决定了大学育人必须遵循一条基本路径,那就是营造相对稳定的交往空间和符号体系,进而形成具有文化传统的教

---

[1] 诺伯舒兹:《场所精神:迈向建筑现象学》,施植明译,华中科技大学出版社2010年版,第17—18页。

[2] Craig Calhoun, Edward Lipuma, Moishe Postone eds., *Bourdieu: Critical Perspectives*, University of Chicago Press, 1993, p. 18.

[3] Pierre Bourdieu, L.Wacquant, "Towards a Reflexive Sociology: A Workshop with Pierre Bourdieu", *Sociological Theory*, 1989, vol.7, pp. 26-28.

育场域。

总而言之，"大楼"不仅是建筑和景观，还是"场所"和"场域"。相对于"场所"的情感性，"场域"的文化性更加突出，与大学教育理念也更加接近。因此，大学视野下的"大楼"乃是教育场域，其具有三重内涵：开展教学活动的物理载体，寄托学者精神的生活场所，以及培育文化共同体的学术园地。

（二）大学场域的历史渊源

大学脱胎于12世纪的学者行会，最初并无大楼，师生皆寄居在市民舍内。由于不置恒产，学者行会似乎十分洒脱，可以自由地从一个城市迁徙到另一个城市。但事实上，中世纪大学的"自由迁徙"实属缺乏经济来源和安定环境的无奈之举。有恒产者方有恒心，从漂浮不定的学者行会到根深叶茂的高等学府，大学的成长离不开与教会、君主甚至当地市民的不懈斗争。斗争的焦点有两个，一是争取学者特权，另一就是构建大学场域。

学者特权与中世纪欧洲的教会体系和政治格局密切相关，大大超出了教育范畴。场域构建纯粹是学者社群的物质积累和文化创生，对于大学的存在与发展具有奠基作用。根据13世纪巴黎大学的历史资料，大学场域的源头乃是学者屋舍。中世纪大学长期保留着虔诚清修的教会传统，学者的生活比较清贫，迫于生计他们不得不按国别和地区形成组合，共同租赁当地市民的屋舍。随着社群规模的扩大，学者行会通过订约、赎买或受赠等多种方式，一步步将临时屋舍发展为永久学舍（house）。[①] 随着人员的增加和制度的完善，学舍又进一步发展成内部自治的住宿书院（residential college），由接受资助的院士

[①] Hastings Rashdall, *The Universities of Europe in the Middle Ages*, Oxford University Press, 1936, p. 681.

(fellows)和教师共同管理,全体成员共享寝舍、餐厅、图书馆和礼拜堂。14世纪末至15世纪初,随着捐赠基金的积累,住宿书院不断壮大,最终发展成为富有历史底蕴和文化气息的大学场域。

二、场域缺失:美国大学书院建造运动的缘起

宗教改革运动致使教会逐渐式微,传统大学也在走向衰落。18世纪以降,崇尚科学创新的研究型大学和旨在促进工业发展的工程技术大学开始兴起,以住宿书院为中心的大学场域不复盛况。作为欧洲高等教育的后裔,美国大学最先是以英国大学为模板。南北战争结束后,工业发展需要实用人才,传统院校对此无能为力,崇尚创新的德国研究型大学受到推崇。贯穿整个19世纪,美国大学不仅大量译介德国大学的信息,而且先后派遣一万余人赴德留学。[1] 留德学者返美后大力改造美国高等教育,约翰·霍普金斯等以研究为主旨的新大学遂而诞生,传统院校也逐渐转型。至19世纪末,美国大学完成了从传统到现代的进化,科学研究和专业发展成为核心理念。这个过程急促而剧烈,总体具有进步意义,但却破坏了大学场域。为了促进高等教育的内涵式发展,富有远见的美国大学领导者采取了一系列意义深远的改革措施,其中极为重要的一项就是通过创建住宿书院来重构大学场域。

(一)质量危机迫使大学重建场域

20世纪初,美国大学可分为三种类型。一是哈佛、耶鲁等古典大学,为迎合社会需要,这类高校不得不改革以心智训练和人格养成为目标的传统教育模式,追随研究型大学理念,引入选课制度、增加科技类课程、兴办研究生院。二是在赠地运动中兴起的州立农工学院,

---

[1] Charles Franklin, Thwing, *The American and German Universities, One Hundred Years of History*, Macmillan, 1928, pp. 39-43.

这类高校的宗旨是促进农业和工业的发展。三是以约翰·霍普金斯和克拉克为代表的新兴研究型大学，以科学创新和研究生教育为中心。由于此时期的三类高校都忽视本科教学，从而导致美国大学基本沦为实用知识和应用技术的"交易市场"，"学生的兴趣与大学的真正目的相偏离成为最严峻的问题"。[①] 如此一来，虽然研究型大学的制度建构业已完成，但却难以开展真正具有原创性的学术探究。"由于工业化的迅速发展和接踵而来的拜物主义浪潮，绝大部分最具才华的年轻人不愿踏上求学问道的幽径……直至20世纪初，美国大学几乎未能培养哪怕一位思想深邃的伟大学者"。[②] 经过深刻反思，批评者发现问题主要出在两个方面：一方面，片面强调科研，忽略了作为根基的本科教育；另一方面，过于注重实利，缺乏具有文化内蕴的大学生活。为了让美国大学走向卓越，一批大学领导者决定做出重大改革。此次改革涉及理念、课程、教学、招生、考核等多个方面，但主要目的在于创建富有文化内蕴和创新精神的大学场域。

（二）英式书院再次崛起带来新的启示

英式书院虽然源远流长，但至近代已疲态尽显。由于英国工业革命的勃兴与中产阶级的上升，高等教育受到强大冲击，"清贵"而保守的牛津和剑桥不得不在19世纪中后期开始变革。从组织层面来看，牛津、剑桥皆以住宿书院为中心，制定了诸多开放性的整体计划，譬如增设自然科学教授席位、设立实验室、打破阶级出身和宗教派别限制、设计现代考试和学位制度等。

从制度层面来看，19世纪中期的英国书院更开放，更注重竞争。以牛津贝里尔书院和剑桥三一书院为代表，改革者努力打破僵化保守

[①] Edwin Slosson, *Great American Universities*, Macmillan, 1912, p. 506.

[②] Abbot Lawrence Lowell, *At War with Academic Traditions in America*, Harvard University Press, 1934, p. 46.

的制度传统,将教授和院士席位对外开放,支持优秀学者竞争上岗;同时建立教育基金,帮助教师提高教学质量。为激励学生追求卓越,改革者提倡自我教育,帮助教师和学生形成亲密友好的私人关系;同时开设荣誉学位和荣誉课程,鼓励学业竞争。[1] 在教会日趋式微的时代背景下,英国书院充分利用与英国政府的关系传统编织人脉网络,为机构的发展和学生的前途寻找新的支持。

但在文化层面上,英国书院却比以往更强调历史和传统。譬如贝里尔书院本是因为首开改革之先河而获得巨大声望,但在撰写书院历史时,却特别注明其获得成功的秘诀在于牢牢坚守源于14世纪的历史传统——"将学生培养成为适于公共生活之人"。除了撰写历史,贝里尔还在1802年用新古典主义建筑风格对其源于14世纪的方形庭院进行外观修葺;19世纪60年代,又以更古老的哥特风格对书院方庭进行翻修。受贝里尔影响,牛津、剑桥的其他书院也对撰写历史和修整建筑十分用心。为了培养学生对书院的价值认可和情感忠诚,19世纪的英国书院还大量招收英国公学毕业生,以公学教育传统为根基广泛组织竞技体育运动,以培育团结、活泼的社群文化。[2]

通过对历史传统的传承与创新,19世纪的英国书院重新焕发了生机。作为新的教育场域,改革后的书院融大学理念、文化生活和社会责任为一体,致力于绅士培养和学术创新。至20世纪初,英国大学人才辈出、享誉世界,为美国大学的改革提供了新的启迪。

(三)"美国精神"要求大学培养"整全之人"

20世纪初,美国大学史已逾两个半世纪,但依旧建树不丰、大师寥寥,改革者认为根本原因在于美国社会缺乏独立的文化传统。早

---

[1] H. Davis, H. W. Carless, *A History of Balliol College*, F. E. Robinson and Co., 1963, pp. 189-190.

[2] J. A. Mangan, *Athleticism in the Victorian and Edwardian Public School*, Frank Cass Publishers, 2000, pp. 12-27.

在 1837 年,"美国精神"的首倡者爱默生就在哈佛优等生学会毕业典礼上大声疾呼:美国大学应当摆脱欧洲的束缚,培养具有独立意识和社会担当的"美国学者";塑造"美国学者"主要依靠三方面的力量:自然、过去和行动。"自然"指的是对地理环境的依赖与诠释,"过去"代表对典籍、古迹和机构的理解和思考,"实践"则意味着对社会的参与和反馈。① 一战后美国国际地位不断上升,但高等教育却一直萎靡不振,因此爱默生的思想愈发受人关注。基于对"美国精神"的思考,洛厄尔、威尔逊、哈珀等著名大学的校长们共同提出了"教导整全之人"(educating the whole man)的教育理念。他们认为,高等教育的主要使命就是通过完善学者社群的文化生活来培养学生的整全人格。"大学所应提供的,不仅是教室和实验室,更是整体的社群生活和交流平台"②,这句话道出了美国大学引入英式书院的深层原因。

三、场域重构:美国大学书院建造运动的进展与成就

从时间跨度来看,美国大学的书院建造运动几乎持续一个世纪,但其过程并非直线前进。该运动的巅峰时刻是在 20 世纪二三十年代,亦即美国大学向内涵式发展转型的"大变革时代"。

(一)书院建造运动的进展

1. 酝酿阶段

20 世纪初,英美结成盟友,变革后的英国书院也让美国学者艳羡不已,思想界开始大力宣扬两国共同的文化血脉。1902 年,迷

---

① Ralph Waldo Emerson, *The Essential Writings of Ralph Waldo Emerson*, Macmillan, 1916, pp. 45-46.

② Woodrow Wilson, "The Spirit of Learning", *Harvard Graduate's Magazine*, 1909, vol. 1, pp. 9-10.

恋英国文化的美国矿业大亨罗兹（Rhodes）决定建立一个基金，资助80名英语国家的优秀大学生——即所谓的"罗兹学者"（Rhodes Scholar）——前往牛津深造。罗兹学者留英在美国迅速成为学界盛事，其影响力一直持续至今。随着美国学者越来越多地进入牛津、剑桥，以其求学经历为主题的文学作品也在美国流行开来，英式书院由此更受推崇。几年过后，美国大学改革者决定仿效牛津、剑桥建造住宿书院。但此时期美国学者对牛津、剑桥的认知还比较肤浅，改革者缺乏在英国大学的生活经验，他们的信息大多来自于阿诺德、纽曼的文章以及留英学者的文学作品，因此，改革目标不免过于理想化。此外，改革者对英国书院的现实运作也缺乏系统的研究，少有细致可行的方案。芝加哥大学的计划倒是比较周详，但由于改革领导者哈珀校长于1905年骤然离世，再加上缺乏资金支持，计划止于纸面。普林斯顿的威尔逊校长也提出了包括课程和导师在内的详细改革计划，但也因为资金不足以及反对势力的掣肘而无法付诸实践。至1907年，虽然英式书院理念仍受关注，但暂时已无大学提出实践方案。

2. 勃兴阶段

一战结束后，英美盟友关系愈发密切，牛津、剑桥的世界影响力也不断增大。反观美国大学，虽然规模持续扩张，但质量却不尽人意。此时罗兹学者陆续从牛津学成归来，并迅速成为教育界的一股强大势力，他们对英式书院有切身体会，也非常了解美国大学，因此促成了书院建造运动的勃兴。

1927年，经过10余年的思考和努力，哈佛校长洛厄尔与耶鲁校长安吉尔联袂从慈善家爱德华·哈克尼斯（Edward Harkness）那里争取了将近3000万美元的巨额捐助，专门用作创建具有牛津风格的住宿书院。1929年，建院计划正式启动；至1935年，哈佛已有七栋住宿书院，耶鲁则有八栋。书院建筑皆沿用牛津风格，冠名则强调本校传统。譬如哈佛邓斯特书院（Dunster House）和艾略特书院（Eliot House）

以前任校长为名，耶鲁伯克利书院（Berkeley College）和皮尔森书院（Pierson College）以学校创始人为名，布兰福德书院（Branford College）与赛布鲁克书院（Saybrook College）则以曾经的校址命名。主体建筑完成后，出资人和建造者共同为哈佛、耶鲁的住宿书院订立了三条管理原则[1]：

第一，书院应为大部分本科生提供师生交融、连贯内聚的住宿生活，每栋学舍都应具有独特的文化身份和教学风格，但不可与总目标相悖。第二，书院应培养理想的交往模式，帮助师生形成亲密关系；师生交往以教学和指导为基本途径，但非正式交往同样重要。第三，书院应为小型社群，如果人员增长，应修建新的住宿书院，而非扩大已有书院的规模。

以上三条原则与牛津、剑桥基本一致，集中体现了书院教育模式的主要特征。考虑到本土实际，美国书院的建造者也在学习英国的基础上有所创新，主要体现在两方面。其一，书院的运行须与已有的学术科系相协调，与大学核心课程相配套，各书院除管理人员和指导教师外，不另行成立教师团，不专门开设新课程，主要依靠学生和教师的个体接触产生教育力量。其二，书院乃是跨越社会阶层和学科界限的学术社群，旨在促进有着不同家庭出身、学术兴趣和宗教信仰的学生进行交流与融合。美国书院在这两方面的创新与各自独立的英式书院颇有差异，也淡化了后者的精英色彩。

总而言之，从一战结束到20世纪40年代，是美国大学书院建造的勃兴期。除哈佛、耶鲁外，芝加哥、普林斯顿、加州波莫纳学院（Pomona College in California）、斯克利普斯女子学院（Scripps College for women）的建院运动也取得了重大进展。

---

[1] Alex Duke, *Importing Oxbridge: English Residential Colleges and American Universities, 1894-1980*, Yale University Press, 1996, pp. 109-110.

3. 复兴阶段

20世纪40年代，二战全面爆发，建院运动进入蛰伏期。从战后到20世纪六七十年代，美国大学以令人瞠目结舌的速度扩张，其中一部分发展成宛若城市般五光十色的"综集大学"（multiversity）。在动辄数万名学生、数千门课程的综集大学里，人与人之间的陌生感与日俱增，大学失去了应有的温度。出于对教学质量和学生人格完整的担忧，改革者希望繁荣大学文化生活，书院建造运动因此再受关注。此阶段最具代表性的事件，就是加州大学圣克鲁兹分校（University of California—Santa Cruz）的创建和"群聚书院"（cluster colleges）理念的践行。1965年，加州大学圣克鲁兹分校开始筹建，领导者决定将其建成牛津模式的住宿书院联盟。该校设计方案十分宏大，计划由15—20座住宿书院构成，总招生规模预计为27500人。所有书院都单独提供教学场地、办公场所、学生宿舍以及其他学术设施，图书馆和实验室等核心公共资源则是全校师生共享。用创校校长麦克亨利（Dean E. McHenry）的话讲，圣克鲁兹"在计划之初就制定了二元化的发展路径：一方面大力促进具有自我保护机制的本科教育体系，保证其重要性不会在未来被稀释；同时也致力于研究生教育和专业教育，为本科生的继续发展提供平台"。

除圣克鲁兹这种具有整体规划的新大学，此时期的巨型大学也在考虑如何重建教育场域，其最重要的策略就是创建多所规模较小、相对独立的"群聚书院"，为学生创设小而亲密的知性氛围。遵循这一思路，1959至1974年间，至少有25所美国大学创建了40多个"群聚书院"。[1]

4. 沉淀阶段

20世纪80年代以降，美国高等教育进入大众化阶段，大学的服

---

[1] Jerry R. Gaff, "The Cluster College Concept", in Jerry R. Gaff & Associates eds., *The Cluster College*, Jossey-Bass, 1970, pp. 16-17.

务功能进一步凸显,并越来越多地受到资本和市场的影响。注重文化生活和卓越人才培养的小型书院不再受到关注,建院运动进入沉淀阶段。由于大学基础设施不足和住宿费用上涨,近年来全美仅有不到15%的大学生住在校内。[①]但研究发现,学舍能为学生提供良好的环境。住在校内的学生不仅刑事犯罪和酗酒滋事的概率远远低于校外学生,而且在道德情操、公民意识、团队荣誉、合作学习等方面具有明显优势。[②]哈佛、耶鲁等顶尖大学的住宿书院,更是被誉为美国大学教育的典范。因此,虽然近30年来美国大学不再建造新的住宿书院,但对书院教育模式的讨论和研究却十分普遍。

（二）书院建造运动的主要成就

1929年,哈佛书院建设刚刚启动,洛厄尔便断定这是"一项伟大的教育实验,其至称得上哈佛大学本科教育史上最伟大的尝试"[③]。因为此计划不只是建造住宿场所,更是涉及课程教学改革和文化生活创生的场域重构。如洛厄尔所料,书院建造运动在美国大学史上取得了诸多成就。

1. 营造富有教育意义的建筑景观

书院建造是一个由表及里、由具体而抽象的过程,其首要步骤就是营造建筑和景观。书院理念兴起之初,正值"哥特复兴"运动风靡美国之时。该运动19世纪30年代始于英国,最初旨在抵制欧洲大陆的新古典建筑,复兴中世纪的哥特式建筑风格,后来发展为一场弘扬盎格鲁-撒克逊民族传统的文化运动。19世纪末,美国大学发现了

[①] Mavis Fleenor, "A Quantitative Analysis of Crime Rates in American Colleges and Universities With and Without Residential College Systems" (dissertation), East Tennessee State University, 2009, p. 150.

[②] Tina Lynn Smith, "The Impact of Residential Community Living Learning Programs on College Student Achievement and Behavior" (dissertation), Tennessee State University, 2008, p. 77.

[③] Abbot Lawrence Lowell, *At War with Academic Traditions in America*, Harvard University Press, 1934, p. 328.

哥特复兴运动的魅力,并将其视为彰显英语国家文化传统的捷径。书院运动兴起后,一大批美国大学倾力营造哥特复兴风格的校园建筑和景观。1940 年,哈佛、耶鲁、普林斯顿等校的住宿书院基本建造成型,其外观正如普林斯顿大学研究生院院长安德鲁·韦斯特(Andrew West)所言:"明媚的阳光在草坪上勾勒出方形庭院的轮廓,高耸的塔楼巍然矗立,条条幽径通往宁静的学舍,精心修剪的花园对面是爬满常青藤的建筑外墙……在此地,万千思绪自然萦绕,回忆像墙上密布的青藤网系一样疯狂滋长;为何要重视大学建筑和景观?因为它能勾起关于学术传承的历史追忆。"[1] 相对于韦斯特的浪漫诗意,芝加哥大学校长威尔逊的表述更加理性:"用哥特式风格来打造校园景观,只需付出很少的代价便可为普林斯顿带来牛津剑桥的古典气质;我们只是在校园建筑上增加一些线条,就将人们的目光吸引到英语民族的传统智慧上,而且更让普林斯顿大学的历史记忆凭空增加一千年。"

2. 促进课程与教学改革

19 世纪后半叶,美国大学广泛推行自由选课制度。起初此种做法有利于打破传统学院教育的僵硬死板,有利于新课程的开设以及激发学生的求知欲。但是由于统一内聚的教育场域被打破,师生之间缺乏沟通,学生只能毫无逻辑地在成百上千门课程中挑选最易过关的科目,东拼西凑地学些支离破碎的知识。如此一来,学业竞争无法展开,拈轻怕重的畏难情绪开始蔓延,学风日益败坏。为解决上述问题,以哈佛为代表的美国大学以住宿书院为平台发起了课程与教学改革。其首要改革措施就是实施"集中与分散"相结合的选课制度,亦即要求所有本科生都要选择一个主修学科修满至少六门课程,然后再在其他至少三个知识领域分散选课。其次推行以全面考查学生知识和能力为目的的综合考试制度,再次实施注重个体交往的导师制度。校方鼓励授

---

[1] Paul Venable Turner, *Campus: An American Planning Tradition*, The MIT Press, 1984, p. 227.

课教师定期与各书院学生展开交流，书院则专门配置与学生共同起居的住院导师。住院导师无须承担教学任务，其主要职责就是为书院学生提供启发式的私人指导；为了帮助学生形成跨学科的学术兴趣，导师皆须具备多元学科背景。[1] 另外还设立阅读季（reading period），让学生在每学期都有一段自主阅读和探究的时间，以此促进自我教育。总而言之，住宿书院是20世纪上半叶美国大学课程与教学改革的核心平台。在书院环境中，学生不仅可以同不同主修学科的同伴朝夕相处、彼此交流，从而获得宽广的学术视野，而且可以与导师共宿一处、频繁交流，由此提升自主探究能力，形成批判思维和创新精神。

3. 培育文化共同体

自20世纪初的美国大学不再提供统一住宿，其内部文化生活便日益凋零。住在校外的学生自发组成了全国性的联谊会和兄弟会，此类组织注重家庭出身，具有显著的排异性；开展的活动以娱乐和体育为主题，常常表现出低俗性。以上环境不利于培育具有良好教养的合格公民，更难以培养具有社会责任感的杰出人才。住宿书院重建了教育场域，让学生免于自私狭隘，能与全体同伴和教师一起形成具有远大追求的文化共同体。具体而言，书院对大学文化共同体的形成具有两大贡献。

其一，在尊重个性的基础上促进学生交流融合。为了尊重学生的个性，住宿书院建造者在遴选学生的程序上可谓煞费苦心。威尔逊、洛厄尔、安吉尔等人曾经频繁地就此问题进行讨论和交流，他们都认为必须要打破家庭出身和专业学科的隔离，但同时也担心学生对学校的安排产生抵制心理。经过反复思考，洛厄尔提出了一个更具操作性的分配计划：先将全体新生统一安排在新生寝舍，经过一年的共同生

---

[1] George Pierson, *Yale: The University College, 1921-1937*, Yale University Press, 1955, pp. 411-412.

活后再让他们根据自己的喜好对书院进行排序,各书院以此为依据来选择成员。[1] 该措施既保证了全体学生的交流和融合,又体现了学生的自由选择。学生入住书院后,皆采取民主管理和混住模式,大家不分专业和出身,皆有共同的社群身份,皆可参与书院治理,大学的文化生活因此而迅速繁荣。

其二,提升内蕴,培育共同的文化身份。美国大学建造书院的根本目的就在于以通识教育为基础,以住宿学舍为依托,以社群生活为内核,将全体师生纳入到具有统一文化意识的共同体之中,从而培养爱默生口中的"美国学者"。建院运动的支持者坚信人能获得的最大幸福来自于社群生活,因此书院的创生"不在于提升学术品位和审美格调,而是用一种齐心协力的进取意识,将全体成员凝聚成一个文化共同体"[2]。为了实现这一目标,书院建造者精心设计了一系列富有文化气息的生活体验和社群活动。譬如,"大量使用具有有纪念意义的碑刻、盾牌、铭文,以及镌刻在墙上和门上的雕塑,以表达对资助者的崇高敬意,同时彰显书院的悠久历史和校友的伟大成就"[3];此外,还经常举办讲演、晚宴、音乐会、体育赛事等活动,以营造亲密无间的生活气息,创造有益交流的文化氛围。经过多年的苦心经营,无论是哈佛、耶鲁、普林斯顿、芝加哥等古典名校,还是加州大学圣克鲁兹分校、波莫纳学院等新建大学,抑或巨型大学中的群聚书院,皆成为富有历史底蕴的文化共同体,出色地执行了培养美国学者的历史使命。

4. 凸显美国精神

相对于具有浓厚贵族传统和精英情结的英国,美国社会的主流价值是民主与平等,因此美国书院建造虽然是以英式书院为模板,但并

---

[1] R. Smith, *The Harvard Century: The Making of a University to a Nation*, Simon and Schuster, 1986, p. 228.

[2] Warren Bryan Martin, "The Conference on the Cluster College Concept", *Journal of Higher Education*, 1967, vol. 10, pp. 367-368.

[3] Paul Venable Turner, *Campus: An American Planning Tradition*, The MIT Press, 1984, p. 53.

非照搬照抄。美国大学主要借鉴了英式书院的建筑风格、管理方式和导师制度,在运行机制和教育理念上却有所突破。美国书院的课程和教学由大学统一安排,而不是像英国书院那样各自独立;此外,美国书院更强调个体之间的交流和融合,而非传承书院独有的价值传统。布鲁贝克认为,"尽管美国大学在 300 年的发展历程中形成了多元机构体系,但其变革历程却具有一些典型特征;这些特征都具有一个共同的精神印记——民主"[1]。显而易见,书院运动也充分体现了这种精神。

四、建构大学场域:美国大学书院建造运动的启示

首先,大学的核心功能是育人,育人的根本是文化。文化比知识更加丰富和深邃,比制度更有弹性和生命力。但是文化不像知识那样可以即时传递,也不像制度那样可以迅速学习,其必须遵循一个自然、内在的生长过程。也正因为如此,文化才不会轻易因人而变、因时而废。伟大的大学必有伟大的文化,文化并非无根之水、无缘之木,其培育和发展需要具体的承载平台。若要形成和维护富有活力的文化传统,并借此培养具有批判性和原创性的卓越人才,大学的首要任务就是建构内蕴深厚、追求卓越的教育场域。

其次,大学场域的建构应当从两个方面展开。一方面,场域需要物化载体,因此每所大学都要保护和营造与自身历史相关联的独特建筑和景观。每一栋具有历史底蕴的建筑,每一个具有文化故事的景观,都是大学的宝贵财富。另一方面,大学不仅需要修筑物理意义上的"大楼",更要构建精神意义上的"大楼"。物理意义上的大楼需要大量的资金和优秀的建筑师,精神意义上的大楼则需要记录大学历史、弘扬大学理念。大学是理性精神的捍卫者和人类文明的守望者,历史

---

[1] John S. Brubacher, Willis Rudy, *Higher Education in Transition: A History of American Colleges and Universities, 1636-1968*, Harper & Row Publishers, 1968, p. 389.

赋予大学强劲的生命力,给予大学场域最强大的教育价值。因此,具有使命感的大学皆须认真编撰校史校志,并在此基础上厘清并彰显自身的存在意义和理念精神。

其三,大学场域的建构过程必须体现参与精神和社群价值。在美国大学书院建造过程中,领导者始终坚持一个原则,即高等教育的本质在于通过广泛的知性交流和亲密的人际交往来促使学生学会自我教育。因此,住宿书院才将庞大的大学人群划分成由具备多元知识背景的学者组成的小型社群。在大学场域的草创阶段,可以由少数改革者主导,但最终方案的提出和具体步骤的落实都必须由全体师生积极参与。只有如此,大学才能构建富有生命力的教育场域,形成具有创造性的文化生活。易言之,教师和学生是大学的主体,大学场域的构建过程,实质上就是他们积极参与、亲密互动,并在观念交流和思维碰撞的过程中体现文化身份、凝聚社群价值的实践经历。参与精神和社群价值不仅能够促进交往能力,而且能够增强责任意识,而这二者正是实现自我教育的基本要素。

其四,大学场域的生成要因"民"而异、因地制宜。场域概念本身就蕴含着自发性和独特性,大学场域的精神实质则是具有独特传统的文化共同体。现代大学的共同特征是一套通用的制度体系,包括教学与研究,也包括源于中世纪、改良于19世纪的英式书院体系,在此方面不同国家和地区的大学皆可相互学习和借鉴。但现代大学还有一个重要功能——服务社会,在此方面所有大学都必须与自身所处的城市或社区有机交融。并且,即便是同根同源的欧洲大学,自从统一的教会世界分裂为独立的民族国家以来,也已经变得差异明显。因此,在现代大学中,场域的生成必须要融合两个方面的要素,一是民族精神传统,二是地域文化特征。

其五,大学场域的建构不能闭门造车,必须要有开放的眼光,要通过体现时代精神和社会价值,争取最为广泛的认可和支持。19世纪末20世纪初，哈佛、芝加哥和普林斯顿的建院计划之所以失败，主要原因就是缺乏广泛的认可和资金的支持。无论在哪个时代、哪个国家，大学的固定资金都是有限的；由于组织的发展惯性，无论哪所大学，若要集中人力物力推行改革，都是一件颇为不易的事情。因此，营造大学场域必须考虑两个客观问题：一是整体计划的制定和推行必须广泛征求校内外所有关注此事之人的意见和建议，并尽量获得最大程度的认可和支持；二是必须积极主动地多方筹措资金，切忌纸上谈兵、虎头蛇尾。

最后，依然用"大楼"和"大师"这对隐喻作为结语，以厘清"一流大学"或"伟大大学"的发展思路。作为大学的两大基本要素，"大楼"与"大师"实则交相辉映；"大楼"承载了"大师"、记录了"大师"，"大师"则源于"大楼"、成就了"大楼"。"大楼"和"大师"是大学场域的一体两面，因此哈佛和耶鲁的住宿书院多以本校杰出人物来命名。技术创新需要基础设施和团队协作，理论发展依赖学术交流和自反思考，思想突破则离不开历史传承和人文关怀。在今日万众呼唤"大师"、大学到处"挖人"的喧嚣中，教育者和改革者更应当认清"大楼"的基础功能。伟大的大学一定坐拥富有创造力的文化传统，卓越的人才必然成长在适宜的教育环境。充裕的资金和设备的确可以吸引外来人才，使一所大学在短期之内迅速攀升，但如果不去通过自主构建教育场域来提升自身的人才造血功能，任何学校都难以保持长久的繁荣。一言以蔽之，构建具有独特传统和创造性文化生活的教育场域，既是"伟大大学"的必然追求，也是所有大学进行人才培养的基本职责。

（本文选自《比较教育研究》2018年第4期）

大学之变

大众化向普及化转型期的大学人才培养模式变革

邓磊　崔延强

摘　要：培养人才是大学永恒的主旨，但人才培养的模式却会因为大学的演变而发生变革。时至今日，除少数发达国家，其他国家的高等教育大多处在从大众化向普及化过渡的"后大众化"阶段，大学正在发生整体性的变化，其人才培养模式也面临重大改革。我国正处在迈向高等教育强国的关键时刻，既拥有重大机遇，也面临严峻挑战。为提高自身品质、提升世界声誉，中国大学需要主动寻求人才培养模式的革新。一方面要在培养理念、评价标准上进行焕新；另一方面应扎根中国社会，在体系建构、教学模式、课程建设等方面实现突破。

关键词：高等教育；后大众化；人才培养模式

人才培养模式"是人才的培养目标、培养规格和基本培养方式"[①]，是学校"为学生构建的知识、能力和素质结构，以及实现这种结构的方式"。对于大学而言，人才培养是其核心任务，也是履行其他职能的根基。自大学在中世纪诞生以来，其人才培养模式已在社会发展的重

---

① 周远清：《质量意识要升温 教学改革要突破——在全国普通高校第一次教学工作会议上的讲话》，《高等教育研究》1998 年第 3 期。

要节点历经数次根本性的变革。今日中国刚刚进入社会主义新时代的伟大变革期，我国高等教育也正处于从大众化向普及化、从量变到质变的关键转型期，在新的时代和社会背景下，人才培养模式改革创新的机遇和挑战都已摆在中国大学面前。

一、大学人才培养模式变革的基本逻辑

众所周知，大学在演进过程中逐渐形成了教学、科研与服务社会三大基本职能，而大学职能的演进也正对应着人才培养模式的变革。大学诞生于中世纪欧洲，从12世纪到16世纪，大学的人才培养主要以服务教会体系为目的，以知识传授和论辩为方式。在内容的选取上，以文法、修辞、逻辑、算术、几何、天文和音乐七门"人文博艺"（Arts）知识为基础，同时发掘和整理古典知识，以此解释和支持基督教义。宗教改革和文艺复兴来临后，尤其是工业革命的出现，人文思想和科学技术成为社会最根本的需求和动力，教会体系下的中世纪大学及其人才培养模式已经跟不上时代发展的步伐。至18世纪末19世纪初，民族国家作为组织者，通过立法和拨款为高等教育进行指导和支持，以科学研究为新职能的现代大学诞生，传统大学也接受了改造。现代大学以培养"专家"为目的，培养规格不断提高，"教学"与"研究"并行，培养方式日趋专门化和系统化。20世纪中后期过后，尤其是近30年，知识转换为生产的速度和广度超乎想象，创新为经济发展带来的巨大优势使大学成为社会中心，人才培养模式也愈发强调为社会提供服务。

从历史来看，大学人才培养模式变革显示出两个基本逻辑。其一，大学人才培养模式变革具有传承性和递进性。作为文明的守护者，大学在培养人才时必然要坚持传承优秀文化传统，但在社会形态发生根本性的改变时，也会做出突破和调整。英国近代哲人霍尔丹将大学称为"民

族灵魂的反映"①，中国科学院大学校长丁仲礼院士将大学视作"坚守社会良知的阵地"②。弗莱克斯指出大学的变革具有两重性：一方面，大学会因时而变，既立足于现实又深刻影响未来；另一方面，大学也应审慎而明智，变革要以理性分析和价值判断为基础，必须遵循一定的原则和限度，不能什么流行就迎合什么。"大学应不断满足社会需求，但无须迎合社会欲望。"③这决定了大学不会轻易变革，变革后也不会完全颠覆原有的传统，因此其人才培养模式的变革也具有传承性和递进性。

其二，大学人才培养模式的变革具有普遍性和复杂性。在人类社会的重要转折期，所有大学都必须做出反应，必须重新考虑如何做出适应和调整。鉴于大学组织在 800 多年来形成的多样性，大学人才培养模式的变革也具有复杂性。概括而言，变革的形式有两种，一种是持续性的量变，另一种是关键期的质变。前者是后者的基础和前提，但前者不必然导致后者的发生。所谓大学培养模式的量变，通常表现为根据社会的实践需要增加新的内容与要素，比如建立新学院、开设新学科、设置新课程等。此种手段操作便捷，效果明显，但却无法从根本上解决问题，同时也会带来内部矛盾，严重时甚至造成大学的分裂。而质变则是从整体上重新反思大学的精神与理念，并对未来做出长远的价值判断，为传统赋予新的内涵。这种做法难度较大、进程较缓，但最能体现大学的批判力和创造力。只有能够不断反思并实现突破的大学，才能发挥重要功用，引领人类的思想意识发展。

二、大众化向普及化转型时期大学人才培养的趋势与挑战

1973 年，加州大学伯克利分校高等教育研究中心创始人马丁·特

---

① Abraham Flexner, *Universities: American, English, German*, Oxford University Press, 1930, p. 126.
② 丁仲礼：《大学是坚守社会良知的阵地》，中国科学院大学新闻网，2016 年 6 月 6 日。
③ Abraham Flexner, *Universities: American, English, German*, Oxford University Press, 1930, p. 5.

罗向联合国经济合作与发展组织（OECD）提交了一份名为《从精英到大众高等教育转变中的问题》的报告，其中提出了高等教育的"精英—大众—普及"三阶段理论："精英高等教育在其规模扩大到能为15%左右的适龄青年提供学习机会之前，其性质基本上不会改变。当达到15%时，高等教育系统的性质开始改变，转向大众化……当超过50%时，高等教育开始快速迈向普及化。"[1] 三阶段论既是对高等教育总体历史进程的概括，也是对各国高等教育发展水平的分析。在不同的阶段和水平，人才培养模式存在根本差异。20世纪90年代，日本学者有本章在考察高等教育的发展轨迹后提出了"后大众化"概念。"后大众化"出现在大众化向普及化的转型期，是各国高等教育的普遍现象和共同趋势。[2] 在大众化向普及化转型时，高等教育升学率将会在较长一段时期内保持停滞，学生身份将变得多元，原先的人才培养模式必将发生新的变化。

（一）新转型时期大学人才培养的变革趋势

在高等教育后大众化时代，大学的人才培养出现了新的重要变化，再没有哪种教育观念和组织形态能像以前那样占据主导地位，各种价值纠缠交织，既相互承认又彼此对立。高等教育已经成为普遍意义上的公共消费品，吸引学生即将或已经成为所有大学的第一要务。综观世界一流大学，无不密切关注学生——尤其是本科生——的需求与发展，因为这关系着大学的未来。但是，由于前两个阶段的大学皆以学术创新为基础，教学已经长期受到忽视；并且由于知识社会的到来，大学的服务功能变得更加全面和直接，教学和科研都在很大程度上受到市场的影响。因此，后大众化时代的大学正踟蹰于国家、市场和个

---

[1] Martin Trow, *Problems in the Transition From Elite to Mass Higher Education*, Carnegie Commission on Higher Education, 1973, pp. 63-71.

[2] 天野郁夫：《高等教育的发展阶段学说与制度类型论》，《教育研究》2003年第8期。

体的多元需求之间，原先的人才培养模式正在发生变化，亟须建构一种涵盖各种价值、权利、理念和行动的人才培养总框架。

为构建总体性的人才培养框架，后大众化时代的大学将会在两对目标之间做出平衡。首先，要平衡大众教育与精英教育。无论是"大众化"和"后大众化"抑或"普及化"，这些概念最基本的含义是大学教育的接纳能力，或者是大学在社会中的参与程度，而非人才培养的标准和规格。学生规模的不断扩大，并不意味着教学质量日趋低下。无论何时，大学的首要目标都是充分发挥每个学生的潜力，尽可能地发现和培养卓越人才。杰弗逊曾经指出："民主政治的健康发展，就在于通过不断选拔人才持续自我更新……高等教育的功能就是从社会各个阶层中吸纳真正的优秀人才，为国家培养'自然贵族'（natural aristocracy）。"[1] 洛厄尔则认为："大学教育的目的就在于为学生谋福祉；具体而言，就是要充分提升他们的各种潜力，帮助他们在国家发展的宽广舞台上获得恰如其分的表演机会。"[2] 但规模的扩张的确会对整体的教育质量造成影响，在后大众化阶段，这种趋势将会更加突出。作为公共交流平台和人才培养中心，国家如何对大学进行统筹安排和分类引导，都需要在大众化与精英化之间做出平衡。

其次，后大众化大学还需要平衡理想与现实。所谓理想，指的是大学自中世纪以来一以贯之的超越性价值理念。具体而言，乃是一种自在自洽、无限探究的精神追求，一种为知识而求知，为真理而奋斗的自由气质。基于此种理想，大学培养的人才能够超越世俗物质和地域意识的双重束缚，成为根基宽广、目光深邃的整全之人（the whole person）。这样的人是世界主义的，是全人类的知识创新者和观念开拓者；同时也是个性主义的，是内在完善的反思者和批判者。所谓现实，

---

[1] Richard D. Brown, *Thomas Jefferson and the Education of a Citizen*, Library of Congress, 1999, p. 94.

[2] Abbot Lawrence Lowell, *At War with Academic Traditions in America*, Harvard University Press, 1934, p. 193.

是指后大众化时代的大学绝不仅仅属于少数精英,而是越来越深入地扎根于民主政治、公民社会和市场经济。大学所培养的人才必须立足于现实,成为社会需要的专业人员。因此,保护理想和现实这对相反相成的价值观念,在国家意识、市场需求、学术自由和个体完善四个维度下保持均衡发展,是大学人才培养模式的又一变革趋势。

(二)新转型时期大学人才培养的多重挑战

从精英化到大众化再到普及化,大学的人才培养模式在每个转型时期都必须接受来自多个方面的挑战。在后大众化阶段,高等学历日益普及,参与主体日趋多元,市场的期望和个体的选择都愈发成为大学育人不可忽视的影响因素。与此同时,大学数个世纪的教育理念和文化传统仍然具有深刻的影响力,再加上政府必然要求高等教育机构体现公共价值,由此导致大学的人才培养必然面临以下三个方面的挑战。

一是投入主体之间的冲突。现代大学已经成为促进社会发展的核心机构,政府、企业和个人都为其投入成本,因此也都存在效益预期。大众化阶段之后的大学教育受到一种基本信念的支持——大学学历不但能创造良好的就业机会,还能带动经济生产力的增长。[1] 基于此信念,对大学的投资越来越重视"投入—产出"比率,因此大学的服务功能愈发凸显,人才培养则难免呈现出工具主义趋势。政府对大学进行投入,目的在于获得知识成果和高素质人才,从而促进国家政策的实施和公共事业的发展;企业对大学进行投资,目的在于得到技术支撑和人力资源;家庭和个人对大学进行投资,目的在于借此实现社会进阶、获得经济收益。在外部资源投入渠道多元化、投资目的多样化的情况下,投资的风险性也大大提高。究其原因,首先是人才培养的周期较长,在短期内很难看到显著效果;其次是人才评判的价值多元,无法

---

[1] 杰德勒·德兰迪:《知识社会中的大学》,黄建如译,北京大学出版社 2010 年版,第 128 页。

用统一的标准进行衡量；第三则是投资者的要求会对大学的独立意志造成影响，导致大学无法自主思考和设计人才培养模式；第四是不同投资方的需求存在冲突，致使大学左支右绌、难以应付。因此，后大众化大学在广泛吸引各方投入的同时如何提供回报，乃是对其人才培养模式的一大挑战。

二是理念与实践的冲突。大学理念与教育实践是两个不同的概念，前者或许有些理想主义，但却不可或缺，其代表的是一种不妥协、不满足的批判性和原创力。如果大学失去理想，市场将吞噬掉其所有的创造性和独特性。从理论上讲，无论在任何阶段，大学的人才培养都应以学术探究为主业；无论在任何时候，要想激发学生的进取意识和创新精神，都必须让他们真正感受到知识的魅力与求知的乐趣。以职业为导向的教育不属于理想中的大学，大学教育的真谛在于通过广泛而丰富的知识探究提升学生的综合素质、促进个体的内在完善和激发学习者的进取意识。但在后大众化阶段，由于国家、社会与市场等各种力量的介入，无论何种类型的大学，都前所未有地遭受到"非教育因素"的强大影响。"社会与经济的现实已使大学工具化，并将大学置于一种危险的境地，使大学既不可能实现自治又不再具有任何吸引力"；"大学曾经被认为是杰出青年才能进入的地方……而现在，大学仅仅意味着人生的一个阶段"。[1] 无疑，后大众化大学的人才培养必须面向市场，否则就会失去保障。但是，市场的强力介入又很有可能导致大学成为人力工厂，致使大学和学生同时丧失自身的主体性。这样的大学不仅会失去自己的精神和理想，而且还会成为一个十分无趣的地方。

三是公共性与个体性的冲突。后大众化阶段之前，大学的人才培

---

[1] 安东尼·史密斯、弗兰克·韦伯斯特：《后现代大学来临》，侯定凯、赵叶珠译，北京大学出版社2014年版，第2页。

养具有明显的国家导向，政府资助一般占据重大份额，大学生是公共政策的既得利益者，因此，须在意识形态和职业发展等多个方面接受政府指令。此时期的高等教育产品属于准公共物品，受国家管控。至后大众化及普及化阶段，大学已然成为一个多元取向的平台，市场运作的商业模式和跨国公司的人才理念使大学的公共性受到挑战。在自由的市场经济条件下，政府的角色正从社会和公共服务的提供者，转变为不同利益集团诉求的独立仲裁者。[①] 在财政资助上，随着高等教育规模变得越来越庞大，来自市场和社会的支持变得不可或缺；政府对大学的管控会变得更宏观，市场的作用逐渐彰显。在此过程中，有两个因素将会限制大学人才培养的公共性：一是市场经济的私有性，二是学生职业发展的个性化。市场介入虽有利于缓解高校的财政紧张，但私有投资对人才需要的技术偏好，以及培养方式的急功近利趋势，将会使人才培养的质量受到挑战。与此同时，市场经济增加了就业者职业前景的不确定性，大学生的就业能力无法完全依靠学校的统一培养模式，必须根据自己的个性特征和对未来发展进行规划。

三、转型时期的中国大学人才培养模式变革

根据教育部发布的 2017 年全国教育事业发展统计公报，我国高等教育毛入学率已达到 45.7%，进入大众化向普及化的转型时期。在此期间，中国大学人才培养的理念和实践都将面临系统变革。

（一）理念变革

自改革开放以来，中国高等教育在 40 年中经历了从精英到大众再到普及的"三级跳"，完成了西方国家一个多世纪才完成的任务。由于

[①] 安东尼·史密斯、弗兰克·韦伯斯特：《后现代大学来临》，侯定凯、赵叶珠译，北京大学出版社 2014 年版，第 132 页。

发展太快，中国大学在组织和功能发生重大变革的同时，传统的社会观念和育人理念依然具有较大影响力。根据高等教育从大众化向普及化转型时期的职能演变，结合我国当前的社会现实，中国大学应主要从以下三个方面深入思考人才培养理念的变革。

首先，从人才选拔到人格完善。在当前注重创新的知识社会，最需要的是具有独立判断、自我反思、自主学习等各方面综合能力的整全之人。无论培养的人才未来在哪个领域、从事何种工作，大学教育都应当以完善人格为基本导向。在社会发展程度较低、高等教育资源相对稀缺的精英阶段，学校教育必然重视人才选拔，希望通过教学和考核为国家和社会选拔出最有资格享受优质教育资源和政府资源的精英人才。但随着社会的进步，片面强调"选拔"的人才培养观就会暴露出诸多缺陷。由于过度重视既有资源的分配，忽视了教育的整体性和发展性，"选拔"式教育不仅会使大多数的"普通学生"受到忽视，失去提升综合素质的契机，而且被选中者也容易异化为工具理性下的功利主义者。后大众化时期的大学已经成为促进社会健康发展的核心机构，高等教育门槛也降到新低。在此背景下，中国大学需要转变传统的人才选拔理念，无论哪所高校，无论培养何种人才，都应当注重人格的完善。

其次，从单向度的专业能力发展到多向度的综合素养提升。专业教育和分科教学是现代大学的一大特色，在很长一段时间内这种做法保障了大学人才培养的规格和质量。但在知识社会中，大学不仅为市场提供人力资源，更通过创新改变和塑造着新的市场。就业者的前景充满灵活性、变动性，科层制制度和按部就班获得升迁机会的工作模式，已经不再适合未来的职业需要。信息技术的深入发展不仅导致知识和技术迅速革新，而且就连行业本身也不断地调整和变革。在当前的时代背景下，原先具有单一向度特征，强调分科教学和专门培训的教育方式，必须转向多向度的通识教育和综合素养提升，要致力于培养学生拥有更适应未来社会的信息收集能力、辨别选择能力、理解表达能力、合作应变能力和反思创新能力。

最后，从知识技能传授到公民身份建构。后大众化阶段的大学面向不同年龄、不同地域和不同身份的人群，已成为真正意义上的公共教育机构。因此，其人才培养理念必须向建构公民身份转变。所谓公民身份，既包括职业身份和政治身份，同时也包括文化身份。基于士大夫文化的历史传统和国家财政的大力支持，中国大学与真实的社会存在一定的隔离。在当前的转型阶段，中国大学必须更加贴近真实的社会需求和个体需要，其培养的人才不是少数精英，也不是乌合之众，而是兼具技术能力、政治认同和文化担当的未来公民。未来的人才培养模式不仅是让学生被动接受知识和技术，更是为他们提供一个信息获取、技能养成、观念交流和文化融合的公共平台，借此将国家意识、市场需要和个人追求交互影响，对变化中的文化现象和认知结构做出反应，从而加强学生与社会的联系，帮助其广泛参与到社会生产和文化创造之中。

（二）实践变革

在新理念的指导下，中国大学人才培养模式的创新需要从体系改革入手，进而从教学方式、课程内容等方面寻求突破，最终培养社会新时代下的新型人才。

首先，创建多元立体的高等教育体系，制定不同类别和层次的人才培养规格。在大众化向普及化的转型期，高等教育经历已经成为个体进阶的基本前提。在不远的过去，只有较高层次的技术性和理论型职位才需要高等教育经历，而如今的就业市场，就连普通工作也越来越倾向于招收高学历人才。高等教育受众的社会背景日益多样化，人们对高等教育的需求各不相同，认为大学建立在一种基本的、认知的"理念"之上的观点已经变得不切实际。在当今时代，有多少种认知结构，就有多少种大学理念。每一种认知结构都应当有与之相对应的人才培养规格，每一种理念都应该有与之相对应的高等教育机构去实践。因此，后大众化阶段的中国大学应建立多元立体的高等教育体系，以满足后大众时代知识社会对人才的多维需求。从历史使命来看，中国大学皆须创造性地生产知识、反思性地传播知识，但人才培养的类型却可以各有所长。没有哪一所大学完美无缺，所有大学皆需扬长避短、突出特色。不同类型和层次的大学应以国家的中长期发展计划为导向，以社会的现实需求为鹄的，分工协作、互为支持。从辐射体系来看，中国大学的人才培养应综合考虑学校自身的知识话语权与国际影响力、科研推动力与国家贡献度、技术革新性与市场参与度等多维因素，分级分层地进行布局。从人才定位来看，中国大学需要以国家的人才政策为宏观导向，以市场需求的未来走势为重要依据，有前瞻性和针对性地组织科研与教学；同时努力实现普通教育与职业教育的贯通，提升职业教育的层次和品质。

其次，建设以能力为导向、以项目为模块的新型教学方式。自19世纪中后期现代大学成立以来，在已经过去的现代社会中，人们的职业发展大多是在科层体制中完成的。在具有连续性和可预测性的科层制组织晋升过程中，从业者可以按照既有规则安分守己地工作，在掌握基本理论的前提下慢慢积累经验和实现晋升。与科层制相对应的教育系统，也具有鲜明的稳定性和专业性特征。一方面，无论是何性质的大学和高等学院，以批量生产专门人才为目标的专业学科形成后，其教学模式便会趋于稳定，根据既有的办学经验来确定教学内容，教学多以讲授法为主，较少发生改变。另一方面，根据不同职业和行业的固定需要，各高校皆以学科为模块，强调对已有专业理论知识和基本技能的掌握。后工业化时代的到来打破了原有的平静，在信息技术愈发成熟的知识社会中，人们的认知方式正在发生根本性的改变。吉本克斯认为，一种新的知识模式（"模式2"）正在逐步取代组织化的现代性知识模式（"模式1"）。[①]新认知模式的特征在于专业知识不再是由行业专家所主导，也不是在学科背景和组织下进行，而是一来就有了比较明确的目标和环境，然后再集中由各个领域的知识生产者专心致志地解决具体问题，使知识生产的成果迅速应用于实践。与认知模式相对应，社会的求知方式和生产方式也在发生改变。从业者需要具备更广泛的学习、交流和应用能力。更重要的是，市场对从业者的要求也在改变，单纯的集体参与和命令执行已经无法保证团队的生机和活力，新的市场环境要求从业者对任务进行个性创造。换句话说，大学的人才培养不再单纯依赖过去的知识和经验，还要面对来自未来的挑战。如此一来，原先的教学内容和模式便无法适应新的知识生产模式和就业市场需要，后大众化时代的大学必须在两个方面做出改变。其一，应当帮助学生在系统学习的基础上，加强对已有知识的应用、反思和创新。要实现这一目的，可以改变封闭式教学模式，采用多样化的教学手段，将理论传授与课程实践相结合，广泛推行小组讨论和课后调研；同时打破知识屏障，鼓励学生进行自主探索，构建自己的知识体系。其二，应当打破过分细化的条状专业设置和块状教学内容，努力开发以任务和项目为模块的综合课程，致力于提升学生的"求知能力"和"就业能力"。

第三，进一步完善具有中国特色的大学通识教育，体现大学人才培养的整体性和基础性。通识教育是大学教育的根基，展示集体的主导理念和个体的核心素养，能反映高等教育的本质特征。回顾大学发展史，由自由教育演变而来的通识教育，在各个阶段都能与时俱进、自我调整，从而保持其不可或缺的基础地位。后大众化大学的人才培养不仅传授专业知识和技能，更注重提升学生自我训练、自由发展的能力。要实现这一目标，中国大学必须全面反思通识教育的性质与内

[①] 杰德勒·德兰迪：《知识社会中的大学》，黄建如译，北京大学出版社2010年版，第4页。

容，充分凸显通识教育的分量和功能。一方面，通识教育必须能够引发受教育者的深刻关注和内在共鸣，这就要求中国大学必须精心设置核心课程，将教育内容植根于深厚的文化传统，同时亦能反映现实发展的基本问题。另一方面，要通过具有挑战性和自反性的教学方式，增强学生的思考力、洞察力和原创力，帮助学生获得、胜任社会角色的机会；赋予学生适用于多个领域的"迁移性技能"——一种"能够准确阅读并快速掌握各类信息且加以创造性利用的能力；能进行流畅清晰的口头表达及书面记录，以便于能明白无误地将新的信息、问题讨论的新进展传播与传递的能力；能读懂令人眼花缭乱的数据中隐含的意义并从各种表现形式中将其抽离出来的能力"。[①]

最后，也是最重要的，后大众化中国大学的人才培养，须更加注重文化性格的塑造和思想意识的引领，深入践行社会主义大学的人才培养目标。后大众化时代的大学乃是整个社会的文化交往平台和思想交汇中心，因此其有责任帮助学习者学会在自身所处的社会形态和文化传统中思考问题、承担责任。决不能罔顾历史和现实的差异，在歧义纷繁复杂的意识形态体系中，奉某些舶来思想为圭臬。作为社会主义国家的建设者和接班人，中国大学的人才培养应以社会主义核心价值体系为指导，在社会主义文化大发展、大繁荣的历史场域中承担责任、发挥功能。具体而言，中国大学的人才培养必须坚持社会主义办学方向，弘扬和发展社会主义核心价值观，并坚持通过知识传播和文化传承，保障国家的意识形态安全，促进社会事业的发展和繁荣；应在中国特色的文明传统、时代背景和社会体制下，独立思考社会主义人才培养的意义和目的，而不能将手段当目的、以知识代能力或重能力轻品行。

[①] 大卫·帕尔菲曼：《高等教育何以为"高"——牛津导师制教学反思》，冯青来译，北京大学出版社2011年版，第84—85页。

大变革时代

——洛厄尔的哈佛改革对中国伟大大学建设的启示

邓 磊

摘 要：20 世纪初，美国的工业产值跃居世界第一，国际地位持续提升，但美国大学仍以欧洲大学为模板。在政府和资本的支持下，富有远见的改革者致力于大学的内涵提升，开启了美国高等教育史上的"大变革时代"。哈佛校长洛厄尔秉承杰弗逊的公民教育思想和爱默生的"美国学者"理念，同时结合社会实践，呼吁美国大学要志存高远，为民主社会培养"整全之人"。洛厄尔的改革成就了哈佛的超卓地位，也创造了美国特色的高等教育模式。当今中国大学同样处于"大变革时代"，理应审视历史与现实的重叠，以传统和实践为根基，以自主生成理念为起点，以完善体系制度和活跃文化生活为途径，抓住契机，跨越障碍，建设具有中国特色的伟大大学和高等教育模式。

关键词：洛厄尔；哈佛大学；大变革时代；中国特色伟大大学

南北战争结束后，摆脱了历史羁绊的美国迅速崛起。1860—1900 年间，美国工业投资总额增长了 9 倍，工业制成品的价值增长了 7 倍，工业产值跃居世界第一，1913 年其工业产品占世界工业产品总量的三分之一。①至第一次世界大战前夕，美国的综合国力已在世界各国中名列前茅。然而，此时的美国大学仍处于后发状态，不仅国际地位与欧洲大学相去甚远，而且在美国国内的声誉和贡献也令人失望。为引领美国大学走向卓越，一批富有远见的改革者进行了深刻的自我反思，并在此基础上致力于内涵的提升。其中艾伯特·劳伦斯·洛厄尔（Abbot Lawrence Lowell）在哈佛的变革尤具代表意义。在哈佛历史上，艾略特、洛厄尔、柯南特三位校长皆具有无可替代的地位，三者从 1869 年到 1954 年连续主掌哈佛近一个世纪，在此期间哈佛完成了从封闭落后的地方学院到世界一流大学的蜕变。艾略特的功绩在于将哈佛从传统带入现代，柯南特的贡献则是在任期内完成了哈佛走向卓越的目标，但就变革的根本性与思想的深刻性而言，洛厄尔更值得关注。洛厄尔在研究型大学模式下引入英国大学的文化生活，同时立足本土文明，继承杰弗逊的民主教育思想和爱默生的"美国学者"教育观，对美国社会的内在诉求和现实危机进行了深入反思，最后创造了兼收并蓄、立意深远的哈佛模式，对美国乃至世界高等教育都产生了重要影响。回顾洛厄尔，不只是总结一位大学校长的教育思想和改革经验，更是为了洞察美国大学崛起的要素与步骤，这对正在崛起的中国大学具有不言自明的启示意义。

一、"大变革时代"来临：美国大学的危机与契机

（一）19 世纪中后期美国大学的发展与危机

1636 年，哈佛诞生于马萨诸塞州的剑桥镇，美国大学正式翻开篇章。直到 19 世纪中期，美国高校大多仍以心智训练和道德修养为目

---

① 李英东、俞炜华：《近年来我国经济增长形势与 19 世纪末 20 世纪初期美国经济发展特征的比较研究》，《学术论坛》2008 年第 3 期。

的，以希腊文、拉丁文等古典课程为内容，保留着浓重的中世纪英国风格。南北战争以后，奴隶制被废除，资本主义取得胜利，美国社会进入快速发展时期。社会发展的巨大进步以及对工业化的诉求，也对高等教育提出了新的人才要求。1809年，柏林大学建立，专业发展和科学研究成为现代大学的重要标志，率先做出突破的德国大学也成为世界各国学习的对象。从19世纪初到20世纪初，美国学者大量译介德国大学的相关信息，同时派出10000余人赴德留学。[1]留德学者归国后立即致力于传统大学的改造，并在独立战争胜利百年之际建立了美国第一所研究型大学——约翰·霍普金斯大学。研究型大学理念就此在美国扎根，以科研为中心的组织模式成为美国大学的普遍取向。19世纪后半叶，为促进工农业技术发展，联邦政府又于1862、1890年两次出台《莫里尔法案》，划拨联邦土地扩大高等教育规模，初步形成了以实用课程为内容、以服务社会为宗旨的公立大学体系。至20世纪初，科技创新与专业教育已经根深蒂固，以心智训练和虔敬精神为导向的旧传统全面让位于培养研究人员和专业人士的新理念。

以"学术研究"为主旨、以"实用主义"为目的，美国大学完成了从传统到现代的转型。这个过程急促而剧烈，虽然整体具有进步意义，但由于缺乏独立内生的教育理念以及过度重视实际功用，从而造成了严重危机。美国大学最初是以中世纪的英国书院为模板，后于19世纪中后期用德国研究型大学进行改造，其间还对法国大学有所借鉴。多方学习具有积极意义，但一味模仿的后果却是理念模糊、体系混乱。德国研究型大学模式虽然有助于美国高等教育从传统走向现代，但由于实利思想盛行，同时缺乏德国文理中学（Gymnasium）和英国文法教育的通识根基，美国大学逐渐沦为实用知识和应用技术的"交易市

---

[1] Charles Franklin Thwing, *The American and German Universities, One Hundred Years of History*, Macmillan, 1928, pp. 39-43.

场"，"学生的兴趣与大学的真正目的相偏离，成为最严峻的问题"。[①]由于重研究轻教学、重实利轻思想，美国大学的职业特征愈发明显，文化生活却日趋衰落，从而导致教育质量下降，原创思想匮乏。直至19世纪末，"美国大学几乎未能培养哪怕一位执思想界之牛耳的伟大学者"，"由于工业化的迅速发展和接踵而来的拜物主义浪潮，最具才华的年轻人大多不愿踏上求学问道的幽径"。[②]

上述现象不仅令教育界的有识之士感到失望，而且也让美国公众对大学失去了信任。批评者认为美国大学主要存在两个危机：其一，片面强调研究生教育，忽略本科教育；其二，过于注重实利，缺乏具有文化内蕴的大学生活。前者导致美国大学根基不牢，徒有创新欲求但缺乏原创精神。后者更是诱发了两个重大问题的出现：教育内容零碎分散，缺乏整体性和系统性；学生视野狭窄、根基浅薄，既无法满足民主社会对公民品格的要求，也难以体现"美国学者"的文化内涵。

（二）关于"大变革时代"的概念解读

关于"大变革时代"这种说法，最先出自20世纪初的美国记者埃德温·斯洛森（Edwin Slosson）。斯洛森在1910年前后完成了一次全美范围内的院校旅行，并在调查基础上撰写了《伟大的美国大学》（*Great American Universities*）这部经典文集。书中写道："我一共拜访了14所大学，在每一所大学都能听到这样的议论：'你来得正是时候。这所大学恰好处在一个关键的转变阶段。'"[③] 20世纪中期，历史学家劳伦斯·R. 维齐（Laurence R. Veysey）以深厚的学术功底和细致的社会观察撰写了名著《美国大学的兴起》（*The Emergence of the American*

---

① Edwin Slosson, *Great American Universities*, Macmillan, 1912, p. 506.
② Abbot Lawrence Lowell, *At War with Academic Traditions in America*, Harvard University Press, 1934, p. 46.
③ Edwin Slosson, *Great American Universities*, Macmillan, 1912, p. 75.

University），其中也提出了类似的观点："自 1865 年始，美国大学获得了持续发展，尤其是 1890 年之后，美国高等教育的变革更是广泛而剧烈，最终在 1910 年前后，以学术创新为核心的大学理念被一批美国知名大学所接受，以心智训练和虔敬精神为核心的旧观念，让位于在各种高深知识领域培养专家的新理念。在此基础上，美国大学最终形成了我们今天熟悉的模式。"[1] 与维齐同时代的学者弗雷德里克·鲁道夫（Frederick Rudolph）认为，美国大学在 19 世纪中后期和 20 世纪初期展露出"新时代的曙光"（Dawning of a New Era）。[2] 当代学者罗杰·L.盖格（Roger L. Geiger）则明确表示，1890 年至第一次世界大战后乃是美国高等教育的"大变革时期"。[3] 综合以上四个产生于不同时代，但皆在美国高等教育史上具有重要影响的观点，基本上可以将 19 世纪最后 10 年和 20 世纪前 20 年，界定为美国大学的"大变革时代"。

总的来看，"大变革时代"的美国大学主要表现出三个方面的特点。其一，工业的迅速发展帮助"美国的公司和企业创造出大量可供自由支配的财富"，让"越来越多的工业家在大学董事会担任董事职务"。[4] 财富的增加为大学带来了前所未有的慈善捐赠，1893—1916 年间，美国社会捐赠和遗赠的增幅超过 500%，其中投向高等院校的捐赠从 47% 上升到 75%；"在这个繁荣富足与慷慨大度的时间里，所有的慈善事业都得到了发展，但是大学和学院无疑是其中最大的受益者"。[5]

---

[1] John S. Brubacher, Willis Rudy, *Higher Education in Transition: A History of American Colleges and Universities, 1636-1968*, Harper & Row Publishers, 1968, pp. 174-197.

[2] Frederick Rudolph, *American College and University*, University of Georgia Press, 1990, pp. 241-263.

[3] 罗杰·L.盖格：《美国高等教育的十个时代》，刘红燕译，《北京大学教育评论》2006 年第 4 期。

[4] 约翰·塞林：《美国高等教育史》（第二版），孙益、林伟、刘冬青译，北京大学出版社 2014 年版，第 106 页。

[5] 约翰·塞林：《美国高等教育史》（第二版），孙益、林伟、刘冬青译，北京大学出版社 2014 年版，第 108 页。

其二，伴随着工业的兴盛和综合国力的提升，美国大学的层次和水平无法满足社会的现实需求和民众的心理预期。为建设一流大学、培养卓越人才，政府、企业分别在政策和资金上提供了大量的支持，高等教育管理者和研究者则从课程、制度和文化上进行根本的反思与重构。为提高教学质量、塑造文化氛围，一批具有代表性的美国大学发起了课程教学改革和校园建筑改造运动（用哥特复兴式建筑风格改造校园），同时在全国范围内建立学会以保护学术自由，此外还加强教师专业化以鼓励学术创新。

其三，主要的美国大学逐渐形成了自身的组织特色，无论是传统学院、赠地大学或者研究型大学，都呈现出一种虽然杂糅了欧洲诸国的大学传统（以英、德为主），但却明显有异于任何他国大学的组织特征。维齐认为这是一种兼收并蓄的组合结构，其基本特征是注重实效的应对之策，而不是条理清晰的精心计划。[①] 正因为如此，德式研究生院、英式住宿书院以及美式专业学院才能在同一个大学中有机融合在一起。19世纪后期，这种特点还不太凸显，但在投资人的慷慨解囊和改革家的不懈探索之下，美国大学民主包容、灵活实用的杂糅风格逐渐成形。

二、独立、民主与创新：洛厄尔的高等教育思想

1909年，洛厄尔就任哈佛大学校长，开始了对哈佛长达24年的执掌生涯。洛厄尔出身于波士顿望族，同胞兄弟帕西瓦尔·洛厄尔（Percival Lowell）是杰出的天文学家，姐姐艾米·洛厄尔（Amy Lowell）是著名诗人，他本人也是一位颇有成就的法学家。基于学者的人文关怀和改革者的理性反思，洛厄尔对美国大学使命和功能，以

[①] Laurence R. Veysey, *The Emergence of the American University*, University of Chicago Press, 1965, p. 2.

及高等教育的目的与理念,都提出了独到见解。

(一)洛厄尔就任前的哈佛大学

至南北战争爆发时,哈佛还是一所传统的小型本科学院,注册学生只有500人,教师只有23名。19世纪下半叶,德国研究型大学理念的风靡和赠地大学的兴起对传统学院造成了巨大的冲击,古典知识已经不能满足需要,自然科学和专业课程成为大家关注的焦点。艾略特就任哈佛校长后,对这所学校开始了改造。

艾略特的改造措施主要体现在三个方面:其一,以培养专家为目标,要求教师同时承担教学和科研任务;其二,扩大学校规模,在其任校长的40年间,哈佛大学的课程从73门增加到400多门,基金从200万美元增加到2300万美元,教师增加到222人,学生增加到3692人,来自全国各州[①];其三,放弃传统的统一修课制度,实施自由选课,大量开设现代科技类课程。1909年艾略特卸任时,哈佛的必修课程只剩下大一新生的语言课程,大二之后的课程完全是自由选修。必须承认,艾略特的改革具有时代意义。19世纪70年代到20世纪初,科学、技术为经济社会的发展创造了巨大的贡献,社会充斥着热烈的自由竞争气氛与浓厚的实利主义取向,大众对传统教育的排斥逐渐高涨,现代课程和选修制度的实施符合了历史趋势。

但由于偏重学习德国和过度迎合社会,艾略特的改革也存在诸多弊端。首先,自由选修制度过分依赖学生的自我判断,选课完全以个人好恶和职业规划为依据,导致本科教育缺乏整体性和逻辑性,这又进一步造成竞争机制和评价标准的丧失,学生因此变得拈轻怕重、游手好闲。其次,对专业培养和研究生教育的过度重视,让哈佛的风气

---

① 王英杰:《大学校长与大学的改革和发展——哈佛大学的经验》,《比较教育研究》1993年第5期。

趋于琐碎和功利,文化生活极度匮乏,学生缺乏原创力。此外,由于规模扩张和基础建设未能平衡发展,哈佛从1884年起不再为学生提供住宿,富裕学生住进被戏称为"黄金海岸"的高档公寓,其他学生也大多根据自身经济状况在学校周边租赁房屋。[1] 由此,哈佛的文化共同体逐渐分裂,学生的民主品格难以养成。简言之,艾略特执政下的哈佛虽然形成了现代研究型大学模式,但是由于缺乏文化底蕴和原创精神,既没有诞生工业发展渴求的卓越人才,也难以培养民主社会需要的公民。换句话讲,19世纪末20世纪初的哈佛,不过是一所平庸的"德式大学"。

(二)洛厄尔对大学使命的反思

20世纪初,洛厄尔指出美国大学必须进行根本改造。他的论断并非只是对高等教育的关注,而是对整个社会面临问题的剖析。在西方文明演进的历史视野下,洛厄尔一针见血地指出美国社会的深层危机在于缺乏思想和文化。"在过去的岁月里,美国人忙于开辟新大陆、征服大自然;我们大量开垦耕地、修建铁路、开发矿藏、修建工厂,忙于将辽阔浩瀚的荒蛮之地变成一个个人潮汹涌的工业中心。一直以来,美国的思想观念都从欧洲漂洋过海而来,人们甚至还为此颇为满足。对于人类思想的进步与发展,美国人迄今为止尚未做出应有的贡献。"[2] 对于一个有志于摆脱桎梏走向伟大的移民国家而言,这是无法容忍的失误。美国人必须重新反思这个国家的存在意义:"我们渴望自己的国家能在各方面都变得更加伟大。在人类历史上,古典时代的迦太基城曾经作为商业之都而闻名于世,但却因为在思想上缺乏建树而湮灭不

---

[1] James Anderson Hawes, *Twenty Years among the Twenty Year Olds: A Story of Our Colleges of Today*, E. P. Dutton & Co., Inc., 1929, pp. 134-141.

[2] Abbot Lawrence Lowell, *At War with Academic Traditions in America*, Harvard University Press, 1934, p. 124.

闻；而反观另一个古典时代的海上商业城市雅典，却因为塑造了统御西方社会的思维模式，至今依然具有强大影响力"①。在反思历史的基础上，洛厄尔指出，美国走向伟大的关键措施，就是关注教育和教育机构，尤其是重视高等教育的内涵发展。

洛厄尔对社会危机以及大学责任的思考亦非单纯的历史感悟，同时也蕴含了对世界局势的现实观察。1914年8月，第一次世界大战爆发。这场给西方世界带来深重灾难并结束了资本主义第一次"黄金时代"的战争，对美国人造成了极大的心灵冲击，激起了他们自主发展、引领世界的雄心。战争结束后，洛厄尔认为新的世界格局已经形成，美国应担负起新的责任和义务。"新的责任与义务不仅包括金融、商业和政治，更涉及知识和理念。我们（美国）必须尽力弥补人类世界此次遭受的巨大损失，而这一任务的完成有赖于高等院校的转型。"②关于如何转型，洛厄尔认为首先要秉持一个原则——自力更生、追求卓越。"任凭美国大学怎么发展，都不可能像德国大学那样具有高度纯粹的专业性，也不可能像英国大学那样注重博雅教育。……美国大学无须仿照任何别的国家，而是要适应本国国情；它们必须追求卓越，决不能为了模仿他国大学而歪曲高等教育的本意。"③

（三）洛厄尔对大学功能的分析

在洛厄尔看来，美国大学与世界上曾经出现的所有大学都有一个根本区别，那就是在一个"真正的民主社会"中，同时发挥民主功能和学术功能。

---

① Abbot Lawrence Lowell, *At War with Academic Traditions in America*, Harvard University Press, 1934, p. 124.

② Abbot Lawrence Lowell, *At War with Academic Traditions in America*, Harvard University Press, 1934, p. 80.

③ Abbot Lawrence Lowell, *At War with Academic Traditions in America*, Harvard University Press, 1934, p. 218.

关于美国大学的民主功能并非洛厄尔的原创，而是托马斯·杰弗逊的思想遗产。作为国家的缔造者和《独立宣言》的起草者，杰弗逊坚信"美利坚合众国的权力属于人民，新政权的健康程度取决于掌权者能否学会正确使用手中的权力，而这一切皆来源于教育。通过教育，尤其是高等教育，能够建立一个良性循环，帮助人们通过求知获得自我保护，并建立公民社会，防止公权力越界"[1]。教育的核心目的是培养公民，其核心要素有三个：第一，要教人学会一些为享受自由、自我管理和持续求知而必备的基本技能，譬如阅读、写作和计算；第二，全体纳税人通过政府负担教育支出；第三，每一阶段的教育都应选拔出十分之一最具天赋的学生，并将他们送入更高一级的教育机构。民主社会能否健康发展，关键就在于不断选拔和培养真正的卓越人才。为了实现这个目标，政府应努力打造一套让出身不好的年轻人也能脱颖而出的教育体制，从普通民众中搜寻英才，用公共支出对其进行悉心栽培，从而防止富有者固化社会阶层，将国家权力变成他们的私人利益。[2] 一言以蔽之，大学的主体功能，就是培养知性公民，同时从中选拔未来的国家精英。基于社会现实，洛厄尔提出美国大学的民主功能主要体现在两个方面，一是教育内容，二是培养方式。关于教育内容，洛厄尔认为，因为"民主社会的教育目标就是要帮助每一个公民全面发挥自己的潜能"，所以"应在更广阔的范围内充分传播通识知识，而非以职业为导向进行专门培训"。[3] 关于培养方式，洛厄尔认为，美国大学应当融合各阶层学生，培养学生的集体意识和拼搏精神，然后在此基础上构建大学文化共同体，服务周边社群。通过以上措施，大学能够成为打破社会出身和阶层分化的核心机

---

[1] Richard D. Brown, *Thomas Jefferson and the Education of a Citizen*, Library of Congress, 1999, p.94.
[2] Richard D. Brown, *Thomas Jefferson and the Education of a Citizen*, Library of Congress, 1999, p.96.
[3] Abbot Lawrence Lowell, *At War with Academic Traditions in America*, Harvard University Press, 1934, p.104.

构。"伟大大学的主要特征之一,就是将一个个来自全国各地的学生塑造成团结内聚的集体";为了实现大学的民主功能,"我们建立的社群体系……应当致力于将来自全国各地、具有不同经历以及出身不同阶层的学生整合在一起"。①

关于大学的学术功能,洛厄尔认为主要体现在如何培养具有进取心和创造性的"美国学者"。19世纪中后期,伴随着综合国力的提升,总结美国文化、培养"美国学者"成为学界共识。在此方面,被林肯誉为"美国精神之父"的拉尔夫·瓦尔多·爱默生(Ralph Waldo Emerson)有着极为精彩的阐述。爱默生认为,塑造学者的力量主要来自三个方面:自然、历史和实践。"自然的力量是混沌的,经常使人的思维充满能量但又动荡不安。随着思想的进步,自然的混乱本质将会消退,思维的认知模式将会在外部世界的影响下逐步成型。"② 对学者产生主要影响的第二个方面是对历史的关注,这一影响因素最重要的特征是拥有"活跃的灵魂"(active souls)。求知者知晓过去的目的是为了增进自己的内在力量,而大学的任务就是通过自然和历史开启学生的心灵和智识。第三个影响因素是实践,只有身心强健之人才真正善于学习历史并进行反思,这样的人不仅接受世界的馈赠,而且能够回应和改造世界。因此,真正的学者必须成为积极的社会参与者,善于从历史和自然中寻找灵感与启示,成为善于创造的劳动者和富有创意的阅读者。基于爱默生的观点,洛厄尔引申出大学的功用是建设"人民之国家",而不是培养一些只会模仿和顺从之人。大学应创造用自己的双足走路的人,教导他们去体验劳动的尊严,去体会"我口诉我心"的自由。简言之,美国大学的学术功能,就是在一个崭新的、充满活

---

① Abbot Lawrence Lowell, *At War with Academic Traditions in America*, Harvard University Press, 1934, p. 30.

② Ralph Waldo Emerson, "The American Scholar", in Brooks Atkinson ed., *The Essential Writings of Ralph Waldo Emerson*, Macmillan, 1916, p. 45.

力的国家中，塑造具有文化身份和原创能力的美国学者。

（四）洛厄尔对大学教育目标的阐释

基于美国大学的民主功能和学术功能，洛厄尔提出大学教育应在三个方面集中发力：其一，拓展思维能力，这不仅对学生从事任何职业都大有裨益，而且也是培育公民品格的题中之义；其二，传授通识知识，赋予学生公民身份；其三，培养创造性的想象力。在此基础上，洛厄尔在就职演说中阐释了大学教育的具体目标："竭尽全力帮助学生实现发展，妥善处理通识教育与专业教育的衔接，不断促进学生之间的交流。"①

在洛厄尔看来，大学教育与其他教育的本质差异，就是能否培养学生的"创造力"。与注重基础知识的中小学教育和强调技能培训的专业学校不同，大学教育的核心目标，是在传授各科知识的基础上进行思维训练，由此提升学生的心智水平。这一目标包含了两个方面的内容："一方面是引导学生在某一领域进行严格的思维训练，促使他们形成清晰、全面地思考问题的良好习惯；另一方面是在整体了解学科基本原理的基础上，引导学生进行具体、深入的专业学习。"② 在明确内容之后，大学教育应通过三个步骤来尽可能地激发潜能："首先，通过机械训练加强学生对客观知识的学习，锻炼他们的反应力和准确性；其次，教导学生对具体学科知识进行编码，然后以整体的眼光看待知识，形成系统的知识结构，提升逻辑思维能力；第三，帮助学生利用自身所学的知识和理论，随机应变地应对各种新环境、新事件和新观点。"③

---

① Abbot Lawrence Lowell, *At War with Academic Traditions in America*, Harvard University Press, 1934, p. 39.

② Abbot Lawrence Lowell, *At War with Academic Traditions in America*, Harvard University Press, 1934, p. 6.

③ Abbot Lawrence Lowell, *At War with Academic Traditions in America*, Harvard University Press, 1934, p. 184.

（五）洛厄尔对高等教育理念的焕新

基于对美国大学使命、功能和教育目标的阐述，洛厄尔总结出一个新的大学理念——"培养整全之人"（educating the whole man）。在此需要澄清的是，"培育整全之人"并非洛厄尔的独创，而是由普林斯顿校长威尔逊、芝加哥校长哈珀等20世纪初的一批高等教育改革家共同提出的。但无论是观念阐述还是改革实践，洛厄尔都堪称个中翘楚。

基于对美国大学功利主义价值观和职业教育取向的反思，洛厄尔提出，大学必须通过完善学者社群的文化生活来培养学生的整全人格。本科教育的价值不在于传授学生各个学科的专业知识，而要培养具有宽厚学术素养、广泛理解能力和自主判断能力的"整全之人"。因此，大学所应提供的，不仅是教室和实验室，更应是有利于课内外交流与合作的社群生活。教师不仅需要在他们的专业领域向学生传授学识，更应与学生分享有益的生活体验。概括而言，在庞大而疏离的高等教育体系中，在专业分化、彼此区隔的职业社会中，大学的任务就是加强学生与教师、社会的内在联系，使其拥有反思能力和创造精神，助其实现人格的独立和完整。由此可见，"培养整全之人"既是改革者所推崇的教育理念，也是美国人文主义者对功利社会的纠正。

从教育的角度来看，"培养整全之人"的最大意义，就是整合由于一味学习他国经验而造成的彼此隔离甚至互相冲突的美国高等教育观，创造一个内涵丰富、外延宽广，既在原则上高度统一，又在方法上多维并进的教育指向。此理念的提出，在一定程度上标志着美国大学开始独立自主地发展和崛起。

三、课程、考核与文化培育：洛厄尔的改革措施

以培养公民品格、塑造"美国学者"为己任，洛厄尔上任后立即开启了哈佛大学历史上最具文化影响力的变革。洛厄尔的改革措施主

要体现在四个方面：改革课程、鼓励竞争、构建学术文化共同体以及培养一流人才。

（一）课程改革：改自由选修为"集中与分配"

由于艾略特的改革，哈佛自 19 世纪后期开始推行自由选课制度，至洛厄尔就任时，除了英文和其他语言类课程，所有课程皆为选修。在促进美国大学从传统向现代的转变期间，选修制度的确曾经起到积极作用，但在培养"整全之人"和"美国学者"的大背景下，该制度的缺陷逐渐凸显。

洛厄尔认为，自由选课制度的最大弊端，就是导致教学过程"既不严谨，又不连贯"，学生会因此丧失追求知识和从事学术的兴趣。基于社会发展和个人成长的双重考量，洛厄尔提出"美国大学生应当接触更多领域的知识，做一个博学多闻之人；尤其在当下社会"，"对于美国大学生而言，比较明智的做法就是既选择一个主修专业深入钻研，同时也在相关领域选修一系列通识课程"，"学生并不一定需要深入研究其他专业，但却应当能够对不同学科的基本原理和思维方式有所理解"。[①] 这段话集中概括了洛厄尔的课程改革思想——"专精"与"博约"并重，在宽广的知识根基之上强调专业深度，培养"通百艺而专一长"的美国公民。为实现这一目标，洛厄尔设计了"集中"与"分配"并行的选课制度。所谓"集中"，是指所有学生都必须选择一个专业，然后在此领域课程进行集中探究。所谓"分配"，则是要求学生也要在其专业课程之外尽可能地广泛涉足其他领域。"集中"是为了"专一长"，"分配"则是为了"通百艺"。通识教育的目的在于熟悉各种不同学科的思维方式和思考过程，根据学习方法的不同，哈佛本科课

---

① Abbot Lawrence Lowell, *At War with Academic Traditions in America*, Harvard University Press, 1934, p. 41.

程被分为四个领域：语言与表达类课程，譬如语言、文学、美术、音乐等；自然科学类课程，如物理、生物与化学；社会学课程，如历史、政治、经济；第四大类则涉及各种抽象研究或推导方法，如数学和哲学。从1910年起，哈佛大学正式进行课程改革。所有学生在本科期间，都必须完成英文以及其他16门课程。其中至少6门课程集中在一个学科领域，另外10门课程当中至少有6门涉及专业之外的三大领域。[①] 简言之，"集中与分配"是在保证课程设置整体性和连贯性的基础上，满足学生的选课自由。

为了配合"集中与分配"课程制度，洛厄尔还设计了新的授课方式。在他的推动下，哈佛不仅每个系科都面向全校学生开设通识课程，而且必须由学术带头人承担授课任务。"关于基础理论的传授，只有那些站在树冠之上俯瞰整片森林的资深教师才能展开深入浅出的解读。从事基础理论教育之人不仅需要拥有异乎常人的清晰思维，同时还要具备铿锵有力的讲解论述、循循善诱的教育热忱。"[②] 为了减轻主讲教授的负担，哈佛还专门为通识课程配备了助教，其主要任务就是协助主讲教授，进行补充教学，并定期组织小组讨论和学业测试。

（二）鼓励竞争：设立荣誉学位，推行综合考试

自由选课制度的普遍实施，以及对研究生教育的过度重视，致使20世纪初期美国大学的本科教学水平大幅下降。全国性的大学兄弟会兴起后，学生又被体育竞赛和社交活动所吸引，以至于美国大学普遍呈现出一个危险态势：无论是教育者还是受教育者，乃至社会大众，都不关心、不尊重本科学生的学业。当时甚至流传这样一个谬论：最

[①] Abbot Lawrence Lowell, *At War with Academic Traditions in America*, Harvard University Press, 1934, p. 43.

[②] Abbot Lawrence Lowell, *At War with Academic Traditions in America*, Harvard University Press, 1934, p. 41.

出色的人才一定不是成绩优秀者,只有天资不够出众之人才会奋发学习。为了扭转这一不利局面,洛厄尔自上任之日起便致力于提高哈佛大学的本科教学水平。"集中与分配"课程是实施改革的起点,在此基础上洛厄尔进一步提出通过鼓励竞争来激发学生的进取精神。为此洛厄尔主要采取了两项措施,一是设立荣誉学位以及其他各种学术荣誉,来刺激优秀者尽力追求卓越;二是设计综合考试,提升全体本科生的学业底线。

1. 荣誉学位制度

自 19 世纪中期以来,美国大学的学位制度向德国靠拢,为符合条件的学生提供无差别的普通学位。由于缺乏有效的竞争机制,在美国大学本科生心目中成绩排名已经成为死记硬背的代名词,因此他们宁可将热血青春挥洒在运动场上。学生对此做了一个有趣的比喻:体育就像狩猎,而学习则像耕种;美国学生是"野蛮人",因此自然会选择体育而非学习。为了鼓励学业竞争,充分激发学生的学习潜力和探究热忱,洛厄尔认为有必要在保证达标成绩的基础上强调学术奖励。为此洛厄尔借鉴牛津、剑桥的学位设置,设计了哈佛的荣誉学位制度。该制度的基本框架是将本科学生所能申请的学位分为"普通学位"和"荣誉学位",荣誉学位又分为"初等荣誉学位"(Cum Laude)、"优等荣誉学位"(Magna Cum Laude)和"最优荣誉学位"(Summa Cum Laude)三个级别。有志于申请荣誉学位者除了要通过课程考核,还要撰写学位论文,最终根据课程成绩和论文水平进行荣誉学位级别评定,论文能在很大程度上决定学位级别。①

荣誉学位制度出台后,主要在两个方面为哈佛带来了改变。一方面,能够充分挖掘学生潜力,引导学生加强自我教育。洛厄尔将自我

---

① Abbot Lawrence Lowell, *At War with Academic Traditions in America*, Harvard University Press, 1934, p. 93.

教育视作大学教育的核心特质，其主要标志是形成积极主动的学习意愿和勇于探究的刻苦精神。自我教育可以从兴趣开始，也可以从努力中获得。兴趣可以导致努力，而在努力过程中也能够培养兴趣。无论出发点是兴趣还是努力，荣誉学位制度的实施都有利于学生形成自我教育的习惯。另一方面，荣誉学位制度也有利于增强社会公众对哈佛本科教学质量的认可，并提升哈佛的声誉，甚至扭转公众对大学学业缺乏关注的不利局面。

2. 综合考试制度

如果说荣誉制度旨在激发潜力，那么综合考试制度的用意则在于提高底线。在自由选课制度下，每个学生的课程选择都不一致，因此无法进行统一的考评。为了促进学生对所学知识的整体把握，同时更为了形成一个共同的评价标准以鼓励竞争，洛厄尔设计了综合考试制度。

洛厄尔认为好的考试应当同时具备三种功能：规训、评价和教育。关于考试的教育功能，是指通过考核来帮助学生了解自身的学习进度，然后有针对性地做出调整。根据功能差异，考试又可分为三种："训诫型"考试，用来考查学生完成学业任务的情况；"报告型"考试，在于了解考生掌握知识的范围和程度；"潜能型"考试，在于考查学生对知识的应用能力，并充分借此发掘自身的潜能。[1] 显而易见，大学阶段的考试应在前两种类型的基础上着重强调第三种考试的设计。基于以上考量，洛厄尔推出了综合考试制度。

综合考试不只对每一门课程进行考核，而是综合考查学生对某一学科基础知识和基本理论的掌握情况与应用能力。洛厄尔为哈佛本科生设计的综合考试放在毕业前举行，内容覆盖学生四年来的所有课程。考核方式包括笔试和口试两种，所有学生都必须参加笔试；口试

---

[1] Abbot Lawrence Lowell, *At War with Academic Traditions in America*, Harvard University Press, 1934, p.298.

可以酌情选择，但申请荣誉学位以及未达到普通学位授予标准的学生必须参加。笔试的次数和口试的时间由各学科自行决定，多数学科通常都会举行两次笔试，一次主要考查综合知识，另一次侧重专业知识。1911年，哈佛大学医学院正式采纳综合考试制度。1919年，人文科学学院（Faculty of Arts and Sciences）全体教师投票决定："（哈佛大学）应针对所有主修人文和科学各学科的学生统一实施综合考试，并在考试委员会的监管下对所有报名参加综合考试的学生进行统一管理。"[1]

为了推进综合考试的实施，各学科都任命了一个考试委员会。考试委员会可以独立决定对考试的内容和方式进行独立操作，但要与任课教师和指导教师保持良好的关系，不能完全脱离教师的授课和指导内容。命题范围和基础读物一般比较固定，如有改动必须提前告知教师和学生。关于如何设计考题来评价学生的知识获取情形和理论分析能力，洛厄尔提出了一个观点："要想了解学生对一个宏大主题的掌握情况，最好的方法莫过于让他们围绕一个命题展开评论。"[2] 为了避免题目过于狭隘，同时又能激发学生的创造性思维，考试委员会常常设计一些挑战日常观念的命题。为了展开论述，学生必须引经据典证明自己的观点。以下是1926年6月哈佛大学历史学科的部分考题：

【中世纪史】"自日耳曼蛮族征服欧洲大陆以来，迄今为止最具决定性的事件就是法兰克人与教皇的联盟；事实上，这也是人类历史上最具重大意义的一次结盟。"请阐述这段话的内涵。

【文艺复兴史】"由于多重因素的影响，16世纪的思想属于君主，而12世纪的心灵却是属于大众。"请阐述这段话的内涵。

【现代法国史】"拿破仑所做的工作就是将旧世纪的法国与新时代

---

[1] Abbot Lawrence Lowell, *At War with Academic Traditions in America*, Harvard University Press, 1934, p. 162.

[2] Abbot Lawrence Lowell, *At War with Academic Traditions in America*, Harvard University Press, 1934, p. 168.

的法国相融合。"请阐述这段话的内涵。

【美国史】"美国独立战争的核心问题乃是大英帝国的殖民体系。"请阐述这段话的内涵。

(三)培育文化:创建书院,构建共同体

整体来看,洛厄尔的哈佛改革有一个重要特色,即从大学、国家与文明的宏阔视野来指导哈佛的发展,力图培养志存高远、追求卓越的文化共同体,从而为这所大学留下深厚的文化底蕴。

1. 建设住宿书院,营造具有文化内蕴的教育场域

文化独立于经济和政治,其作用机制在于构建和使用符号。符号既存在于人们的精神和头脑当中,同时还会渗透到"具有相对独立性的社会空间"——场域——之中。[1]大学最基本的功能就是通过操纵符号来传播知识和培育人才,知识和人才的生长规律共同决定了大学必须营造具有文化内蕴的教育场域。因此洛厄尔认为美国大学有责任将来自不同背景的本科生组织起来,形成一个融洽内聚的社群。基于此种考虑,洛厄尔提倡引入住宿书院制度,重建美国大学的教育场域。住宿书院源于中世纪,初现于巴黎,后在牛津、剑桥发扬光大,其特色就是具有师生共处、团结协作的文化生活。鉴于美国与英国的文化渊源以及英式教育传统的独特魅力,洛厄尔决心在美国研究型大学中创办英式书院,从而"用一种齐心协力的进取意识,将成员凝聚成一个文化共同体"[2]。书院建造的步骤应当如此安排:首先设计分配方案,将全体本科生和授课教师、课外导师一同安置在数个书院;然后鼓励学生在多学科背景下进行交流和互动;最后促进学术兴趣的激发和社

---

[1] Pierre Bourdieu, L. Wacquant, "Towards a Reflexive Sociology: A Workshop with Pierre Bourdieu", *Sociological Theory*, 1989, vol. 7, pp. 26-28.

[2] Abbot Lawrence Lowell, *At War with Academic Traditions in America*, Harvard University Press, 1934, p. 328.

群精神的培养。

　　洛厄尔一直认为所有本科生都应在校内住宿，上任不久他就用购买方式将奥本山街上的房产并入哈佛校园，一举废除了盘踞多年的"黄金海岸"私人住宿区，迫使原先居住在此的学生回到校园。1914—1926 年，在洛厄尔主持下，哈佛沿查尔斯河兴建了四个新生宿舍；1927 年，在经过 10 余年的准备和尝试后，洛厄尔联手耶鲁大学校长安吉尔，从慈善家爱德华·哈克尼斯（Edward Harkness）手中争取了将近 3000 万美元的巨额捐助，实现了他毕生追求的一个梦想——在哈佛创建英式书院。1929 年，建院计划正式启动，洛厄尔认定这是"一项伟大的教育实验，甚至称得上哈佛大学教育史上最伟大的尝试"[1]。1930 年前后，各书院次第竣工。为了突出传统，所有书院都设计成富有历史气息的哥特式建筑风格，并皆以哈佛历史上的著名人物为名，譬如邓斯特书院（Dunster House）、艾略特书院（Eliot House）等；所有书院皆分布在查尔斯河两岸，落成后立即被视作美国大学文化的典型代表。建筑落成后，洛厄尔借鉴牛津和剑桥，为诸书院订立了三条运行原则："其一，书院应为大部分本科生提供师生交融、连贯内聚的住宿生活，每栋学舍都应培育文化身份和个性特征，但不可与总体目标相悖；其二，书院应培养理想的师生交往模式，形成亲密关系；其三，书院应为小型学者社群。"[2] 考虑到美国的社会现实，洛厄尔将书院的理念和制度做了变通，使其符合美国大众的观念。其中一点尤为突出，就是淡化英式书院的精英色彩，强调民主与包容。根据洛厄尔的阐述，哈佛书院应是"跨越社会身份和学科界限的学术社群"，其主旨

---

[1] Abbot Lawrence Lowell, *At War with Academic Traditions in America*, Harvard University Press, 1934, p. 328.

[2] Alex Duke, *Importing Oxbridge: English Residential Colleges and American Universities, 1894-1980,* Yale University Press, 1996, pp. 109-110.

在于"融合不同家庭出身、学术兴趣和宗教信仰的有为青年"[1]。

住宿书院的落成让哈佛大学的校园生活变得更加生动,并逐渐形成富有特色的文化传统。在显性方面,书院建造运动的最大贡献就是用哥特复兴式的建筑,为美国大学增添了厚重的文化氛围和历史底蕴。"明媚的阳光在草坪上勾勒出方形庭院的轮廓,高耸的塔楼巍然矗立,条条幽径通往宁静的学舍,精心修剪的花园对面是爬满常青藤的建筑外墙……在此地,万千思绪自然萦绕,回忆像墙上密布的青藤网系一样疯狂滋长;为何要重视大学建筑和景观?因为它能勾起关于学术传承的历史追忆。"[2] 在隐性方面,住宿书院对美国大学的最大改变,就是营造追求卓越的学术气氛。哈佛书院体系落成20年后,柯南特校长在《1949年校长办公报告》(President and Fellows Report of 1949)中由衷赞叹前任校长留下的财富,并明确表示正是书院体系的建成,让哈佛成为"一个拥有文化传统的大学;一个学者和导师栖居一堂,共同砥砺学问、享用美餐、虔诚祈祷和休闲娱乐的文化共同体"[3]。

2. 推行导师制度,促进师生交流

自"集中与分配"课程以及综合考试制度开始实施,为帮助学生理性选择课程、整体把握学科知识以及积极主动地进行课外阅读和学习,洛厄尔推出了导师制度,在大一期末为每个本科生配备导师。住宿书院建立后,导师又与学生一同入驻,在学术与生活两方面加强交流。

根据洛厄尔的设计,导师辅导也是教学活动的一种。导师与助教、讲师和教授等职务皆不相同,是一种独立的教学职务,有专人进行负责。最初哈佛导师的职责在于帮助学生通过综合考试,住宿书院成立

---

[1] Alex Duke, *Importing Oxbridge: English Residential Colleges and American Universities, 1894-1980*, Yale University Press, 1996, pp. 112-115.

[2] Paul Venable Turner, Campus: An American Planning Tradition, The MIT Press, 1984, p. 227.

[3] Mowat G. Fraser, *The Colleges of the Future: An Appraisal of Fundamental Plans and Trends in Higher Education*, Columbia University Press, 1937, p. 393.

之后，导师职责发生了一定的变化，更加注重启发性的对话与交往，并以此促进学生自我教育能力的提升。为了保证交往的有限性，洛厄尔在调查访谈的基础上提出，导师同时辅导的学生不能超过 15 人，否则将会影响其对学生的了解。关于导师与学生之间交流的时间和频率，可以视学科情况而定。通常情况下，每次导师辅导的时间都可设定为一个小时，大二学生每隔一两周就应当与导师进行一次交流，大三大四的学生应每周都与导师进行交流。在撰写学位论文期间，师生之间的交流会更加频繁。导师与学生之间的交流大多单独进行，有时会两人或三五人一组。学生与导师的交流是双向的，学生可以向导师提出任何与学习和生活有关的问题，但主要还是以学科课程为基础。导师可以设计主题，引导学生大量阅读课外书籍，并围绕阅读材料或研究主题撰写论文；最后根据对学生的了解，启发他们形成一套具有个人特色的发展规划。辅导以启发为主，提倡少教多学，课上所学的内容只作为基础知识，无须重复提及，除非学生存在疑问。

导师制的实施有利于师生交流，有助于形成一种潜移默化的氛围，改变学生的学习态度。尤其是住宿书院体系形成后，学生不仅能在个性发展上得到导师的关注，而且能在一个文化共同体当中学会自我教育。当然，由于科学研究从 19 世纪末期就成为评价大学教师的基准，导致学生导师的遴选存在诸多困难，这是哈佛以及其他实施导师制的美国大学都无法回避的问题。但导师制度也在不断完善，从而变得愈有活力、愈发珍贵。

3. 设立"阅读季"，在学术共同体中鼓励自我教育

为培养学生的自我教育能力，洛厄尔在完成住宿书院和导师制度的设计之后，进一步提出要为学生留出纯粹的自学时间。1927 年 2 月，哈佛大学教学指导委员会向理事会提交了一份关于开设"阅读季"（reading period）的报告。报告的具体内容是：每学年设置两个阅读季，全部时间为七周；在阅读季期间，除了基本理论或其他因特殊需

要而进行的课程与指导,教师不再进行课程教学和课外辅导,学生可按照导师推荐的文献书目开展自主阅读与讨论。阅读季与讲座授课一样,都在常规教学计划内,在此期间如无特殊原因,学生和教师都不得离开学校。[①] 该计划获得了理事会的批准,随即在大部分系科执行。

"阅读季"的实施主要具有两个方面的价值:一是在教学方面,既可以适当减轻教师的压力,让他们腾出宝贵的时间专心从事学术研究,同时也为学生提供进行自主学习的机会,从而锻炼自我教育的能力。不过,阅读季最重要的价值还是在于文化方面。书院搭建了一个平台,让不同专业的学生有机会共处,但仅此还不足以形成创造性的文化生活,还需要成员在正式课程和辅导之外进行密切的互动与交流。而阅读季的设立,就是要为学生提供切磋琢磨的交流契机。

(四)培育英才:改革研究生教育,筹建学者协会

提高本科教育质量是洛厄尔的改革重心,但并不代表研究生教育被弱化。洛厄尔提出美国大学应当培养具有原创力的卓越人才,事实上包含两重含义:一是多学科的知识根基和学术视野,二是专业性的创新思维与研究能力。前者主要与本科阶段的通识教育相关联,后者则主要体现在研究生阶段。

20 世纪初的美国大学虽然推崇科研,但由于本科根基不牢,导致研究生教育乏善可陈。洛厄尔认为,选拔和培养学术精英是研究生院的主要功能,但是由于研究生群体太多平庸之人,又施行毫无差别的统一教学,导致精英人才无法获得充分的发展空间。因此,大学应当对研究生院进行改革,为卓越人才搭建发展平台。关于具体措施,洛厄尔提出了三点建议:首先提高入学标准,只招收知识根基牢固、毕

[①] Abbot Lawrence Lowell, *At War with Academic Traditions in America*, Harvard University Press, 1934, p. 313.

业论文具有原创性,且展露出潜心向学品质的本科生;其次,研究生入学一年内必须接受多种方式的考核,院方以发展性的眼光评估研究生的学术发展情况,将缺乏深造能力的学生进行分流;最后,也是最重要的举措,就是在保证优秀生源的基础上,对美国研究生院的组织方式做出调整。[1] 在此方面,洛厄尔的建议是打破德式研究型大学的学科界限,建立"学者协会"(Society of Fellows,又译为"哈佛学会"),作为与博士学位并行的学术人才培养方案。

在洛厄尔的设想中,学者协会旨在吸收最具创造力的学术精英,哈佛管理者的职责就是从本科毕业生或研一学生中选拔英才,然后为他们提供一个洋溢着创新热情的环境。"这里没有平庸之人,只有层层筛选的卓越之士;在此大家不仅可以自由自在地交流思想、互诉抱负,而且还可以获得成熟学者的鞭策和鼓励";"在哈佛,我们将这样的组织称为'学者协会'"。[2] 学者协会的会员享有三重特权:第一,享受为期三年的高额学术津贴,在此期间无须修习课程,可以独立自主地进行学术研究,唯一的要求是必须居住在剑桥镇辖区内;第二,完全实施内部自治,高年级会员有权参与新会员的遴选;第三,协会成员的研究不受学科限制,大家关注的是根本的、宏大的学术问题,每位会员都可以根据自己的需要向任何学科的顶尖教授寻求指导。

在洛厄尔的设想中,进入学者协会是对求学者学术能力的最高认可,虽然协会成员在一个或数个三年任期内不会获得任何学位,但这种学术荣誉却完全不亚于博士学位。1933 年,哈佛大学学者协会正式创建,洛厄尔的学术理想终于开花结果。协会首批选拔出 30 位天姿出众的青年学者就读研究生,在三年里他们能与各领域的资深学者进行

---

[1] Abbot Lawrence Lowell, *At War with Academic Traditions in America*, Harvard University Press, 1934, p. 342.

[2] Abbot Lawrence Lowell, *At War with Academic Traditions in America*, Harvard University Press, 1934, p. 343.

经常性的学术交流。在此之后,哈佛大学学者协会日益发展壮大,被称为"哈佛里的哈佛",培养出一大批杰出的美国学者。

四、大学内外:洛厄尔改革的历史影响

洛厄尔的改革是美国高等教育史上的一大创举,其不仅为哈佛树立了远大目标、增添了厚重底蕴,而且为美国特色的大学建设开了先河,为美国社会的民主进程做出了贡献。以大学为界,可从内外两方面来分析其历史影响。

就内部效应来看,洛厄尔的哈佛改革既采取了行之有效的改革措施,也提出了原创性的教育理念,因此不仅提升了哈佛的办学质量,而且整体提升了美国大学的文化品位。以培养"整全之人"为理念,洛厄尔对哈佛大学进行了系统、整体的改革。"集中与分配"的课程改革调和了通识教育与专业教育,也为考试和学位制度的改革奠定了基础。荣誉学位、综合考试、导师制度、住宿书院和学者协会等一系列重大改革,分别从管理、考核、教学和文化等多方面促进了哈佛大学的高效运转。荣誉学位和综合考试有助于激发学生的竞争精神和学习兴趣,进而督促他们学会自我教育;导师制有利于师生交流,并帮助学生根据自身情况理性规划学业;住宿书院形成了富有活力的教育场域,学生在其中逐渐形成具有共同文化生活背景的学术社群,在共同体的影响下,促进"整全之人"的养成;学者协会的成立则打破了学科边界和制度束缚,为培养卓越学者提供了自由、纯粹的学术环境。洛厄尔离任后,科南特校长继续致力于"民主"和"学术",进一步鼓励学术竞争、培养杰出人才。及至20世纪中期,哈佛已经成为具有世界声誉的顶尖大学,吸引了世界各国的学子。时至今日,洛厄尔当年采取的许多改革措施依然在发挥作用。住宿书院和导师制度已成为哈佛文化的典型象征,学者协会乃是世界公认的顶级人才摇篮,"培养整

全之人"更是美国大学独立成长、多元发展的理论根基。

就外部影响而言，洛厄尔的改革不仅影响了大学，同时也促进了美国社会的民主进程。关于此方面的代表性改革措施主要有三个：其一是荣誉学位和学者协会的创建。这一举措的直接目的是为那些敏而好学、学业优异的学生提供优质教育资源，同时鼓励学术竞争、提高教育质量，但深层次却蕴含着典型的美式民主理念——只有最具天赋和竞争力的人，才有资格享受最好的学术资源。其二是对学生住宿的安排。住宿书院的创建不仅可以培育大学文化，同时也可以打破地域、阶层和种族的界限，促进学生之间的交流与协作。洛厄尔将全体新生统一安排在新生寝舍，共同生活一年后再进入书院，而且在书院中大家拥有共同的社群身份和平等的治理权，这对公民人格的养成具有重要意义。其三，"集中与分配"的课程淡化了大学教育的职业化，这对维护民主也具有积极意义。单纯强调职业能力的教育塑造的是现代社会的技术劳工，这种人除了自己的工作之外对其他事物一无所知，因此在实质上乃是岗位和职业的奴隶。如果说古代的奴隶被制度所奴役，而现代的技术工人则是精神上被奴役，他们缺乏自主性和原创力，既不想也不能改变生活状态。因此，洛厄尔强调兼顾通识和专业，这不仅是为促进学生的发展，更是着眼于民主精神的彰显。

概括而言，洛厄尔改革的最大特点就是扎根本国的文化传统和社会实践，融会贯通地学习和借鉴外来经验。改革之后的哈佛迅速在国内成为精英人才的摇篮，在国际上成为学术和文化重镇。第二次世界大战后，美国逐渐成为西方世界的领导者，并将本国文化在全世界强势推行，哈佛大学功不可没。

五、建设中国特色的伟大大学：洛厄尔改革的当代启示

改革开放以来，中国的综合国力和国际地位持续上升，但大学的

国际影响力和学术话语权却与理想相去甚远。虽然近年来中国大学的世界排名不断攀升，但与真正的伟大大学相比较，最根本、最关键的指标——吸引和培养卓越人才——仍然差距明显。时至今日，大学对国家综合实力和国际影响力的重要作用已无须多言。无论是从社会发展还是国际影响的角度考虑，中国大学都需要进行根本性的变革。因此，研究洛厄尔的哈佛改革，就是在大国崛起的视野下，寻找历史与现实的重合，审读过去对未来的启示。

（一）中国大学走向伟大的历史契机

中国大学自兴建以来的 100 多年中，经历了晚清、民国和中华人民共和国三个不同阶段。晚清时期的中国大学只是简单复制西方大学的教育内容，没有形成现代性的体系和制度，更谈不上理念和文化。民国时期的大学处于中国社会新旧交替的特殊阶段，出现了蔡元培治下"思想自由、兼容并包"的北大，以及"内树学术自由，外筑民主堡垒"的西南联大等一系列具有深远影响的高校，因此一度被奉为中国大学的"黄金时代"。不可否认，民国时代的大学取得了令人赞叹的成就，但这并不意味着其真正形成了中国特色的理念和文化。事实上，民国大学和知识分子"神话现象"的出现，"既有回忆的不准确，也有田园牧歌式的小说为人们提供的浪漫憧憬"，同时也"出于现实的需要或是对现状的不满和诉求，而片面提取历史"。[①] 民国大学的成就主要取决于两个因素，一是社会的大动荡、大变革创造了前所未有的思想自由之空间，二是新旧交替的特殊年代造就了一批学贯中西且富有改革精神的知识分子。但从组织的角度来看，由于国家积弱、政局不稳、战乱频仍，民国大学虽有不少富有传奇色彩的杰出人物，却不具备稳

---

① 田正平、潘文鸯：《教育史研究中的"神话"现象——以蔡元培和"国立"西南联合大学为个案的考察》，《高等教育研究》2017 年第 4 期。

定的文化生活，未能形成系统完整的制度和理念，更不必说向世界宣扬本国的文化传统。从本质上讲，民国大学的领导者和改革者大多是以西方教育理念来改造传统，但这种改造又因时局的特殊性而具备了某些不确定、不拘泥、或者说不规范的特征。也正因为如此，后人才常常"只见树木，不见森林"，或能缅怀前辈之风范，却难延续大学之荣光。

中华人民共和国成立后，高等教育曾有过短暂的改造与发展，但由于意识形态因素的过度干预，大学一度陷于停滞。直到改革开放以来，国家的强大、社会的繁荣和大学的发展才真正携手而行。2016年，中国经济总量突破70万亿人民币，居世界第二位，并不断接近位居榜首的美国。与综合国力的上升不相协调的是，中国大学在人才培养、知识创新和体系构建等各个方面，离"世界一流"仍有较大差距。由此便出现了一个极具张力的局面——国家层面的财政支持、经济领域的人才需求以及个人层面的发展需要与日俱增，而大学在知识创新、人才培养和个人提升方面的回报却严重不足。更严重的问题是，在大国崛起的历史背景下，中国大学在世界知识体系中仍处于依附地位，无助于文化话语权的提升。社会秩序的长期稳定和经济生活持续繁荣为中国大学提供了发展的根基，不断提高的综合国力和国民素质又对大学的内涵提升提出了更高的要求。政府和人们对大学的支持和期待到了一个前所未有的高度，对现状的不满也愈发强烈。如果忽略历史和文化的纷繁复杂，单纯关注大学与国家之间的实质关联，基本可以认为当前中国大学与洛厄尔时期的美国大学具有一定的相似性，都处于亟须自主提升内在品质的大变革时期。

（二）中国大学走向伟大的现实羁绊

在中国，从未有一个时代像今天这样，从上至下都对大学有着如此殷切的期盼；也从没有一个时代，像今天这样对大学的现状如此焦灼。"为什么我们的学校总是培养不出杰出人才？"这个质问让所有关心中国大学的人士都如鲠在喉。事实上，中国大学培养不出"大师"或"杰出人才"只是问题的表象，其深层原因在于缺乏文化内涵和反思精神。

首先，中国大学的教育理念、知识体系和评价方式都过于强调学习西方，自主创新能力严重不足。毋庸讳言，中国大学仍然陷在仿效西方的迷思当中，以他者之标准衡量自身之长短。早在上世纪末，阿特巴赫就指出工业化国家和第三世界国家的大学是一种"中心与边缘的关系"。随着全球化的推进和高等教育后大众化的到来，"中心大学"的学术创造与评价标准不仅能够在知识体系上统御第三世界大学，甚至还会对第三世界国家的经济文化生活和政治体制设计造成实质性的影响。大学作为当今世界最广阔的交往中心和教育基地，正从知识和观念上改造着每一位参与者，"作为中心"的大学由此完成西方对其他国家的文化殖民。中国大学无法依靠"引入"来进行内涵发展，多年的"学习"带来的却是工具理性与市场原教旨主义的盛行，而这正是当前西方大学的痛处。在此方面最明显的证据，莫过于通过一系列运动式的"工程建设"来提升指标数据。此种行为似乎能够帮助中国大学在世界排行榜上不断提升名次，但却无法改变一个基本事实——如果只是被动地学习他人和接受评价，中国大学将永远处于"边缘"。

其次，由于长期以西方大学的理念制度为圭臬，中国大学对自身所处的社会现实缺乏主动的反思，未能对社会变革做出系统的阐释，也未能构建适合国情的高等教育体制，这不利于中国特色知识体系的构建和中华文明的世界传播。中国社会经过近半个世纪的发展和变革，创造了一个波澜壮阔的大时代，形成了丰富的、独特的经验和智慧，亟需中国大学进行深刻的总结和反思。"当代中国正经历着我国历史上最为广泛而深刻的社会变革，也正在进行着人类历史上最为宏大而独特的实践创新。这种前无古人的伟大实践，必将给理论创造、学术繁荣提供强大动力和广阔空间。这是一个需要理论而且一定能够产生理论的时代,这是一个需要思想而且一定能够产生思想的时代。"[①]但是长期以来中国大学主要关注点在于如何学习西方,而非本国的发展与变革,因此在这个大时代尚未做出应有的贡献。若要在世界知识体系内获得话语权,中国大学首先要对现代中国的发展成就和改革经验进行深入的分析和解释,与世界各国形成平等的交流与互动,然后才有能力走向伟大。

(三)中国大学走向伟大的逻辑起点

大学走向现代的标志之一,就是摆脱教会的普世教义,以彰显和传承民族文化为理念。因此,伟大的大学必然体现一个国家和民族的性格与传统。英国近代哲人霍尔丹将大学称为"民族灵魂的反映"[②]。由于后现代思潮的兴起,该理念曾受到质疑。比尔·雷丁斯认为现代大学理念历经了三个阶段:康德的理性大学、洪堡的文化大学和当代的所谓一流大学;随着经济全球化的进程以及民族国家的衰微,现代大学,即洪堡意义上以承担国家和民族文化使命为己任的大学已经走向黄昏。在对现代大学进行大规模诊断之后,雷丁斯提出了一种以"思想之名"办学的理念,也就是以培养学生的反思、质疑、批判的能力为旨归的教育。[③]雷丁斯的观点值得关注,但其论说实质上具有吊诡之处。因为雷斯丁的理论基础是近现代的西方高等教育主流价值,遵循的是一个英国—德国—美国的文化殖民逻辑,所以这套论述还是"西方中心论"大学理念的变种。

自20世纪末期以来,齐格蒙特·鲍曼、安东尼·史密斯、德里

---

① 习近平:《在哲学社会科学工作座谈会上的讲话》,人民网,http://politics.people.com.cn/n1/2016/0518/c1024-28361421-2.html,2016年5月18日。
② Abraham Flexner, *Universities: American, English, German*, Oxford University Press, 1930, p. 4.
③ 比尔·雷丁斯:《废墟中的大学》,郭军等译,北京大学出版社2008年版,第1—6页。

克·博克、哈瑞·刘易斯、罗杰·盖格、比尔·雷丁斯、迈克尔·罗斯等一批欧美大学学者和管理者密切关注了全球化和大众化对大学的冲击,并对大学逐渐放弃民族文化理念与传统的生产、保护和传播这一趋势,进行了激烈的批判。从这些学者的著作名称中就可以直接推测出他们的态度:《失去灵魂的卓越——哈佛是如何忘记教育宗旨的》《回归大学之道——对美国大学本科教育的反思与展望》《废墟中的大学》《高等教育市场化的底线》《不止于大学——自由教育何以重要》……类似的名单和书单可以不断罗列下去。这些富有远见的西方学者共同指出:大学一旦放弃自身的民族性格和文化担当,便会在经济全球化和教育大众化的裹挟下,沦为"跨国官僚政治联合体",这是西方大学必须克服的深层危机。"如果大学在市场的压力下,完全屈从于这种来自'一流'标准的量化,那它就跟寻常企业再没什么两样了,它的学生也不再是传统意义上的求学者,而只是光临'学店'的现代顾客。同样,如果大学在排行榜的压力下,一门心思去攀爬朝向'一流'的阶梯,这个空洞的标准也会逐渐抽空大学的内涵,直至世间压根儿就不再有大学这回事!"[①] 相隔将近一个世纪,现代西方学者对大学的忧虑与当年洛厄尔、威尔逊、哈珀等人的反思如此之相似,这充分说明西方大学一直在警惕大学因为市场原教旨主义的侵袭而失去灵魂,以及量化评价指标和大学排名对文化想象力和学术共同体的伤害。

通过对西方现代大学的简单回顾,不难发现,理念的生成乃是一国大学走向伟大的逻辑起点。决定大学理念的要素主要有两个,一是纵向的历史传统,二是横向的社会实践。历史传统既包括文化传统也包括学术传统;社会实践则涉及国内和国外两个方面。中国的文化传统丰富而多元,并且也形成了相当完整的学术传统,在历史上这两种传统曾经在一个流传千年的教育机构中得到很好的融合,那就是自隋

[①] 比尔·雷丁斯:《废墟中的大学》,郭军等译,北京大学出版社 2008 年版,第 19 页。

唐延续至清明的传统书院。清末民初的西学东渐带来了现代教育思想，建立了现代学校体系，淘汰了保守陈旧的封建教育制度。但遗憾的是在此过程中书院体系也被连根拔除，致使中国文化和学术传统失去了落脚之处，从而在之后百年的改革中逐渐凋零。引入新思想的目的并不是要完全抛弃老传统，而是弥补缺失和纠正错误。事实上，只有能与传统文化的某种特质相结合，新思想才能得到普遍认可和顺利推行。中国文化传统中本就具备革故鼎新、包容开放的一面，作为民族国家核心凝聚力的文化传统和知识创造力的学术传统，尤其不能采取斩断根基的做法，如此一来必然导致文化身份出现危机、民族精神无处安放。洛厄尔主持下的哈佛改革就淋漓尽致地体现了这一原则——即使英美两国的文化传统渊源深厚，但美国本土文化的民主精神和独立意识才是生成美国大学理念的指导思想。只有先回答"是什么"的问题，才有资格和能力提出"做什么"和"如何做"；只有在传统文化的土壤中寻找出最具凝聚力和竞争力的核心价值，才能够真正深入地理解当下、引领未来。因此又要回到最初提及的问题上来——伟大的大学必有伟大的理念和深厚的文化，而理念和文化的生成首先是对历史传统的继承与反思，其次是对国内实践以及国际环境的分析与解释，最后才是对现实的革新和对未来的策划。

具体而言，中国伟大大学的理念创生应从三方面展开思考。其一，对于纵向的历史传统和使命仍然需要进行认真的整理和反思，并在此基础上凝练核心价值、构建文化身份。大学理念与民族性格具有内在一致性，二者相辅相成。伟大的大学必然善于吸收和弘扬本民族的文化精髓，用于凝聚和激励大学之人；而国家和民族的创造力和影响力，也需要通过大学的人才培养和文化传播来实现。因此，中国大学必须继承民族传统，同时弘扬社会主义国家的建国理想与核心价值。其二，对于国内、国际的社会发展与变革，中国大学应当保持主动的关注，与社会形成密切的关联，并在本土情怀和国际视野的双重视角下，反思教育如何致力于"全球共同利益"的实现。① 其三，对于未来社会的发展方向，中国大学应保持审慎的批判态度，为不同的思想和理念提供交流平台，

（四）中国大学走向伟大的路径保障

"大学"不仅是一个抽象概念，更是一个个具体的社会机构。当前中国大学所面临的诸种或宏大或细微，或长远或暂时的问题，都必须在实践中得到解决。无论是大学理念的提出还是文化生活的培养，如要落实下去，都要涉及不同的机构和部门，需要来自方方面面的参与者进行协同合作。简言之，大学理念的实施和文化的培养需要形成适合现代大学发展的运行制度和管理方式，这也是中国大学走向伟大的基本路径。

首先，现代大学的体制建设具有一些相同的原则，任何大学都需要尊重学术研究的基本范式，遵循人才培养的基本规律，在共通性的基础上发展独特性。自洪堡创建柏林大学以来，管办分离、学术自由、创新知识就已成为现代大学的显著特征。学术研究具有基本的价值和规律，其中最关键的两点就是学术自由和同行评议。人才培养的根本目的在于促进学生的进取精神、引导他们学会自我教育。这些基本的规律必须得到尊重。很难想象，如果哈佛大学在改革过程中受到来自外部力量的重重束缚，洛厄尔如何能够实现自己的梦想？同样，中国大学的崛起也需要一套符合学术创新和人才培养规律的体系和制度。就目前的情况来看，最突出的问题出现在两个方面，一是行政权力对学术自由的束缚，二是学术评价体系的过度量化以及同行评议制度的缺乏。这两个问题严重束缚了大学的知识创新能力，直接导致大学精

---

① 联合国教科文组织编：《反思教育：向"全球共同利益"的理念转变？》，教育科学出版社 2017 年版，第 1 页。

神的衰落和知识分子的平庸。若要建立现代大学体制，必先从以上两点入手，避免行政对学术的过度干预，同时尽快完善学术评价制度。

其次，大学的改革必须循序渐进，在此方面洛厄尔的做法堪称表率。培养具有本国文化性格的"整全之人"以及富有原创力的"美国学者"，是洛厄尔哈佛改革的终极目标，但在实施过程中，洛厄尔并没有急于求成，而是步步为营。先是在上任之初改革课程制度，将所有本科学生聚集到一套即集中又分散、即具有通识基础又不乏专业要求的课程体系中，从而为整体改革本科教育迈出了第一步。在此基础上，再用10年时间逐步推行综合考试和荣誉学位等改革措施，从而在整体上对本科教学质量进行了提升。在设计上述制度改革的同时，洛厄尔用将近20年的时间多方争取资金支持建设住宿书院，通过教育场域的完善来促进创造性文化生活的生成。最后直到卸任前一年，洛厄尔才在全面提升本科教学质量的基础上，通过筹建学者协会来落实自己培养卓越学者的伟大构想。这种风格对当今中国大学的改革发展具有极其重要的借鉴意义，提醒中国大学的领导者和改革者，必须摒弃简单浮躁的工作作风，努力从大处着眼、小处着手，在秉承大学理念的基础上，广泛关注方方面面的沟通问题，认真做好每一个步骤的设计与实施，循序渐进、有条不紊地进行具体操作。

（本文选自《外国教育研究》2018年第8期）

培养整全之人：大变革时代的美国大学理念焕新及其启示

邓 磊

摘 要：19 世纪末 20 世纪初，南北战争结束后的美国社会进入快速发展期，大学也迎来了大变革时代。这一阶段美国大学的显性特征是办学规模的膨胀和现代体制的确立，实质上更深刻的内在变化是理念的焕新。基于对功利主义教育和研究型大学的反思，以洛厄尔为首的改革者整合古典自由教育的修辞学和哲学两大理路，提出了"培养整全之人"的教育理念，并从建造书院、重构课程和奖励学业三个方面着手建构大学文化共同体，以提升大学品质、塑造公民性格。

关键词：美国大学；大变革时代；全人教育；大学文化共同体

近半个世纪以来，美国大学一直处于世界领先地位，吸引了世界各地的学子。根据国际教育协会（IIE）发布的报告，在 2014—2015 学年度，美国大学的国际学生人数达到 974926 人，比上一学年增长了 10%，其中中国留学生总数突破 30 万人，同比增长 10.8%。[①] 美国

---

① Institution of International Education, International Students: Leading Places of Origin[EB/OL], 2016-09-10, http://www.iil.org/Research-and-Publications/Open-Doors/Data/International-SATUDENTS#.V7 Hw9-yEAzA.

大学的这种领先地位并非与生俱来，而是经过了长期的制度学习和深刻的理念变革才取得的。事实上，自1636年哈佛学院创立一直到19世纪中期，美国大学在将近三个世纪的时间里一直处于落后状态，直至19世纪末20世纪初才进入一个急剧转型和高速发展的"大变革时代"，此时期也是一批美国大学逐渐走向伟大的转折点。[1]但在快速发展的同时，美国大学的教育理念也出现了矛盾。经过不断地反思与争论，以哈佛校长洛厄尔为代表的人文主义改革者提出了"培养整全之人"（educating the whole man, cultivating students as a whole）的全人教育观，这标志着美国大学从模仿学习和注重实利开始转向内在省察和文化创新。回顾这段历史，既有助于探索美国大学的精神内核，也能为同样处在变革时代的中国大学提供启示。

一、大变革时代的到来与全人教育理念的提出

1636年，马萨诸塞州殖民地仿效英国大学成立了一所市民学校，1639年该校更名为哈佛学院，这标志着北美第一所大学的诞生。随后，威廉玛丽、耶鲁、宾夕法尼亚和普林斯顿等私立大学陆续成立，共同构成了美国建国之前的第一批高等院校。美利坚合众国成立后，由于联邦政府在教育方面缺乏作为，公立大学长期式微。直至19世纪下半叶，除杰弗逊一手创办的弗吉尼亚大学之外，美国大学基本上由教会或私人创办，这些学校沿袭了中世纪的英国大学风格，学生在课堂内外都受到严格的教规约束；学校课程皆为必修，且以拉丁文和希腊文经典文献为主，以亚里士多德、托马斯·阿奎那等古代先贤的哲学、神学思想为辅。总体而言，这一时期美国的高等教育相对落后，

---

[1] John S. Brubacher, Willis Rudy, *Higher Education in Transition: A History of American Colleges and Universities*, Harper and Row Press, 1976, pp. 111, 113, 174-197.

既无先进理念,亦缺现代制度,最优秀的美国学生皆以赴欧留学为荣。南北战争结束后,美国迅速崛起,其高等教育体系也从 19 世纪下半叶开始转型。从 1962 年"莫里尔法案"首次实施直至二战前后,美国大学掀起了一系列波澜壮阔的改革运动,尤其是 19 世纪 90 年代至 20 世纪 20 年代,美国大学反思之深刻、改革之彻底令人惊叹。[①] 在此阶段,美国大学不仅逐步建立起现代体系和制度,而且立足本国国情提出了新的教育理念。

(一) 现代大学体系的成型

南北战争结束后,美国的市民社会逐渐成熟,工业生产不断进步,实用思想开始盛行。社会的飞速发展对高等教育提出了新诉求,传统教育在理念、规模和内容上都无法满足工业社会的需要。在实用理念的导引下,美国政府开始在各州广泛创办公立大学,以扩大高等教育规模。1862 年,美国政府出台了旨在促进农业技术教育发展的"莫里尔法案",并先后两次划拨联邦土地创建大学。由此,康奈尔和威斯康星等大学陆续创立,并初步形成了以实用性课程为内容、以服务社会为宗旨的公立大学体系。1900 年,全美共有 977 所高等院校和 238000 名学生,至 1920 年,已有 1041 所大学和 598000 名学生。[②] 新建公立大学的典型特色就是积极寻求社会资源并为社会提供服务,打破了大学与社会之间的边界,确立了大学为社会提供服务的新功能。

同一时期,留德美国学者将知识创新引入美国大学,并确立了以学术研究为中心的组织框架,使得美国大学的学术评价体系出现了根本转型。在南北战争之前,美国大学普遍以本科教育为主,缺乏明确的学术体系,如成绩优秀的学生不需要获得学士学位即可直接进入医

[①] L. R. Versey, *The Emergence of the American University*, University of Chicago Press, 1965, p. 520.

[②] H. Francis, "Facilities and Learning: An Overview of Development", in S. Baskin ed., *Higher Education: Some Newer Developments*, McGraw-Hill Press, 1965, p. 155.

学和法学等专业进行更高阶段的学习；在课程和教学上，则重博约、轻专精，重指导、轻考核，重传承，轻创新。南北战争以后，美国大学以德式研究型大学为模板，建立现代学术体系，完善教师入职、晋升和考核机制。到19世纪的最后10年，获得学士学位普遍成为专业研修的先决条件，博士学位则成为在大学中从事教学的资格标准。至1910年，学术创新已经深深植根于美国大学，以心智训练和虔敬精神为导向的古老传统全面让位于在高深知识领域培养专家的新理念。自此以后，美国大学的学术体系逐步专化，教师均以在某个专业领域取得创新和获得研究指导资格为荣。

（二）人文主义者的反思与全人教育的蕴意

以服务社会和知识创新为旨归，美国大学不仅完成了从传统到现代的转型，而且开创了独具特色的新功能，但与此同时也出现了问题。一方面，以服务为导向的大学虽然能够满足工业社会对专业人才的需要，但却与民主社会所重视的公民品格相去甚远；另一方面，对学术创新的重视以及学科知识的细化，不仅削弱了本科教育的地位和质量，而且导致大学文化生活日趋荒芜。对此，哈佛校长洛厄尔、普林斯顿校长威尔逊以及芝加哥校长哈珀等人文主义者进行了深刻的反思。他们认为，19世纪下半叶以来，美国大学规模迅速膨胀、专业不断细化、研究备受重视，而大学的根基——本科教育——却逐步受到侵蚀。以服务社会为主导的办学模式只能培养能力和思想都非常狭隘的工具性人才，而唯学术为尊的评价制度则降低了自由教育的价值，导致美国本科学生的创新精神和批判意识不断弱化。如果想要改变这种机械和功利的教育模式，就必须更有效地激励个体发展、更严格地遴选学生以及实施更完善的教学与评价制度。

基于以上认识，洛厄尔等人提出了一个新观念——"培养整全之人"，对当时大行其道的功利主义价值取向进行了反击。"培养整全之人"的内在蕴意是：大学的主要使命就是通过完善学者社群的文化生活来培养学生的整全人格，本科教育的价值也不在于掌握各个学科的散碎知识，"我们应当追求的，与其说是知识的获取，不如说是求知的精神"①。也就是说，大学所应提供的不仅是教室和实验室，更应是整体的社群生活和个体的发展平台。除此之外，师生之间的课外交流也应当在教育过程中扮演重要角色。教师不仅需要在其专业领域向学生传授学识，更应当与学生分享有益的生活体验。概括而言，在庞大而疏离的高等教育体系中，在日益专化并彼此区隔的职业社会中，大学必须进一步加强学生与教师、社会的内在联系，使其学生有反思能力和创造精神，并助其实现人格的独立和完整。全人教育理念提出后，迅速得到了热烈回应。在支持者看来，全人教育不仅是对半个世纪以来美国大学专业化和功利化的深刻批判，更是在立足美国社会、反思历史发展的前提下博采众家之长、独具美国特色的新理念。

二、全人教育的理论渊源与政策主张

从理论渊源来看，全人教育是一个杂糅的概念，它既是对古典自由教育和英式博雅教育的传承，又是在现代民主社会的背景中提出的。因此，其根基深厚，其指向又直面现实。

（一）"全人教育"的理论渊源
1. 古典自由教育的传统

从洛厄尔、威尔逊等人的文化倾向和主张来看，全人教育无疑继承了古典自由教育的传统。自由教育缘起于古希腊，在中世纪被西欧大学所承继。古希腊学者认为，自由教育是通过不设界限的知识探究

---

① W. T. Woodrow, "The Spirit of Learning", *Harvard Graduate's Magazine*, 1909, vol. 9, pp. 1-17.

获得对自由的真实体悟,进而摆脱束缚,实现真正的自由。直至 19 世纪末,美国大学一直保持着修辞学的教育传统,也就是,人们在培养美好品性时,首先需要研读经典并展开探讨,然后再通过哲学思考,最后才能求取真知。[1] 哲学的理路是怀疑主义的,强调的是探究质询和批判思维;而修辞学的理路则是虔诚恭敬的。在大学阶段,教育的重心就是将主流文化传统展示给懵懂少年。以修辞学理路的博学为根基,同时兼以哲学理路的善思,这便是全人教育的精髓所在。

除了自由教育传统以外,全人教育还借鉴了英国大学的博雅教育。英式博雅教育的典型特色就是绅士品格和精英价值,以住宿书院为载体,重视形成文化共同体,同时以古典课程为根基,强调学生的心智训练。在文化上,美国深受英国影响。19 世纪末 20 世纪初的美国大学改革者主要分成两派,一派是以德式研究型大学的支持者,另一派就是牛津和剑桥的推崇者。在后者看来:"美国学生……缺乏政治批判能力,对当代戏剧和文学也一无所知;除了体育运动和有限的一两项大学活动,甚至无法挥洒自如地讨论其他事务。"[2] 而"英国大学出产气质高华、胸藏丘壑的人才。即使并非亲英派人士,也必然承认这个事实:相比任何其他国家的大学,牛津和剑桥对绅士学者教育理念的践行都更胜一筹。……据说,受过良好教育的英国学者,都不会再去钦羡古希腊的荣光"[3]。因为留德学者对学生的个体发展漠不关心,专业背景下大学课程日益碎片化,课外活动肆意泛滥,已经严重削弱了美国大学的文化品性,所以美国大学应向英国大学学习,传承古典教育传统,培育文化共同体。

---

[1] G. G. Harpham, *The Humanities and the Dream of America*, University of Chicago Press, 2011, p. 6.

[2] A. Duke, *Importing Oxbridge: English Residential Colleges and American University*, Yale University Press, 1996, p. 43.

[3] A. Duke, *Importing Oxbridge: English Residential Colleges and American Universitys*, Yale *University*, Press, 1996, p. 44.

2. 建国先贤的民主思想

全人教育虽然根植于欧洲古典传统，但由于社会环境的不同，二者也存在一定的差异。从本质上来讲，自由教育和博雅教育都具有浓重的精英情结，学生一般为上流社会的子女，毕业后大多进入学界和政界。而美国社会注重民主平等和实际利益，至19世纪末，美国大学的招生来源逐渐延伸到各个阶层，学生毕业后也更倾向于从事商、法、医等行业。因此，全人教育的理论渊源并不止于自由与博雅，人文主义者还从杰弗逊等建国先贤的民主思想中汲取了灵感。

作为美国的缔造者和最伟大的总统之一，杰弗逊不仅领衔起草了《独立宣言》，而且对教育的社会功能做了深入阐释。杰弗逊坚信并终身致力于一个理念："美利坚合众国的权力属于人民，新政权的健康程度取决于掌权者能否学会正确使用手中的权力；而这一切皆来源于教育。通过教育，尤其是高等教育，能够建立一个良性循环，帮助人们通过求知获得自我保护，并建立公民社会，以防止政府权力越出界限。"[1] 这就是说，教育的首要目的是培养公民，因此，首先要让公民学会一些为享受自由、自我管理和持续求知而必备的基本技能，譬如阅读、写作和计算等；其次，教育支出必须由全体纳税人通过政府买单，不能依靠教会或者财大气粗的捐赠人；第三，每一阶段的教育都应当选拔出十分之一最具天赋的学生，将其送入更高一级的教育机构。以公民教育为根基，杰弗逊提出了自己的高等教育理念：共和政体的健康发展就在于不断选拔杰出人物并进行自我革新，为了实现这个目标，应努力打造一套能让出身不好的年轻人脱颖而出的教育体制，从普通民众中搜寻英才然后动用公共支出对其进行悉心栽培，从而防止富有

---

[1] R. D. Brown, "Buiwark of the Revolutionary Liberty: Thomas Jefferson's and John Adam's Programs for and Informed Citizenry", in James Glreath ed., *Thomas Jefferson and the Education of a Citizen*, Library of Congress, 1999, p. 95.

者固化社会阶层,将国家权力变成他们的私人利益。①总之,高等教育的最大功能就是建构知性公民群体,并从中找寻未来的国家精英,这部分人,杰弗逊称之为"自然贵族"(natural aristocracy)。

以杰弗逊的民主思想为渊薮,全人教育极力推崇培养学生的集体意识和拼搏精神,继而构建大学文化共同体,培养能够体现"国家性格"的杰出公民。"伟大大学的主要特征之一,就是将一个个来自全国各地的学生个体塑造成一个团结内聚的集体","我们真正需要建立的社群体系……应当致力于将来自全国各地、具有不同经历以及出身不同阶层的学生整合在一起"。②

(二)全人教育的政策主张

全人教育理念的提出主要与当时美国大学面临的困境相关。19世纪末20世纪初,美国大学在迅速发展的同时也受到严厉批判。批评者认为,大学目标过于空洞,气氛过于冷漠,课程过于专化,而"个体的成长必须与群体同呼吸,与社会共命运,大学决不能培养孤独、自私、狡猾的利己主义者"③。因此,他们主张打破社会阶层和地域出身的限制,为广大学生构建一个文化意义上的共同体,培养拥有共同文化身份和生活经历的国家精英。基于这个主张,洛厄尔等人主要在两个方面提出了具体建议。

一是恢复大学的文化生活。当时的美国大学正在放弃成为学者文化共同体的重要角色,具体表现为不再要求学生在校内住宿。19世纪60年代以降,鉴于规模扩大而资金有限,宿舍的修建和维护又十分昂

---

① R. D. Brown, "Buiwark of the Revolutionary Liberty: Thomas Jefferson's and John Adam's Programs for and Informed Citizenry", in James Glreath ed., *Thomas Jefferson and the Education of a Citizen*, Library of Congress, 1999, p. 96.

② Abbot Lawrence Lowell, *At War with Academic Traditions in America*, Harvard University Press, 1934, p. 274.

③ A. Duke, *Importing Oxbridge: English Residential Colleges and American Universities*, Yale University Press, 1996, p. 42.

贵，美国大学都不再要求学生在校内住宿，转而依赖大学生联谊会和兄弟会为学生提供住所。① 这带来了两方面的不良后果：一方面，校内寄宿经历的缺失造成社群文化的萎缩和精神生活的凋零，大学教育只剩下显性的课程学习，学术交往和人际关系变得冷漠疏离，不利于学生的品性发展；另一方面，大学生联谊会和兄弟会往往拉帮结派，主要靠娱乐、社交和体育维系成员情感，具有排他性和低俗性，不利于培育有教养的合格公民。对此，全人教育者认为，必须重新恢复大学的文化生活，形成良善的师生关系，为全体大学成员打造一个人性化的交往平台。在哈佛，洛厄尔要求所有大一新生都在校内共同体验寄宿生活，使其一入校便广泛融合，防止基于家庭背景和地域出身形成偏狭孤立的小团体。

二是改革课程和教学制度。自19世纪后半叶以来，美国大学以古典文化为核心的传统课程逐渐被淘汰，以德国大学为模板的专业课程日益流行。在哈佛，校长艾略特在其任期内逐步推行自由选课制度，一方面广泛开设各类新式课程，另一方面将修课选择权下放给学生。这在当时的美国大学产生了广泛的影响。选课制的出现回应了知识发展的社会趋势，也对学生的自由选课权给予了充分尊重，但却不免有矫枉过正之嫌。全人教育者认为，选课制度不仅破坏了知识的连贯和内聚，而且使教师放弃了对学生的指导责任，其实质是将大学变成知识贸易市场，将学生视为消费者，具有典型的功利主义色彩。"年轻人都应当为自己的人生小船掌舵划桨，但这并不意味着大学一开始就随随便便地将其抛入小舟，只是告诫一句好好寻找自己的桨橹，然后任其在深渊中漂流。"② 全人教育者认为，只有当课程学习遵照一种连贯有

---

① A. Duke, *Importing Oxbridge: English Residential Colleges and American Universities*, Yale Universitiy Press, 1996, p. 38.

② J. S. Brubacher, W. Ruby, *Higher Education in Transition: A History of American Colleges and University*, Harper and Row Press, 1976, p. 111.

序的方式进行时,学生才能获得开阔的智慧和见解。因此,"大学教育应当提供多个领域的系列通识知识,同时还能够引领学生深入掌握其中某一领域的内容"①。在这一理念的指导下,哈佛、耶鲁、芝加哥等校开始酝酿并实施课程和教学改革,以其为主题的反思和行动一直持续至今。

三、全人教育者的实践措施与历史影响

为重建大学文化共同体,全人教育者主要在搭建文化平台、革新课程体系、设置学术荣誉与奖励三个方面进行了努力,从而焕新了美国大学的整体面貌。

（一）全人教育的实践措施

1. 建造住宿书院

场所是文化的物质载体,构建大学文化共同体的首要任务就是重建住宿体系。为此,全人教育者在经过长期的思考和讨论后决定引入英国大学的住宿书院制。住宿书院缘起于中世纪的巴黎,盛行于英国的牛津与剑桥,其特色是注重文化生活,提倡师生共处、民主自治和社群协作。鉴于美国与英国的文化渊源以及英式教育传统的独特魅力,全人教育者决心在美国研究型大学中模仿英式书院创办学舍。经过长期的谋划,美国大学在 20 世纪初期开启了美国大学史上持续半个多世纪的书院建造运动,并在两个方面为建构大学文化共同体做出了实质性贡献。

其一,以当时盛行的"哥特文化复兴运动"为契机设计大学建筑

---

① J. S. Brubacher, W. Ruby, *Higher Education in Transition: A History of American Colleges and University*, Harper and Row Press, 1976, p. 113.

景观，营造大学整体文化氛围。"哥特文化复兴运动"肇始于19世纪30年代初的英国，早期旨在抵制当时风靡欧洲的新古典建筑，复兴中世纪的哥特式建筑，后来逐渐发展为一场旨在全面弘扬盎格鲁-撒克逊民族传统，"在文学、美学、爱国主义和伦理道德等多个向度同时展开的文化运动"[1]，其倡导者认为，英国社会具有连贯而整全的文化传统，而哥特式建筑风格就是这一传统的集中体现。19世纪末，"哥特文化复兴运动"在英国已是强弩之末，而正被功利主义思想所充斥的美国大学却重新发现了其独特魅力，视其为纠正拜物主义的一剂良方。于是从19世纪末期开始，一大批美国大学纷纷依照哥特式风格对原有的建筑进行外观改造，同时建造新的住宿书院。至1930年前后，哈佛、耶鲁以及普林斯顿等校的书院群落次第竣工，哥特式的校园外观也基本成型。如哈佛诸学舍分布在查尔斯河两岸，均以本校历史上的重要人物命名，落成后立即成为校园文化景观的集中代表。普林斯顿大学的书院建筑宏大壮丽，安德鲁·韦斯特曾由衷感叹："明媚的阳光将书院方庭的轮廓勾勒在草坪上，塔楼高高矗立，条条幽径通往宁静的寓所，爬满常青藤的外墙正对着精心修剪的花园。……此情此景不禁让人思绪满怀，万千追忆像墙上密布的常青藤一样生长；建筑和景观为何值得关注？因为它能勾起我们对大学文化的历史追忆。"[2]

其二，将本科学生集中到书院当中，为校园活动提供了至关重要的大众参与者，全面丰富了大学文化生活。住宿书院落成后，美国大学成功地将寄宿生活和智识发展熔为一炉，学生们从此拥有了一个与教师和同伴充分互动的交流平台，不用再费尽心思加入俱乐部、兄弟会等学生社团。简言之，住宿书院的落成让大学生活变得更加生动和内聚。有学者认为，书院体制的引入对美国大学的最大影响，就是用

---

[1] K. Clark, *The Gothic Revival: An Essay in the History of Taste*, Scribners Press, 1950, p. 301.

[2] P. V. Turner, *Campus: An American Planning Tradition*, The MIT Press, 1984, pp. 227-233.

宽广厚重的知识追求和连贯凝聚的社群生活取代了原本自私偏狭的个人主义风格。① 哈佛大学的《1949年校长报告》曾公开表示，书院体系使本校真正成为"一个拥有文化传统的大学——一个学者和导师栖居一堂，共同砥砺学问、享用美餐、虔诚祈祷和休闲娱乐的文化共同体"。

2. 改革课程体系

为了改革原先自由散漫的选课制度，全人教育者提出了革新课程体系的计划。在洛厄尔看来，"美国大学生应当接触更多领域的知识，做一个博学多闻之人；尤其在当下社会，大家皆孜孜以求关乎职业发展的专门学问，博闻强识已成为难能可贵的优秀品质。因此，对于美国大学生而言，比较明智的做法就是既选择一个主修专业深入钻研，同时也在相关领域选修一系列通识课程。……学生并不一定需要深入研究其他专业，但却应当能够对不同学科的基本原理和思维方式有所理解"②。这集中概括了课程改革的指导思想，即"专精"与"博约"并重。为实现这一目标，洛厄尔提倡集中与分配制的课程体系。所谓"集中"，是指在16门可供选择的课程中，必须选修6门本系的专业课，以保证重点；所谓"分配"，是指另外的6门课要从3个不同的知识领域中各选2门，以保证学生具有比较广泛的知识面；余下的课则由学生自由选择。③ 从1914年开始，哈佛正式实行这一课程体系，之后迅速被其他大学所仿效，并逐渐发展成全美通行的核心课程体系。

为了配合新的课程体系，全人教育者还设计了相应的教学方法。譬如，哈佛不仅在每个学科领域都开设通识教育课程，而且要求通识教育课程的承担者必须是各个学科的领军人物。"关于基础理论的传

---

① M. G. Fraser, *The Colleges of the Future: An Appraisal of Fundamental Plans and Trends in American Higher Education*, Columbia University Press, 1937, p. 46.

② Abbot Lawrence Lowell, *At War with Academic Traditions in America*, Harvard University Press, 1934, p. 274.

③ 徐志强：《阿伯特·洛厄尔对哈佛大学的改革及启示》，《现代大学教育》2015年第2期。

授,却只有那些站在树冠之上俯瞰整片森林的资深教师才能展开深入浅出的透彻解读。从事基础理论教育之人不仅必须拥有异乎常人的清晰思维,同时还要具备铿锵有力的讲解论述,以及循循善诱的教育热忱。"① 同时为了减轻主讲教授的负担,哈佛还专门为通识教育课程配备了助教,由他们协助主讲教授进行补充教学以及经常性地开展小组讨论和测试。如此一来,不仅所有学生在入门阶段就能获得思维活跃、学问成熟的名师指导,而且教授们也在细枝末节的问题上省去了许多麻烦。

3. 学术荣誉与奖励

由于偏重学术研究和实施选课制度,19 世纪末的美国大学本科教育变得十分散漫,而兄弟会等组织的影响又导致本科学生热衷体育运动、荒疏学术课业。经过多年的累积,整个美国社会也对本科学生的学业表现不太关心,当时甚至流传着这样一种言论:最出色的人才一定不是成绩优秀者,只有天资不够出众之人才会奋发学习。这导致"美国大学在很长一段时间内几乎未能培养任何伟大学者,美国人因为忙于开发新的大陆从而无暇探索科学和思想;这样的话语反复被提及,以至于已经成为这个社会的一个难言之痛。……由于工业化的迅速发展,以及随之而来的拜物主义倾向,导致大部分最具才华的美国年轻人都不愿意选择求学问道"②。对此,全人教育的支持者深感担忧。为了激发美国学生的进取精神,更为了培养未来美国的伟大学者,全人教育者推行了学术荣誉制度和奖励措施,其中最具代表性的是洛厄尔在哈佛的改革。哈佛的学术奖励既包括单科奖,亦即对本科生在某门课程上的学术表现进行级别评定,而且还会综合其全部课程方面的成

---

① Abbot Lawrence Lowell, *At War with Academic Traditions in America*, Harvard University Press, 1934, p. 274.

② Abbot Lawrence Lowell, *At War with Academic Traditions in America*, Harvard University Press, 1934, p. 274.

绩以及学位论文的撰写情况，借鉴牛津和剑桥的荣誉学位措施，分别为毕业生授予"荣誉"、"高荣誉"和"最高荣誉"等不同级别的荣誉学位。除了学术荣誉和奖励外，美国大学还引入社会力量，设立了全国性或地区性的优秀本科生奖励计划，譬如闻名世界的"罗兹学者奖学金"（The Rhodes Scholarship）等。这些措施从根本上构筑了美国大学的学术根基。

（二）全人教育的历史影响

从教育的角度来看，全人教育理念的最大功绩就是整合由于一味学习他国经验而造成的彼此隔离甚至互相冲突的高等教育观，创造了一个内涵丰富、外延宽广，既在原则上高度统一又在方法上多维并进的教育指向。具体而言，全人教育主要在三个方面做出了改革：首先，进一步完善了教育的均衡发展理念，不仅继承了心智训练和生理成长并重的古典教育发展观，而且创造性地提出了"专精"与"博约"共存的教育思想，首次将工业社会中的职业发展与人格完善有机结合起来；其次，着重强调了民主社会中的文化意识与参与精神，以打造大学文化共同体的形式塑造公民的文化身份，促进社群的交往和流通；最后，激发本科学生努力进取、追求卓越的精神，致力于培养具有创造性思维的伟大学者。

从历史的视角来看，全人教育系由美国大学首次明确提出的高等教育观，不仅是美国大学走向卓越的逻辑起点，而且对整个美国社会的国民性格具有重要的塑造作用。时至今日，该理念依然具有持久而广泛的影响力，而且成为一个备受世界高等教育关注的话题。更重要的是，"培养整全之人"并非一个阶段性的改革口号，而是一个开放性的高等教育理念。它既继承历史，又面向未来；既具有理想化的主张，又在具体措施上正视现实，为后来的改革者留下了操作空间。当然，全人教育理念也并非完美无瑕。有学者认为，"这项极具挑战性的任务……要将 2500 年来的人类文明精华输入美国学术的心灵，然而对于每一位学生而言，接受这一教育的途径仅仅是一群人共同经历每周三小时的课堂教学。关于培育整全之人教育理念的必要性，学术界有着共同的坚持；然而，至于如何将其付诸实践，学者们的观点常常莫衷一是"。甚至还有不少反对者认为，所谓全人教育不过是精英主义陈旧观念的昨日重现，"是一个代表思想保守、反对进步、精英主义和去物质化的空洞文化符号"①。事实上，自全人教育理念提出以来，其支持者和反对者便各执一词，展开了旷日持久的争论与反思，并持续至今，这也形成了美国高等教育的一个独特张力。

四、美国大学理念焕新对中国大学之启示

20 世纪末 21 世纪初的中国大学也已进入"大变革时期"，走到了由外而内、由表及里的品质提升阶段。对内，要满足转型社会的多元人才需求并承担本土文化传承创新的使命；对外，则亟须提高国际话语权，以体现大国地位，甚至影响和引领世界文化发展。虽然在时代背景和社会环境上都具有很大的差异，但作为两个同样从落后和战争状态中挣扎而出并不断崛起的大国，中美两国的发展之路具有一定的可比性。更重要的是，大学有可能是人类历史上最具国际性格的文化组织，其长达 800 年的漫长历史跨越了国家和民族的界限，也留下了许多具有普世意义的精神和理念。有鉴于此，一个世纪之前美国大学的崛起之路和改革之道对当前的中国大学当有所启发。

通过美国大学的革新历程可以发现，学习世界先进大学的优秀经验是崛起中的大学不可超越的必经阶段。在此过程中要注意两个关键

---

① F. Rudolph, *Curriculam: A History of the American Undergraduate Course of Study Since 1636*, Jossey-Bass Press, 1978, p. 174.

问题，一是连续性，二是全面性。所谓连续性，指的是自大学诞生以来的主体教育功能需要被传承，不能因学术创新和服务社会而有所削弱；所谓全面性，是指在学习对象的选择上不可以偏概全。在近 400 年里，在美国大学身上至少体现了三种不同类型的教育理念：一是在殖民地时期源自于欧洲中世纪大学的宗教虔敬气质和经典教育课程，历史渊薮在法国的巴黎大学；二是 19 世纪末 20 世纪初以柏林大学为代表的德国现代研究型大学，以知识创新为鹄的，崇尚自由和寂寞；三是国教改革之后的英国古典大学，以牛津和剑桥为代表，提倡培养人格完善的绅士学者和社会领袖。这三种理念皆是西方大学在不同历史阶段形成的核心要义，几乎每一所现代大学都或多或少地对其有所继承和发扬。正是通过广泛的学习，美国大学才建立了多元共生的高等教育体系，也正是基于对德式研究型大学的反思，美国大学才生发了"培养整全之人"的新理念。因此，中国大学在对理念的承继和制度的学习上也要注重全面性，要针对中国社会的多重需要广泛引入世界各国伟大大学的先进经验，构建多元共生的高等教育体系。

此外，美国大学的理念焕新也明确提示我们，大学文化的传承和创新必须结合社会诉求和本土价值，要在共通性的基础上寻找独特性。卓越的大学体系与良善的社会诉求密切相关，"历史表明，社会大变革的时代，一定是哲学社会科学大发展的时代。当代中国正经历着我国历史上最为广泛而深刻的社会变革，也正在进行着人类历史上最为宏大而独特的实践创新"[①]。经验可以借鉴，制度可以学习，但是文化生活却无法简单地复制或移植。学习他者只是手段，自我完善和超越才是目的。中国大学应当在特有的文明传统、时代背景和社会体制下，独立自主地思考自身存在的意义和目的，而不能将手段当目的，以制度

---

① 习近平：《在哲学社会科学工作座谈会上的讲话》，人民网，2016 年 5 月 18 日，http://politics.people.com.cn/n1/2016/0518/c1024-28361421-2.htm。

代理念，更不能将量化的物化目标和数据排名当作创建"伟大大学"的核心标准。功利主义和工具理性的确能够提高效率、缩短过程，但却无法指明方向，无法回应个体和社会自我提升和自我实现的根本诉求。文化生活和精神理念才是生发伟大大学、锻造伟大社会的根本动力。美国大学在一个世纪前焕新了教育理念，繁荣了文化生活，不仅以技术和知识服务社会，更力图在全人教育理念下培养"美国公民"和"美国伟大学者"，以促进社会健康，改善社会品性。今日同样处于"大变革时代"的中国大学，理应能够从中获得深刻启迪。

（本文选自《高等教育研究》2017年第3期）

论大学的学术责任
——现代大学学术研究的四重属性

崔延强　邓磊

摘　要：对于大学而言，从事学术既是首要责任，也是立足之本。在后工业时代的知识社会背景下，大学需要承担起多方面的义务，这也意味着现代大学的学术责任具有多重内涵。从事学术是对大学学术责任的狭义定位，大学的学术研究还隐含着一定的政治需要和社会目标，这是大学学术责任的广义延伸。大学的学术反映出在职业、道德、政治和社会这四方面的功能属性，体现现代大学功能历史与逻辑的一致性。

关键词：大学；学术责任；专业主义；职业规定；学术道德

早在1967年，美国学者丹尼尔·贝尔就在《后工业时代的来临》一书中大胆预言："如果说在过去的100年中为实现产品的大规模制造而组织生产，企业是社会的核心机构，那么在接下来的一个世纪，大学将成为社会的核心机构，因为它将扮演社会改革发起者和知识创新策源地的角色"。[①] 时隔半个世纪，社会的发展充分印证了贝尔的预言。今日的大学已经成为衡量世界各国综合实力的核心要素，并越来越广

---

① D. Bell, *Notes on the Post-Industrial Society(I)*, Basic Books, 1967, p. 30.

泛地参与到人们的日常生活之中，深刻影响着时代的发展。大学如此之重要，以至于社会各个方面都希望能从大学获得支持。经济的发展敦促大学研发新的技术，政治的稳定需要大学培养合格公民，文化的传承要求大学扮演知识中心的角色，个体的进阶之路则希望在技术和艺术两个方面都获得大学的指导。大学承载了如此之多的诉求，也接受了来自政府和社会多方面的资助与支持，这意味着它必须承担起更多的义务。

虽然大学发挥的作用是多方面的，但是它必须明确自己的核心职责——学术，对于大学而言，从事学术既是首要责任，也是立足之本。在后工业时代的知识社会背景下，大学需要承担起多方面的义务，这也意味着现代大学的学术责任具有多重内涵。从知识分子社群的职业身份和大学组织的文化性格来看，从事学术是大学学者内在的职业规定和道德诉求，这是自大学成立以来就一脉相承的精神传统，是对大学学术责任的狭义定位；从政府、社会和大学之间的关系来看，大学的学术研究还隐含着一定的政治需要和社会目标，这是大学学术责任的广义延伸。大学学术的内在传统与外在延伸并没有明显的界限，只是在不同的视域下呈现的具体状态不同。此外，学术研究具有其价值指向和利益诉求。一方面，大学学术责任一直处于真理的自由探索与民族国家的利益诉求的张力之间，以学术为业和以政治为业之间并不存在非此即彼的价值冲突；另一方面，在走出"象牙塔"之后，大学的学术研究一直在回应现实社会需求的前提下获得发展。因此，学术责任即为职业责任、道德责任、政治责任和社会责任，这是现代大学功能历史与逻辑一致性的必然结果。

一、大学学术的职业规定

按照通俗的说法，职业是人们在社会中所从事的作为谋生手段的工作。从社会角度来看，职业是劳动者获得的社会角色。个体在社会中的发展必然依托于该群体的职业定位，为社会承担一定的义务和责任，并获得相应的报酬。1919年，马克斯·韦伯在慕尼黑大学发表了一篇被后世学者推崇备至的演说"以学术为业"。这篇演讲据说是韦伯"经过长期吟咏斟酌，以爆炸性力量当场成篇"，因此一经发表便显示出雷霆万钧的力量，劈开了笼罩在思想界的厚厚乌云。它的最重要的贡献，就是让德国乃至全世界的大学学者明确了自己的身份定位，"以学术作为物质意义上的职业"[①]。韦伯的演讲之所以能够引起如此之大的关注与认同，还在于他对历史的全面理解以及对大学发展的深刻洞见。

  从历史来看，大学组织的产生在一定程度上可以视作知识分子阶层完成职业身份建构的过程。大学源自于中世纪的欧洲，是中世纪时代留给人类最宝贵的财富。在中世纪的历史背景下，宗教势力遍布欧洲，各种各样的教籍人士交织成一张错综复杂却又层次分明的社会网络。教皇、大主教、教区主教、执事和神父是拥有高阶神品并高踞在教会序列上层的教会人士，他们手持权杖教化信徒，是精神世界的统治者。托钵修士、隐修院修士以及传道牧师则是秉承上帝训诫的虔敬苦修者，他们身体力行宗教戒律，并通过自己的实践，或隐居修行，或行走布道，彰显信仰。除了这两种"传统"意义上的教会人士之外，还有一些虽然出身低微，但却希望进入教会序列，走上职业道路的世俗子弟。对于这些如同今天的学子一样充满上进之心的年轻人而言，进入教会学校，终身致力于神学的学习与研究，是他们实现社会进阶的最佳途径。因此，许多的中世纪年轻人走进教会学校并开启了自己的职业生涯。在大学诞生之前，所谓的"求知与研究"不过是学习简单的语法、修辞和神学常识。随着欧洲智识的复兴与文化权力的彰显，

[①] 马克斯·韦伯：《学术与政治：韦伯的两篇演说》，生活·读书·新知三联书店1998年版，第17页。

教会学校提供的浅陋知识已经无法满足渴望新知的启蒙人群。与此同时，基督神学教义的混乱与晦涩也不利于传道和解惑，急需更完善、更高明的理论来进行自我辩护。在教会知识匮乏和世俗需求增加的大趋势下，神圣罗马帝国皇帝、加洛林王朝的杰出人物查理大帝展开了教育改革，一方面从宫廷到地方都广兴学校，另一方面还开创性地吸纳世俗子弟进入教会学校。自此以后，越来越多的人开始致力于神学研究以及作为神学研究基础的文法、修辞和逻辑研究。伴随这一过程，中世纪的知识分子群体规模日益扩大，并在宗教外衣的掩护下逐渐获得越来越多的学者特权。至12世纪下半叶，欧洲学者社群形成了自己的组织——大学。在此种意义上，大学的成立也就意味着知识分子社群以学术为业的职业身份正式被确立。大学，首先是一个知识分子的职业发展的平台，然后才承担起更多的功能与职责。

从近现代大学发展的趋势来看，知识发展的日益专业化和各国政府对大学的愈发重视，正促使大学进一步深化"以学术为业"的职业规定。这一趋势包含两个方面的蕴意。

首先，大学内部的知识分子必须坚定职业志向，明晰职业规范。哈佛大学文理学院前院长罗索夫斯基曾经指出："几乎所有职业都有一个重要特征，即拥有一套详细且共享的行为准则作为有意进入该领域的从业者培训的一部分。"[①] 这就意味着，以学术为职业的大学学者必须明白自己为什么能够进入这个领域，了解自己应当通过怎样的努力和成就获得职业晋升的资格与机会。在这个过程中，最为重要的程序就是明确和建立有关学术的职业行为准则。众所周知，学术自由是大学最引以为豪的特殊权利，也是大学赖以生存和发展的基本理念。但是，学术自由并非源自于形而上的学者天赋，而是大学与社会的一种

---

① H. Rosovsky, I. L. Ameer, "A Neglected Topic: Professional Conduct of College and University Teachers", in W. G. Bowen, H. T. Shapiro eds., *Universities and Their Leadership*, Princeton University Press, 1998, p. 119.

隐性契约。没有人可以规定探索真理的界限，因此学者在从事此类工作时获得了研究无边界的允诺；但是，这并不意味着学术没有自己的形式和方向。经过历代学者的不断探索，学术研究不仅积累了极其丰富的成果，同时也形成了一套科学的范式。尤其是在知识日益专化的背景下，不同学科逐渐形成具有严格区分和界限的"学术部落"，各自拥有独立的体系和文化，形成了不同的学术"领地"。[1]"以学术为业"，就意味着必须在科学研究的框架下经过系统、专门的习训，遵照科学的范式，在理性的范畴内从事相关劳动；并致力于知识的发现、创新和应用，根据研究成果的质量和数量获得相应的认可和回报。

其次，职业意义上的大学学术，还意味着在专业的范畴内对下一代进行指导。随着大学的研究和教学应当遵循社会职业发展的需要，提供专业咨询，培养专业人才。知识的发现和应用是学术研究的不同阶段，以学术为业的大学教师在从事科学研究的同时还要承担起培育未来的学术研究者和应用者的义务。康奈尔大学前校长弗兰克·罗德斯认为，大学必须指导学生在专业的范畴内获得"某一特定领域的职业竞争力"、"准确而清晰的表达和书写能力"，以及学会如何提高"对行动和观念背后隐藏的道德暗示的嗅觉"和"投身于劳动市场的能力"。[2]换句话说，大学不仅要让自己的员工拥有从事学术研究的职业能力，同时还要让自己的毕业生具备基本的学术修养和本学科的专业修养。

总而言之，大学知识分子群体所从事知识活动及其对意义世界的建构必须要有一定的方法与范式，即大学的专业主义和职业规定。专

---

[1] 托尼·比彻、保罗·特罗勒尔：《学术部落及领地——知识探索与学科文化》，北京大学出版社2008年版，第3页。

[2] F. H. T. Rhodes, "The Place of Teaching in the Research University", in J. R. Cole, E. Barber, S. R. Graubard, eds., *The Research University in a Time of Discontent*, Johns Hopkins University Press, 1994, pp. 180-181.

业主义规定着知识分子群体身份的本质，也是科学研究和社会观察的基本路径，只有遵循这个路径，大学学者的学术工作才能拥有一定的领域和界限，进而获得群体的自我认同和社会各界的职业认同。也只有在此基础上，大学知识分子才有可能专注于知识，才能公正、客观地认知世界和解释世界，才能真正引领人类社会的发展方向。

二、大学学术的道德诉求

所有的从业者都有自己的职业道德，以学术为业的大学也不例外。不同的是，学术研究的对象是知识，而知识本身与人类的"德性"自古便为一体，大学的产生和发展更是和学者群体的道德追求不可须臾分离。因此，大学学术具有更加原发内生的道德诉求。

（一）知识论视野下的学术道德律

学术的核心内容是知识的发现与创造，而"知识"与"道德"具有不可分割的内在联系，从知识论的角度出发，大学的学术责任本身就是一种道德律。

大学起源于中世纪的欧洲，西方的知识观深刻体现了对"善"一以贯之的历史诉求。以苏格拉底为代表的古希腊先贤认为，在文化与政治权力之间建立良性关系，并且由文化，特别是道德与知识来主导社会权力从而实现社会的"善治"，不仅是思想者不可推卸的社会责任，更是人性本质的内在体现。感受着古希腊活跃的城邦公共生活的苏格拉底，首先将思想的目光从天国转向人世，致力于为同胞寻求"善的生活"，即最好的生活方式和社会秩序。对此，他提出了"美德即知识"的命题，认为人的理智本性贯彻在道德本性之中，所以美德有整体性和可教性。苏格拉底追求普遍的"善"、"美"的精神与"自知无知"的论辩质疑态度，开启了西方世界文化反思和辩证思维的先河。柏拉图继承了苏格拉底追寻善的生活的文化政治旨趣，将善的理念作为最高理念，并将"正义"的制度作为善之生活的可靠保障。最后，在亚里士多德手中诞生出了较为完整的"人性本质论"。亚里士多德在《形而上学》一书中，开宗明义地讲出"求知是所有人的本性"，对感觉的喜爱就是证明。人们甚至离开实用而喜爱感觉本身，喜爱视觉尤胜于其他。不仅是在实际活动中，就在并不打算做什么的时候，正如人们所说，和其他相比，我们也更愿意观看。这是由于，它最能使我们识别事物，并揭示各种各样的区别。[①]与这一命题相关联，亚里士多德还把理智活动生活化，在《尼各马科伦理学》中，他认为幸福内在于思辨，提出"完满幸福是一种思辨活动"[②]。自此之后，"知识即力量"一直都是欧洲思想者所信奉的至理名言。"知识"不但能够对自然进行改造和控制，同时也是人类追求"善"与"正义"，进而把握自身命运的关键所在。

无独有偶，中国的传统思想对知识和道德的关系也有着基本一致的论述，并且从道德律上进一步点明了学术研究的主题。《大学》的开篇点题："大学之道，在明明德，在亲民，在止于至善"；南宋理学大师张载对中国知识分子的劝勉："为天地立心，为生民立命，为往圣继绝学，为万世开太平"，都从第一律上明确了知识分子的道德诉求，规定了知识分子从事学术的职责所在。简而言之，通过格物致知、求学问道来砥砺德行、完善人格，进而达成内圣外王的至高追求，这既是中国传统学问的三大步骤，也是学术研究的三重体系。对此，钱穆明确指出，中国的学问传统向来有三大系统，即"人统"、"事统"和"学统"。其中"人统"是第一系统，其关注的中心是"人"，所谓"学者所以学人也，一切学问，主要用意在学如何做人，如何做一个有

---

① 苗力田主编：《亚里士多德全集》（第七卷），中国人民大学出版社1997年版，第27页。
② 苗力田主编：《亚里士多德全集》（第七卷），中国人民大学出版社1997年版，第230页。

理想、有价值的人";第二系统是"事统",以事业为学问系统之中心,即所谓的"学以致用";第三系统是"学统",以学问本身为系统,即国人常讲的"为学问而学问"。① 在这三个系统中,"人统"位于核心位置,统率着"事统"和"学统"。由此可见,中国的学术传统是"尊德性"与"道问学"的统一,且"尊德性"是内在要求,"道问学"是外在方式。

时至今日,人们对追求知识的目的依然与道德有着脱不开的关系。为了能够更好地融入和适应社会,人们学习知识;为了社会的发展和人类的福祉,人们继续探索新的知识。因此,获得知识并不是学术研究的目的;学术研究的终极指向是从求知的过程和结果中体验理性、完善人格,不为激情和欲望所左右,并最终把握"善"与"正义",将命运牢牢掌握在自己的手中。

(二)大学观视野下的学术道德律

大学诞生于中世纪的欧洲,大学的历史传统和古典大学观也体现了学术研究的道德律。对于大学而言,从事学术研究是自己的"天职"。此处之所以使用"天职"这个颇具宗教色彩的概念,是因为大学的产生与基督教有着不可分割的关系,大学学者的学术职责与内在信仰本为一体。大学脱胎于中世纪天主教的大教堂学校,早期的大学师生都拥有共同的宗教身份,都是"上帝的选民"。对早期的大学而言,知识的献祭和学术的习训不过是让自己的思维通往"上帝之城"的最佳路径。信仰的虔诚和道德的砥砺是从事学术研究的前提,大学学者以一种清苦、虔敬的方式,终生致力于宗教信仰的体悟与实践。"信仰,从而体悟",这句在基督教世界中流传千年的名言也正是源自中世纪大学的先驱安瑟姆。对这位虔诚的基督徒来说,他所做的一切努力,

---

① 金耀基:《大学之理念》,生活·读书·新知三联书店2008年版,第14页。

皆是致力于让上帝的信徒铭记一个道理：只有虔诚的信仰，才是获取知识的前提。安瑟姆的表述也揭示了早期大学的学术责任，那就是学者通过研究来履行自己的天职，体现信仰的虔诚。

早期大学天职观念被近现代大学以另一种形式继承了下来。与中世纪大学的教会性格不同，近现代大学更注重学者自身的修养和操守，学者本人从事学术的目的不再是朝向自身之外的上帝，而是悬于自己内心的道德。德国古典哲学创始人康德去世后在自己的墓碑上刻下了一句话："有两种东西，我对它们的思考越是深沉和持久，在我心灵中唤起的惊奇和敬畏就会愈发不断增长，这就是我头上的星空和心中的道德。"现代大学肇始于德国，柏林大学创建伊始，在以康德哲学思想为代表的德意志古典大学观念的基础上，洪堡等思想巨匠为大学规定了"修养、科学、自由、寂寞"四大要素。在论述大学责任时，洪堡认为，大学兼有双重任务，一是对科学的探求，二是个性与道德的修养。修养，是个性全面发展的结果，是人作为人应具有的素质。修养与专门的能力和技艺无关，通往修养的唯一路径就是纯粹的学术研究。① 纯粹的学术研究唯一通往的方向就是高尚的精神和道德修养。由科学而达至修养的原则概括了大学的双重任务，同时也表达了这双重任务的关系，即大学的核心任务是从事科学研究，学术研究的根本目标则是促进大学之人乃至整个民族的精神和道德修养。

无论是中世纪大学的"天职"，还是德国古典大学的"修养"，都是大学发展史上的宝贵财富。伴随着市民社会的成熟和商品经济的发展，大学不得不面对更多具体而微的实际需要，但这并不意味着古典大学的道德观念就已经远去。相反，富有洞见的现代人已经深深地意识到物质崇拜和工具理性所造成的精神世界的荒芜，呼唤大学精神的回归。

---

① 傅安洲等：《德国古典大学修养观及其启示》，《高等教育研究》2007 年第 12 期。

三、大学学术的政治责任

从中世纪教会世界的职业期望,到文艺复兴时期人文主义抱负下的自由教育观念,再到启蒙运动下的科学研究和现代社会中的服务功能,大学的发展经历了漫长的历史,在此过程中组织机构的合法性几经更迭。历史上,认识论理念下的大学与政治论理念下的大学交织在一起,只是在不同的时期重心会有所偏移,这也充分印证了政治责任一直都是大学学术的应有之义。纵观近现代大学的发展,一个明显的趋势就是政治论理念逐渐从潜隐到凸显,但认识论理念并不因此而削弱,二者形成了一种平衡,大学学术便是政治认同和纯粹求知之间的"调和剂"。

（一）民族国家的利益诉求与大学学术的理性回应

现代大学是民族文化的集中反映,立足于民族和国家的土壤,继承发扬民族文化,为国家培养人才。在知识社会的背景下,大学已经成为一国发展水平和文明程度的标志,大学的价值必须通过满足社会需要、响应民族国家的利益诉求才能得到证实。在不少学者笔下,大学常常被描述成知识分子对抗强权的重要场所;这是一个事实,但此种情形的出现建立在一个大前提之上,那就是大学必须通过学术研究和人才培养来传承和再生产民族文化,同时为国家建设提供专业的咨询与服务。

从大学的历史来看,学术研究与国家利益一直结伴而行。中世纪大学一开始就是在政治斗争的夹缝中诞生的,因为教皇和君主都需要依靠知识分子的理论进行自我辩护和教化信徒,教师行会才由此获得发展壮大的机会。为了让国家"以精神力量来弥补物质损失"[①],柏林

---

① 陈洪捷:《德国古典大学观及其对中国大学的影响》,北京大学出版社2002年版,第29页。

大学创立，从而开启了近代大学之路。作为现代民族国家认知结构的保护者，大学在以自治为主要特征的知识领域代表一种认识范式；这在本质上是一个关于社会与政治秩序方面达成共识的范例。[①] 尤其是在 16 世纪之后，宗教改革的兴起颠覆了教会统治，资产阶级运动和民族独立运动纷至沓来，由单一民族或数个民族联合构成的民族国家成为主宰世界格局的政治实体，所有的社会组织都被归入民族国家的政治框架之内，大学也不例外。在现代民族国家的语境下，大学最重要的特性之一就是作为一种社会组织必须服从国家议程。知识创新对现代国家的重要性已经深为人知，作为知识策源地的大学已经成为一个国家发展程度和文明水平的体现，这必然增强其国家性格。但与一般意义上的国家组织不同，大学作为人类追求真理的知识殿堂还具有显著的国际性格，知识是属于世界的，是为了整个人类的福祉而不仅仅为某一个国家和民族服务。因此，大学不是通过直接服从命令来做出回应，而是通过学术从业者自由独立的学术探索来满足民族国家的利益诉求。换句话说，科学探索是自由的，学者与组织却负有政治使命，大学恰恰处于世界主义与民族主义两种价值的交汇处，它通过履行自己的学术责任来协调和融合两者的利益诉求。

简言之，学术与国家之间似乎存在一种隐性的"契约"，对此，德里克博克认为这并不是一个准确的政治概念，但却是一个启蒙式的隐喻。[②] 科学无国界，但科学家有自己的祖国；学术研究的过程是自由的，但其初衷和结果都受到国家利益的影响。以学术为业者的根本任务是解释、发现和反思，通过科学的分析、理性的思考为国家提供智力支持。在知识社会的时代背景下，大学成为公民教育的核心机构，这要求大学学术必须致力于公民社会的建构。首先，通过科学的训练，大

---

① 杰勒德·德兰迪：《知识社会中的大学》，黄建如译，北京大学出版社 2010 年版，第 2 页。
② D. Bok, *Beyond the Ivory Tower: Social Responsibilities of the Modern University*, Harvard University Press, 1982, p. 5.

学学术能够培养学生在现代民主社会中必不可少的理性气质和思辨精神;其次,通过价值的澄清,大学学术还能够让所有倾听自己声音的人获得清醒的头脑,提高他们参与社会、报效国家的愿望和能力;最后,在当今以知识为基础的社会中,国家建设的重要抉择时常需要对复杂的问题进行审议,而唯独大学学术有能力在综合考虑自然、社会和人文等众多因素的基础上提供最为全面的咨询和指导。

(二)大学学术的研究范式与民族国家的督导方式

从中世纪发展至今,大学学术的研究范式经历了三个不同的发展阶段。第一阶段发生于中世纪,大学学术以神学为终点,以信仰为旨归,所有的大学学者共同在上帝光辉的照耀下研究和体悟,试图通过理论发展来整合宗教世界,因此,这一阶段也通常被描述为所谓的"集中阶段"。第二阶段发生于宗教改革之后,民族国家的诞生和工业革命的兴起导致了大学多样化发展,学术被分隔成教学的、理论的、应用的、宗教的和世俗的等多重区间,这种趋势伴随着资本主义经济的膨胀日益增长,并对各国大学影响至深。时至今日,越来越多的学术从业者都相信学术研究的第三个阶段已经到来——伴随着国际化的深入推进和网络时代的持续发展,大学重新回归"国际化",并利用国际交流和网络技术建立起世界性的合作平台。在此意义上,现代大学的学术研究具有世界性的研究范式,它对民族国家的支持和服务需要在遵循国际范式的基础上,对世界主义和民族主义两种不同的价值诉求进行协调和交融。

针对大学学术的世界性,民族国家必然要做出积极的回应。各国都需要支持学术研究,尊重学术范式,给学术足够的生长空间;同时集中听取社会各界的声音,尤其是专业人士的建议,综合分析人类社会的基本需求、当前社会的切实需要和未来社会的发展趋势,为学术的发展和繁荣提供政策的便利和物质的支持。大学是民族的灵魂,学术是大学的根本，学术研究应按照理性的逻辑和规程来进行，国家不能以实现自己的暂时利益为由对学术进行干预。诚如爱德华·希尔斯所言："科学和学术必须因其自身而受到重视，政府不应干预大学的事务，不论是学生还是教师必须忠诚和笃信自己的大学和科学探索的理想"[①]。但是，学术研究所必需的人力与物力资本直接来自于政府资助，间接源自于全体人民。国家可以通过政策支持的方式，委托社会组织对大学的学术水平与成果进行评估和检测，健全政府补贴、政府购买服务、基金奖励、捐资激励等制度[②]，对学术研究的方向和重心进行必要的监督和引导。

四、大学学术的社会功能

随着知识经济时代的到来，现代大学所受的最深刻的影响就是其被推向了中心，成为社会的核心机构。在知识社会中，大学不仅是科学技术的探索者和发现者，还是文化知识的生产者和改革者；大学的学术研究不仅是推动社会发展的主要动力，也是人们争取上升契机、实现社会分层的主要因素。随着高等教育日益大众化甚至普及化，大学学术已经成为人们智力习训与社会文化生活的焦点所在。总之，社会赋予了大学更多的期望和支持，大学也正越来越多地在社会各个领域发挥作用，越来越深刻地影响整个社会的公共生活。首先，大学通过学术教育培育人们的理性思维和协作精神，促进现代公民社会的发展和完善。对于当前的公民社会建设，教育是一个核心的公共承诺；

---

① 爱德华·希尔斯：《学术的秩序——当代大学论文集》，李家永译，商务印书馆2007年版，第278页。

② 2013年11月12日，中国共产党第十八届中央委员会第三次全体会议通过《中共中央关于全面深化改革若干重大问题的决定》，明确要求：强化国家教育督导，委托社会组织开展教育评估检测；健全政府补贴、政府购买服务、助学贷款、基金奖励、捐资激励等制度，鼓励社会力量兴办教育。

大学教育尤其对塑造具备理性且富有才智的现代公民，具有至关重要的作用。学术是大学的核心要素，在后工业时代的民主社会中，大学学术的每一个部分——通识课程、专业教育、学术规范等，都扮演着至关重要的角色。以传承民族文化、提升个人修养和开拓国际视野为主题的通识课程是构建公民品格的核心要素；以传输专业理论、培育职业素养以及加强社会责任感为目的的专业教育是培养社会从业者、加强公民社会参与能力的基础平台；以锻炼逻辑思维、习得研究方法和遵守学术道德为旨趣的学术规范，则是塑造创造性人才的必由之路。简言之，知识社会中的大学学术不仅直接教导学生如何获得知识和职位，更教会他们如何积极参与社会活动、促进社会革新，从而促进现代公民社会建构。

其次，大学学术还通过创造科技成果直接促进社会发展。在知识社会中，大学、政府和工业构成了一种"三重螺旋结构"：政府关注大学的重点之一，是使大学为技术文明服务；全球化将大学推向市场，但市场又离不开政府的宏观调控；大学越来越多的从社会获得资助并与工业联合，但仍然需要对政府的压力做出反应。[1]无论这三者之间的关系如何错综复杂，它们关注的核心议题只有一个，就是大学的学术成就。在今天的世界各国，大学的专业设置和科学研究或多或少的都受到劳动力市场和技术市场的影响；反过来，大学的学术成就，尤其是科技创新的成就也直接影响市场的生产方向和人们的生活方式。

最后，大学学术的社会批判功能对构建公共空间的理性秩序具有独特作用。一方面，大学学术的理性思维和创新精神能够为社会公共生活提供一种兼容并包、温和中立的环境，促进人们形成有利于民主和革新的思想观念。在一定程度上，大学学术扮演了社会心理的理智过滤器角色，引导公共理性的生长和成熟。另一方面，大学学术集中

---

[1] 杰勒德·德兰迪：《知识社会中的大学》，黄建如译，北京大学出版社2010年版，第145页。

反映了特定社会的历史和现实,是科学知识与文化知识的生产者与改革者,基于科学的研究范式和理性精神,大学在社会文化传承与创新中发挥着巨大的作用。依靠学术从业者的人性矫正和理性坚守,通过文化自主、文化反思和文化批判,大学学术能够对公共空间的事件和价值进行澄清,对符合公共利益的社会价值进行解读和弘扬,对有碍长远利益的现象进行分析和批判,从而引导公共社会的健康发展,明确并实现公共利益。

纵观大学组织的历史传统和现实发展,综合科学研究的理论逻辑和实践逻辑,可以发现,大学学术的职业规定、道德诉求、政治责任和社会功能是四位一体的关系。大学的发展必须以学术为核心,但如果仅仅把大学学术视作一套训诂考证、寻章摘句的方式方法,或者演绎归纳、实验论证的研究范式,实在有违大学之"大"。以学术为本职的大学建立在具体的社会之中,以特定的民族文化为土壤,以国家支持为动力;学术从业者以大学为依托,构成兼具职业规范和道德诉求的知识分子群体,回应来自国家和社会的利益诉求。因此,大学的学术责任同时具有职业、道德、政治和社会四个向度,这四个方面既各有路径、彼此区别,又相互联系、不可分割。

(本文选自《教育研究》2014年第1期)

大学起源要素探析与中国大学体系建构

——基于唯物史观的视角

邓磊 刘琴

摘 要：大学诞生的根本原因在于经济发展带来的知识需求与职业分工。在大学形成的过程中，既有必然的一元决定因素，也存在偶然的多维影响因素。必然因素赋予了大学传承至今的主体功能，偶然因素则促成了大学组织的多种形态。大学最基本的功能是对各种知识诉求做出回应，为社会生产和人的发展提供最广泛的智力支持，通过知识传播和学术研究，将国家诉求、市场需要和个体利益有机地联系起来。中国大学应当在马克思主义唯物史观的指导下，以史为鉴，结合社会生产的链式体系，根据人们生活的多重需要，有针对性、分层次地构建多元立体的现代大学体系。

关键词：唯物史观；大学起源；中国大学体系；大学使命；知识担当；智力支持

大学的诞生是人类文明史上的重大事件，但关于大学起源的研究却长期不甚明朗。究其原因，一方面是由于大学的起源隐秘而复杂，

"没有创建人,或者没有确切的起始日期,没有明确的记录"[①];另一方面是由于大学史研究者自身的原因,这是不可否认的。国外历史学者关于大学起源的研究通常表现出两种倾向:一种是站在某个国家或者某个大学的立场上对研究对象的悠久历史和文化传承进行宏大叙事;另一种则是从某些中世纪的相关资料中管窥蠡测。笔者认为,以唯物史观为视角,能够兼顾主体选择和社会条件,深入剖析大学起源的核心要素。以此为基础,深入探讨现代大学体系的立体建构,可以为中国大学改革提供历史借鉴和理论支撑。

一、必然与偶然:大学起源的社会条件

(一)理论视角

必然性和偶然性是唯物辩证法的基本范畴之一。传统的马克思主义理论认为,必然性是事物发展过程中不可避免的确定趋势,偶然性则是不确定趋势;事物内部的本质联系具有必然性,非本质联系和外部联系则具有偶然性。必然性决定事物发展的前途和方向,居于主导地位;偶然性只能起到加速或延缓的作用,处于从属地位。当代马克思主义理论认为,重视必然性、忽视偶然性在一定程度上具有历史决定论的局限性。比如在大学诞生的时间和形态问题上,此理论很难解释大学为何出现在蒙昧黑暗的中世纪而不是文化昌明的古典时代,也很难解释在同一历史阶段出现的欧洲古老大学为何呈现出完全不同的组织结构。强调"主体选择论"的现代唯物史观则可以对这一问题形成很好的补充。"主体选择论"在历史决定论的基础上注重人的主体选择因素,既强调社会历史发展中的主体作用,也承认主体的选择不是随心所欲的,而是受到历史条件的制约。历史条件在一定程度上限

---

① 查尔斯·霍默·哈斯金斯:《大学的兴起》,王建妮译,上海人民出版社2007年版,第3页。

制主体的活动，主体总是通过选择、实践和创新不断突破历史的限制，每一次突破都意味着人类社会向前发展。[1] 综合历史决定论和主体选择论，便可以对大学起源的根本原因和多重要素进行分析。

（二）社会背景

大学起源于 12 世纪。此时罗马帝国灭亡后的"黑暗时代"基本上已经走到尽头，以拉丁古典著作研究为核心的早期文艺复兴开始出现。中世纪欧洲历史研究的权威专家哈斯金斯认为，12 世纪是"一个在许多方面充满活力、生机勃勃的时代。这是十字军的时代、城镇兴起的时代、西方最早的官僚国家形成的时代。这一时期，罗马式建筑步入顶峰，哥特式建筑开始兴起，方言文学开始出现，拉丁古典著作、诗歌和罗马法走向复兴，吸收了阿拉伯人成就的希腊科学和大量希腊哲学得到了恢复，并且诞生了第一批欧洲大学"[2]。在此之前的数个世纪，欧洲古典文明几乎被入侵的北方蛮族破坏殆尽，一度繁荣兴盛的欧洲社会陷入深重的蒙昧状态。而基督教徒却由于隐居潜修躲过了劫难，并逐渐成为欧洲仅有的文化传承者。9 世纪以降，久乱思治的欧洲社会初步形成了宗教（教皇）、政治（君主）和文化（教育者）三权鼎立的基本格局。大学在此背景下缓慢出现。

（三）根本原因

大学诞生的根本原因在于经济发展带来的知识需求与职业分工。首先，由于 11 世纪欧洲各国商业往来日趋频繁，人们对知识，尤其是对法律知识产生了迫切需要。12 世纪，城市逐渐聚集了足够的人气和物产，行业开始集中，由此出现了职业化的行会组织。教师与学生也

---

[1] 曹岚：《必然性与偶然性的重新理解及马克思主义历史观的本质》，《探索》2000 年第 2 期。
[2] 查尔斯·霍默·哈斯金斯：《12 世纪文艺复兴》，夏继果译，上海人民出版社 2005 年版，第 7 页。

组成了学者行会，它脱胎于商业行会，并逐渐发展为具有"法团"性质的大学组织。其次，由于加洛林王朝教育改革带来了欧洲文化的复兴。教会理论亟须完善，封建王国渴求人才，社会亟须用理性和知识去战胜混乱和蒙昧，由此知识分子和文化机构被赋予了更高的地位和权力。再者，由于蛮族入侵导致城堡林立，进而促使市民阶层广泛兴起。政治秩序的重建又为大学组织的诞生创造了客观条件。最后，由于基督教会的发展为欧洲思想的同质性和文化沟通的便捷性打下了坚实的基础。教会的内在需要以及教权的广泛存在直接导致大学的出现。从社会发展的历史趋势来看，上述因素都具有一定的必然性，但是从具体出现的时间和地点来看，则具有偶然性。比如：巴黎大学的问世归功于巴黎城的政治功能以及学术大师阿贝拉尔的卓越成就；博洛尼亚大学的诞生则取决于法学权威欧内乌斯的社会影响以及教皇、君主两强争斗留下的权力真空；牛津大学的形成主要缘于英法两国交恶而导致巴黎大学的英国学者滞留本国的偶然契机。

二、一元与多维：大学起源的主体选择

马克思主义唯物史观认为，分析历史现象必须坚持社会存在决定社会意识的唯物论，但也要从不同的维度进行考察。探索社会发展基本动力的一元之"唯"，与思考历史现象采用视角的多元之"维"不仅不矛盾，而且相互支持。

（一）一元决定因素：生产发展带来的知识诉求

根据"一元多维"的唯物主义历史观，中世纪大学的诞生首先取决于 11 世纪至 12 世纪欧洲生产力发展的社会现实，这是一元决定因素。

10 世纪以降，饱经战火的欧洲社会日趋稳定，生产力逐渐恢复。铁犁等先进农具的广泛使用推动了欧洲农业生产的发展，为手工业和

商业的发展奠定了基础，也促进了人口的流动和城市的繁荣。为了购买原料、组织生产和销售产品，手工业者和商人纷纷向港湾、河口、城堡、寺院等交通枢纽和政治文化中心聚集，这些地方逐渐演变为中世纪的城市。在经济利益的诱惑下，封建领主也纷纷参与中世纪城市的兴建活动：或者默许手工业者和商人在自己的领地上建造城市，让更多的农业人口转变成城市的手工业者；或者主动参与商业活动，促进了城市的繁荣。

城市的兴起是中世纪生产发展的重要标志，它不仅促进了一个依靠技术和知识的市民阶层的形成，而且带动了商品经济的发展，使先前处于自然经济状态下的庄园制度逐渐瓦解。城市与王权的结盟，也大大加强了后者的权力，使得天主教会统一封闭的权力格局开始被打破。具体而言，城市对大学的支持主要体现在以下两个方面：

一方面，城市的兴起为大学的出现提供了场域，奠定了坚实的基础，使得大学有了赖以生存的环境。大学与城市有着天然的亲近关系，在繁荣的城市，往往能够产生广纳天下学子的传世大学。"一般来说，创建一所大学机构的理论基础应当是其地理和气候上的优势：淳朴的民风、有益身心的新鲜空气、丰富多样而价格低廉的食物等等，这些都有益学生的身心健康。"[1] 集中的人群、发达的手工业与商业、四通八达的道路交通，这些都是城市为大学提供的基本条件和有利因素。

另一方面，城市还为大学提供了主要的经济支持。城市对大学的资助主要有以下几种渠道：一是减免租金，比如牛津大学从13世纪后期起就在城市当局与教授团联合管理机构的裁决下，被免除租住公寓的一半租金；二是直接向学者发放生活补贴，比如牛津市政府每年定期向贫困学者发生活补助；三是当学者与市民发生冲突后，大学往往会获得大量的经济补偿；四是政府以无息贷款的形式向贫穷学子提供

---

[1] 海斯汀·拉斯达尔：《中世纪的欧洲大学——大学的起源》，崔延强、邓磊译，重庆大学出版社2011年版，第4页。

补贴；五是私人捐赠，这也是中世纪大学最重要的经济收入。中世纪大学经常接受来自贵族、主教甚至平民的捐赠，捐赠者提供的大量资金不仅保障了大学的运转和贫困学子的入学，而且还为其内部自治奠定了物质基础。时至今日，私人捐赠仍然是许多西方大学重要的资金来源。

（二）多维推动因素：宗教、政治与文化的影响

除经济发展的一元决定性因素之外，大学的产生也离不开其他多维因素的影响。中世纪的宗教信仰、政治格局和文化传统导致了大学的多重形态。

1. 宗教信仰的影响

中世纪宗教信仰的广泛性促成了知识的统整性，进而又导致了大学"内在性格"的普世性。在中世纪的欧洲，人们普遍信奉一个真理：在教会之外得不到拯救。基督信仰带来了相似的社会意识和统一的社会结构。教会宣扬审慎、庄重和对一切基督徒的慈善，这种基本规范和精神信仰的绥靖作用取代了强力镇压，成为欧洲精神世界的一道"围墙"。教会的主要制裁不是武力，而是逐出共同体，其中最严厉的手段就是逐出教会。被逐者的命运极为悲惨，不仅肉体四处游荡，精神上也无所归依。在广泛认同的基督意识基础上，教会通过推行宗教教育培养传教人才，在客观上起到了文化继承和弘扬的作用，由此建立起广泛的意识形态认同。一言以蔽之，宗教信仰为大学奠定了坚实的思想基础和文化交流平台，不仅塑造了大学的"普世性格"，而且还赋予大学超越世俗的组织追求。

2. 古典文化的影响

古典文化传统的一致性和地域文化的差异性导致大学兼具国际性和本土性。一方面，欧洲古典文化传统为大学提供了基本统一的教学内容；另一方面，地区习俗的差异性导致了大学形态的多样性。比如

在阿尔卑斯山以北的地区，古典文化传统意识因屡遭破坏而变得十分淡薄，因此查理大帝得以实施政教合一的君主统治，从而加强了学校与修道院、主教座堂之间的亲密关系。隐世苦修的修道院出于对修士毅力的担忧而倾向于选择一种脱离世俗生活的推理知识，因此形而上学、神学以及亚里士多德的思辨知识在此大行其道，神学圣地巴黎大学便应运而生。在阿尔卑斯山以南的欧洲地区，古典文明遭受的破坏较少，古典文化尤其是罗马法得到了较好的继承，因此诞生了法学渊薮博洛尼亚大学。

3. 政治格局的影响

政治格局的离散性导致大学组织形态的多样性。在阿尔卑斯山以北的国家，教皇拥有精神世界的绝对权威，教育亦被教会控制。因此，修道院或者与修道院有依附关系的学校成为法国人精神生活的主要场所。而地处南欧的意大利等国则是比较纯粹的封建君主制国家，教会势力只具有一定的调和作用，社会政治环境比较宽松，并且传承自古罗马的市政制度还保留在人们的记忆中，因而形成了自由宽松、充满活力的市政生活氛围，使南欧教育带有浓郁的世俗色彩和实用特征，所以才出现了博洛尼亚大学等坚持自治理念和实用精神的大学。

三、反思与启示：中国大学的主体功能与多元取向

从唯物史观的视角辨析大学的起源，可以得知影响大学存在和发展的因素是一元而多维的。因此，现代大学体系的建构，也应当在明确认识一元必然因素的同时关注多维偶然因素，促使大学的主体功能与多元取向并行而不悖。

（一）现代大学的主体功能与中国大学的知识担当

从大学诞生开始，知识性和公共性就决定了大学的基本功能是对

人类社会生产和生活做出回应。大学的这一基本功能已经被古典大学的不断衰落、研究型大学的强势兴起以及服务理念的广泛传播等一系列历史演变所证明。时至今日，随着信息化和知识经济时代的到来，现代社会又提出了一个核心诉求：大学必须为社会生产提供最广泛的智力支持。这种智力支持体现在两个方面：一方面是专业人才培养；另一方面则是科学技术创新。这二者是学术研究和知识生产的一体两面。大学的核心是知识生产与学术研究，人才培养和科技创新都是知识生产和学术研究在不同方面的体现。

有鉴于此，中国大学最基本的功能就是要对中国社会的知识诉求做出回应。大学所提供的知识不仅要面向内部的所有个体，同时还要积极面向外部的社会成员。通过知识传播和学术研究，将国家诉求、市场需要和个体利益有机地联系起来，为经济发展和社会进步提供最广泛的智力支持，是现代大学存在合理性的体现。

在当前的知识社会背景下，中国大学应当综合考虑大学的历史起源和当代实践，兼顾学术研究的理论逻辑和现实路径，从职业规定、道德诉求、政治责任和社会功能等维度去思考自身的知识担当。具体而言，大学的发展必须以知识生产和学术研究为核心，但现代大学的学术研究绝非闭门造车、自圆其说，亦不止于诸种演绎归纳、实验论证。中国大学的知识担当应当立足于具体的社会进程，以民族文化为土壤，以社会主义核心价值观为导向，以满足社会公共需要为鹄的，进行知识的生产、传播与创新。

（二）现代大学的多元取向与中国大学体系建构

大学从源头开始便因为多维因素的影响而具有组织形态的多重选择性。在现代社会，由于不同国家的发达程度、政治诉求和文化传统互不相同，各国大学不必一味地相互模仿，但可以彼此借鉴。同一国家的大学也因社会生产的多样性和人们生活的丰富性而必须避免同质化，应正视社会生产的链式体系和人们生活的多重需要，有针对性、分层次地进行现代大学体系建设。因此，正在努力迈向卓越的中国大学，也应当以当前社会特征和主体需求为基础，广泛借鉴国际经验，构建多元立体的现代大学体系。

1. 组织体系

从组织体系来看，大学在创建之初就因为不同国家和地区的政治、文化差异而呈现出"教师大学""学生大学""教会大学"与"国王大学"等多种形态。在之后的历史发展过程中，逐渐形成了最具影响力的三种大学模式："专注于研究的洪堡模式、侧重教学的拿破仑模式以及致力于在教学和研究之间实现平衡的牛津剑桥模式。"[1] 美国借鉴他国之长，在吸取德国大学和英国大学经验的基础上创立了新型的美国研究生院，并且成为世界各国竞相学习的对象。上述各种大学形态的发展都是建立在履行并协调大学教学、科研、服务三大功能基础之上的，但知识社会的到来使得各类大学都不约而同地重视科研，于是大学形态上的差异明显缩小。因此可以说，中国大学体系建构的核心问题在于跨越不同的高等教育类型，对上述功能进行调整。在此过程中，应当注意两个方面的问题：一方面，所有大学都应当创造性地生产知识、传播知识；另一方面，不同类型的大学不能各行其是、互不关联，而是应当在教学、科研和服务三大功能方面各有侧重、扬长避短，围绕国家、政府和社会的需要，形成团队，分工协作。

2. 辐射体系

从辐射体系来看，大学在诞生之初就存在"原型大学"和"子大学"之分。当代学者则将大学从广义上分为三大类型——世界级、国家级和地方级，这种划分并不意味着前者就要优于后者，而是侧重于

---

[1] J. C. Shin, B. M. Kehm, *Institutionalization of World-Class University in Global Competition*, Springer, 2013, p. 3.

不同的使命。"世界级大学的使命是惠及世界各国及地区；国家级大学的使命是促进国家的发展；地方级大学的使命则是满足社会的需要。"[①]照此逻辑，中国大学体系的建构应当综合考虑知识话语权与国际影响力、科研推动力和对国家的贡献程度、技术革新能力与市场参与度等多维因素，分级分层地进行布局。从理论上来讲，所有大学都应当在学术上具有世界竞争力，在文化上具有国家影响力，在经济上具有地方推动力，但事实上却不能面面俱到。因此，各所大学都应形成自己的发展特色，共同构建多元立体的现代大学体系。

3. 市场体系

从市场体系来看，20世纪80年代后期以来世界高等教育发生了两个重要变化，一是形成了普通教育与职业教育的贯通机制；二是职业教育向高层次发展。高新技术产业的发展与生产的自动化简化了工作流程，减轻了工人的体力劳动，仅需少量具有较高技术水平和研究能力的研究人员与技术人员便可维持运转。在这种情况下，专注于职业技能培训的职业教育系统并不适用于以高科技为导向的知识社会，而重在培养学生掌握多种基础知识和能力的教育体系则更具竞争力。与此同时，国家政策又积极地向研发项目倾斜。因此，在提高科研水平获得国家资助的基础上，大学更需要积极面向市场。近年来，我国对科学研究与技术开发的巨大投入是有目共睹的，政策制定者往往将研发视为提高国家竞争力与促进经济增长的源泉，研发投入也成了大学主要的收入来源。但与此同时，中国大学更应当注重科学研发的针对性。部分关系国计民生的基础研究和重大应用课题应当由国家统筹兼顾，而更多的研发项目则应当由市场来决定，由此各级各类大学便可以以国家政策为宏观导向，围绕市场需求组织科研与教学。

[①] J. Ben-David, *Centres of Learning: Britain, France, Germany*, McGraw Hill, 1977, p. 3.

4. 教学体系

从教学体系来看，由于后现代社会发展的非线性和复杂性以及就业市场的变动性，中国大学必须打破原先固化的分科教学模式。新的教学体系应以培育"学生发展核心素养"为导向，综合采用自主教学设计和大规模在线课程（MOOC）等现代教育理念与平台，为学生提供就业和个体发展最需要的"迁移性技能"。"迁移性技能"具体包括："能够准确阅读并快速掌握各类信息且加以创造性利用的能力；能进行流畅清晰的口头表达及书面记录，以便于能明白无误地将新的信息、问题讨论的新进展传播与传递的能力；能读懂令人眼花缭乱的数据中隐含的意义并从各种表现形式中将其抽离出来的能力。"[1]

总而言之，大学起源的社会因素是一元而多维的。大学起源主要取决于人类社会主体的选择性和需求的多样性。同样因为这个原因，现代大学的发展在以获取知识渊薮为主体功能的基础上，呈现出多姿多彩的外在形态。经过100多年的学习与探索，中国大学已经逐渐走上现代大学体系建设的道路，为进一步完善现代大学体系，应当以唯物史观为视角，在反思和借鉴的基础上不断探索，革新观念，努力实践。

（本文选自《教师教育学报》2017年第2期）

---

[1] 大卫·帕尔菲曼：《高等教育何以为"高"——牛津导师制教学反思》，冯青来译，北京大学出版社2011年版，第84—85页。

大学之新

现代性语境下的大学演进与中国大学图新

邓磊　杨甜

摘　要：大学虽然起源于"前现代社会",但集中体现了人类的知识诉求,创造了新的认知范式,因而孕育了现代社会的关键要素。现代认知范式的成型导致了研究型大学的出现,现代性图式的不断展演又促使大学的功能和形态不断发生变化,二者的发展交织重叠,在理念和实践上都具有深层的逻辑关系。基于当前后工业时代知识社会的内部结构,大学已经发展成多元立体的组织体系,具有相互交织纠缠的多重功能和使命。在当代中国,国家、社会与个体对高等教育问题有着越来越集中的关注,在现代性语境下审视大学组织的社会演进,是促进中国大学图新的基本路径。

关键词：现代性；新时代；中国大学；图新

现代性发展是近现代人类历史上最重大的事件。从英工业革命到民主革命,再到市场经济改革、福利政府转型和知识社会兴起,现代性的不断展演对人类社会的诸多领域造成了持续而深刻的影响。现代性的社会图式展演,经历了从精神到制度再到深层社会认知的路径,其最终的落脚点在于社会知识经验的沉淀与认知结构的系统化,并固化为教育体系尤其是高等教育体系的变革。现代性的图式展演塑造了现代大学的基本风格，而现代大学的社会演进则集中体现了现代性的认知结构和知识范式。

一、现代性的知识根基与学术范式

现代性是现代社会的核心论题。自地理大发现、文艺复兴、宗教改革、启蒙运动和工业革命等重大事件一一开启之后，人类社会从此被深刻改变。以西欧为中心，地球上的每个国家和每个角落，从传统到现代的转型都在次第展开；人类生活的每一重维度，乃至个体的每一缕意识与动作，都被现代性裹挟在内，无远弗届。"现代性"不是一个简单的时间概念，其最早流行于17世纪的英国；甚至，"早在公元5世纪就已经存在"，教皇基拉西厄斯一世（494—495）使用该词来区分先前教皇时代与他自己的教皇时代。[①] 不过这并不意味着"现代性"可以被理解成历史发展的某个阶段，或是某一个时代的人站在当前的时代坐标下相比过去之人做出的自我标榜。关于"现代性"概念的界说，有三个具有代表性的论断：吉登斯着眼于"从制度层面上来理解"，将其视作现代社会或工业文明的缩略语，主要包括世界观、经济制度和政治制度三个层面的制度架构；哈贝马斯通过对启蒙运动和公共理性的考察，指出现代性是一项"未完成的设计"，其目的是在"主体性"原则的基础上构建具有"自由"特征的新的社会模式；福柯则将现代性理解为"一种态度"，"一种思想和感觉的方式"，有点像希腊人所称的社会的"精神气质"（ethos），这种现代性的"态度"或"精神气质"可以解读为"哲学的质疑"，亦即对时代进行"批判性质询"的品格，一种"批判的精神"。

综合吉登斯、哈贝马斯与福柯的三种代表性论断可以得知，现

---

① 陈嘉明：《现代性与后现代性十五讲》，北京大学出版社2006年版，第3页。

代性涉及的最根本的问题是认知模式的建构。现代性模式包括"精神"和"制度"两个方面的内容，制度为"表"，精神为"里"，二者都具备一个共同的基础——知识体系以及在此基础上的最广泛的认知模式。人们如何看待自己和世界，取决于他们获得的是什么样的知识。当知识体系完备，广泛认知模式就会形成，精神就会以制度的形式确立下来，并固化为新的知识体系，促使现代性理念进一步深入。古希腊人将人之思维二分为理念（logos）和信念（doxa），这导致了西方社会的历史成为"科学知识（knowledge as science）和文化知识（knowledge as culture）之间根深蒂固的冲突的表达"[①]。罗素倾向于将知识分为科学、宗教和哲学三个维度，分别对应关乎确证、信仰和意义的问题。在此种意义上，世界是由知识构成的，社会的变革即认知模式的变革。现代性图式的展演完美地证明了这一观点：谁最先发现了新的知识，革新了认知模式，就契合了现代性的轮辙。易言之，现代性是关于知识的理论，即知识如何被表征，知识表征又如何促进对知识的应用。所以关于现代性的表达事实上是一种知识结构的变革，其核心问题在于如何从过去和现在的社会发展实践中形成对未来有所指导的知识体系。与传统的知识体系相比较，现代性的知识体系是面向未来、面向未知、变动不居的；其关注的不是如何传承和理解过去的精神和知识，而是解释正在发生的事实，迎接未来社会的挑战。

从古典到现代，知识的探索历经哲人的自我沉思、知识分子的职业追求以及组织化、市场化的专业研究；学术范式也经历了从无到有、从松散到集中的演进路径。后现代的来临打破了"普遍概念"的元叙事神话，祛魅之后的知识和学术失去了其"自我立法"的自在合理性，新的学术范式将以知识的自反性和求知者的交往理性为特点，从宏观的元叙事转向多元异质的解释与求证。

---

① 杰德勒·德兰迪：《知识社会中的大学》，黄建如译，北京大学出版社 2010 年版，第 1 页。

作为知识中心和学术组织，现代大学在当前的知识社会中扮演着极其重要的角色，其不仅承担着培养未来社会高层次人才的重任，也为当前社会提供科学理论、应用技术和人力资源等多方面的服务，同时还致力于个体的进步与幸福，这是一个从支点到中心的演进历程。

虽然大学的功能是多方面的，但它最核心的事业还是学术研究。在《辞海》中，"学术"词条的解释是"指有系统的、专门的学问"，其对应的英文是 Academia，源自柏拉图在雅典建立的"学园"，指进行高等教育和研究的科学与文化群体。学术以学科和领域来划分，源于古希腊时代的"自由七艺"，形成于中世纪的欧洲大学。随着社会的发展，学术内容逐渐细化，新的学术领域不断出现，研究内容也越来越具有专业性。

当代科学哲学家托马斯·库恩认为，学术是知识的专门化和系统化，由于在不同的时代背景下，人们对"知识"的理解有着巨大的差异，因此在不同的历史时期有着不同的学术范式。"按既定的用法，范式就是一种公认的模型或模式"，"我采用这个术语是想说明，在科学实际活动中某些被公认的范例——包括定律、理论、应用以及仪器设备统统在内的范例——为某种科学研究传统的出现提供了模型"。前范式时代的知识是开放的，每个独立思考的个体都可以声称自己能够获得甚至创造知识。但在认知模式形成之后，知识便与权力存在于同一个空间，只有那些进入了专门的领域，掌握了话语权的群体，才有资格宣布自己是知识的拥有者。"学术"，便是这种权力化和模式化的"知识"。对此，曼海姆、布尔迪厄、舒茨、马尔库塞等社会学巨匠皆有着清晰的洞察。学术范式的转换反映了知识体系和认知模式的变迁。法国思想家孔德认为，社会的发展是伴随着知识体系的发展而产生的，人类知识的发展先后经历了神秘知识占主导地位的神学时代、理性抽象知识占支配地位的玄学时代以及现代实验科学占据主导地位的实证时代。根据知识的阶段性发展，人类社会也相应地被分为传统、现代和后现代三个历史时期。孔德按照知识的范式来厘定人类社会发展阶段的做法，深刻地观察到人类认知观念发展与社会结构变迁的内在联系。

二、现代性语境下的大学组织演进

大学是知识的机构，以学术为生命。知识是人类社会经验的积累和集体观念的反映，学术是系统化、专门化的知识，是人类认识世界、改造世界的方法和路径。学术研究范式的出现不仅意味着社会认知的模式化，还反映社会结构。构成现代社会的基本要素均能在大学的改造中一一呈现，而且现代性的发展阶段与研究型大学的改造过程也一一吻合。现代性的根源是"理性精神"，发展的基调是"工业化—市场化"，制度的安排是"科层化—数字化"，研究型大学的出现和发展也遵循这一路线。现代社会先后经历了自由的现代性、组织化的现代性、后现代性三个阶段，研究型大学也先后接受了古典自由主义的人文化、市场经济体制下的大众化和知识社会中的民主化三次现代性改造。现代性的嬗变拯救了传统大学，迫使大学远离宗教和形而上学，日益贴近世俗权力和市场需求，获得生机的现代大学日益成为社会现代化的生产机器。实证主义的登峰造极、工具理性的盛行和知识生产的民主化也带来了大学的文化困境和身份危机。

很多学者在讨论现代性话题的时候，都会聚焦于宗教改革与文化启蒙之后的历史发展，并倾向于将此后的"现代"与此前的"传统"做一个彻底的了断。持此观点者认为，"现代性"作为一种价值观念和认知模式，所标识的是人类文明发展过程中的断裂，其最突出的标志就是对传统的反叛，它"把我们抛离了所有类型的社会秩序的轨道，从而形成了其生活形态"[1]。从字面意义上来看，此观点或许具有一

---

[1] 吉登斯：《现代性的后果》，田中禾译，译林出版社2000年版，第4页。

定的客观性,但却经不起历史逻辑的推敲。人类历史是平滑而不间断的发展历程,历史的连续性从根本上否定了在前后相继的时期之间存在明显而强烈的反差。关于对"传统"和"现代"的界定,更多的时候只是字面意义上的概念区分。当人们声称自己置身于"现代"时,其依据往往是已经在历史中形成而非当下的认知模式。所以,对"现代性"的讨论必须要关注"前现代",也就是现代性萌发的前提与诱因。

(一)"前现代"时期的大学及其对现代性的孕育

现代性滥觞于西欧,"前现代"时期的西欧尚处于中世纪时代。12世纪的欧洲,天主教会出现了道德滑坡和权力分裂,而现代民族国家尚处于萌芽时期,大学便是在这一时期从社会权力缝隙中萌发而出的新生组织,更重要的是,该组织生产的是知识,关联着社会的认知模式,因此有可能在最深层影响未来社会的发展。而日后的社会发展也证明了这一观点,大学诞生之后,其知识产出和理性训练深刻地影响和重塑了欧洲的文化和制度,为现代性的孕育奠定了基础。

1. 中世纪大学对科学精神的培养

大学组织的诞生,改变了中世纪人们的文化生活形态,与此同时还深刻改造了中世纪大学组织对于中世纪的时代作用,改变了社会组织的结构,通过传授知识和增进教养,逐步改造了崇尚武力、疏于教化的中世纪社会。知识分子阶层的崛起提升了市民社会的文化水平,强大而广泛的宗教权力给予了大学学者超然的社会地位。由于宗教信仰的强大力量,作为上帝学说的阐释者,中世纪大学的知识分子由此获得了无与伦比的文化权力和社会地位。由于大学知识分子拥有崇高的声望和对专业知识的操作能力,他们得以进入中世纪欧洲各国的核心机构,并迅速将一种勤勉、高尚的学术精神推广开来,促使追求理性和智慧逐渐成为欧洲社会的共识,这种思维方式正是现代科学精神的起源。它教育人们学会运用理智和沉思,学会怀疑和探究,学会在纯粹的知识追求与生活中的知识应用两个方面同时感受求知的乐趣。因此，从某种意义上说，中世纪大学开启了一个时代，一个使得人类事务的管理落入知识分子手中的时代。正是由于大学知识分子自身的社会地位和学术操守，才使得科学精神逐渐渗透到整个欧洲社会。

2. 中世纪大学对宗教改革的孕育

大学虽然脱胎于教会学校，但是其基本的知识立场却是反宗教压制的。对于教会而言，大学诞生的理由和存在的正当性都是为了在理论上支持普世教会的合理存在。不过，人类一旦睁开仰望星空的眼睛，就没什么能阻止他踏上寻找智慧的路径。大学知识分子一旦可以使用辩证法研究诸种理论问题，无处不在的学术争鸣必然一步步从逻辑学、哲学向神学进军，最后反过来对现实社会产生深远的影响。至于教会对学术自由的粗暴干涉，只能引起知识分子发自心底的厌恶和反抗。早在13世纪后期，阿拉伯哲学家阿威罗伊反对知识服从信仰的思想就在巴黎大学广为传播。知识分子心中渐渐滋长出对教会学术专制的反抗情绪，并进一步发展为新的知识革新运动。尽管在教会势力的迫害和贿赂下，此次知识革新运动并未直接促成宗教改革，但这巴黎学者由此获得了更多的教会事务发言权。

与此同时，中世纪教会的神学理论并不统一，各大修会一向存在矛盾，不同教派之间的内讧使得大学知识分子获得了操纵局势平衡的契机，巴黎大学一度成为鉴定神学理论的最高权威。在中世纪的教会历史上，巴黎大学常常能够主导神学的前进方向，教皇也只能跟随其后亦步亦趋。尤其是在14世纪末和15世纪初的教会大分裂期间，巴黎大学先是迫使一位与罗马教皇并存的阿维尼翁反对派教皇退位，然后又在不同的修会势力之间转圜自如，最终成为左右各方势力平衡的关键力量。在终止教会分裂的过程中，作为现代大学原型的巴黎大学以及其他大学共同发挥了至为重要的作用。通过召集红衣主教团举行宗教会议，以及在与罗马教皇联手在阿维尼翁逼迫反对派教皇重归罗马天主教的怀抱,大学不但树立了自己的权威形象,同时还在中世纪欧洲民众的头脑中播下了宗教改革的种子。

3. 中世纪大学对民主意识的孕育

大学组织对中世纪社会的改造,还体现在创生了一个面向社会实践的律师阶层,并对近现代民主制度的培育产生了积极深远的影响。

中世纪的大学法学研究者在完成自己的学业后,很快便能够在现实社会中大展拳脚。扎实的专业功底保证了他们对社会事务的处理有着其他人难以企及的业务能力,而大学的组织权力也赋予了他们受人敬仰的社会地位。凡此种种,皆能使其迅速成为中世纪西欧各国国王最青睐的治国者和代理人。于是,法学知识分子阶层迅速获得普遍的社会权力便顺理成章。律师阶层获得中世纪社会权力的发展趋势,在某种程度上标志着理性思维和文化教养的胜利。从此,曾经长期在欧洲社会盘踞的粗蛮行为和随心所欲的暴力统治,被文明和理智所替代。除此之外,大学出身的律师阶层在向中世纪的专制制度提供了急需的统治工具的同时,也能够在一定程度上削弱国王的专横,塑造国家的治理理念。随着上述情形越发深入地发展,最后自然便会得出这样一个结果——律法精神与民主理念逐渐被孕育出来。中世纪律师阶层在社会中的显赫地位,有利于民主制度的孕育和保护,这与现代民主社会有着某种不言自明的契合。

由于罗马法的复兴,大学或者通过自己的专业能力对社会政治进行直接干预;或者通过自己的教会性格间接影响;或者公开发表政治意见,或者让毕业生逐步地、无意识地渗透进政治、宗教系统。大学便如此这般在不知不觉、愈发深入地影响着法律机构与政治机构的行事准则,改造着中世纪的社会形态。

(二)现代性的展演路径与大学的革新历程

关于现代性及其演进,思想界的不同领域的表达方式各异,但普遍流行的观点是：自反叛传统以来，现代性经历了三个阶段的发展。美国古典保守主义政治哲人列奥·施特劳斯（Leo Strauss）认为，现代性的发展过程就是对古典的反叛进程。[①] 马基雅维利率先举起反叛古典的大旗，他抛弃了一切伦理学和神学准则，以权力至上论为信条，公然提倡统治者可以为达目的不择手段；自此以后，"善"与"正义"等古典价值便与现代性的发展渐行渐远。之后，笛卡尔提出"普遍怀疑"主张，霍布斯和洛克全面拒斥古典思想传统，共同开启了现代性的"第一次浪潮"。在此之后，培根等启蒙思想家相信人们在挣脱思想枷锁之后将会不断进步，科学技术的进步必然为人类带来光明和福祉；但卢梭则指出科技的进步是把双刃剑，既可以带来人类社会的进步，也有可能毁灭人类；康德接过了卢梭的问题，将现代性的"进步原则"发展为"历史原则"，认为即使在现代性的发展道路上会出现邪恶和暴力，但这都是"历史"不断向前推进的代价；作为一个不为人类意志而转移的"总体过程"，历史必然要走向"自由王国"这个终点。"历史原则"的抛出被施特劳斯称为现代性的"第二次浪潮"。第一次世界大战之后，欧洲人对"历史总体过程"观念不再抱有幻想，尼采公然宣布"上帝死了"，拒绝再有任何以"理性"自居的哲学家对世人进行"启蒙"。海德格尔则在《存在与时间》中提出了现代性最彻底的反叛宣言：一切所谓的历史、世界、人，都是断裂的、破碎的、残片式的，一切都只不过是个"突然发生"的偶在而已。此为现代性的"第三次浪潮"，其将传统的与反传统的种种"原则"统统一扫而光，至此一切独断论式的观点都被消解，包括消解者自身的语言，现代性思想由此进入"后现代"的丛林时代。[②]

[①] Nietzsche, *Beyond Good and Evil: Prelude to a Philosophy of the Future*, translated by Walter Kaufmann, Viking Books, 1966, pp. 204-206.

[②] 关于施特劳斯学派"现代性的三次浪潮"的表述，甘阳在为施氏的名著《自然权利与历史》中译本（施特劳斯：《自然权利与历史》，彭刚译，生活·读书·新知三联书店2001年版）所作的长篇序言《政治哲人施特劳斯》一文中，有着较为系统的介绍，本文转述了甘文的部分内容。

施特劳斯以政治哲人的视野，抓住了现代性的反叛本质。的确，现代性的发展诚然是对古典的反叛，但从另外一个角度来看，也是一个新的知识体系和认知模式不断建构的过程。19世纪的法国古典社会学家孔德（Comte）提出了一个解释世界的新方法——实证主义。孔德认为整个社会演化都是按照知识模式的发展进行的，社会随着社会知识体系的变化而发生相应的变化。以此为基础，孔德阐发了知识发展以及由此引发的社会变化的"三阶段法则"：社会是从神学阶段或传统阶段（借助于超自然的力量来解释世界，无以言说的神秘知识占据支配地位），发展到形而上学阶段（以理性的或抽象的知识为特征，要求获得关于事物本质的绝对知识，并独断地把这些抽象概念当成是绝对知识），最后进入实证阶段。[①] 基于孔德的"三阶段法则"，美国社会学家杰德勒·德兰迪提出了"古典的现代性"、"自由的现代性"、"组织化的现代性"及后现代性。

孔德开启了从知识进化的角度观察社会的先河，在其之后马克思、涂尔干和曼海姆等人也围绕知识与社会的关系展开了论证。虽然上述四位哲人对知识（或思想）体系与社会结构的关系阐释不尽相同，但他们共同构建了以认知模式入手分析社会发展的知识社会学经典理论体系。再后来，韦伯、福柯、布迪厄、托雷尼、哈贝马斯、库恩、阿佩尔等人一步步完善了将知识体系、认知模式和主要的社会变革联系在一起的方法。

三、施特劳斯的三次浪潮和孔德的三阶段

（一）"古典的现代性"兴起与中世纪大学的沦落

现代性的第一次浪潮，是以灵动的思想清扫了经院神学的"奥

[①] 孔德：《论实证精神》，黄建华译，商务印书馆2001年版，第1—3页。

亚吉斯牛圈",用奥卡姆剃刀削去了绑缚在哲学和科学之上的神学绳索。在此阶段,新的知识体系在大学之外产生,大学提供的知识甚至成为被改革的对象。但是,必须看到大学对启蒙的巨大助力,不仅奥卡姆、威克里夫、威科姆等早期思想改革者诞生于大学,并在大学中传播"异端"思想,就连现代性的"观念发明者",即使他们在大学的围墙外争斗,但他们的学识修养却大多是拜大学之赐。在某种程度上,是普瓦捷大学成就了笛卡尔,是剑桥大学成就了培根、康德、哥白尼、牛顿、霍布斯、马丁路德。

(二)"自由的现代性"时期与研究型大学的兴起

柏林大学成立于1809年,它的出现标志着现代高等教育的开端。柏林大学的伟大之处在于其首倡大学应为研究高深学问而生的理念,主张教学与科研并重。柏林大学的创新理念深受18—19世纪的西方启蒙哲学,尤其是康德哲学的影响。根据启蒙哲学的主张,知识是科学探究的结果,大学是知识探究的场所。除却精神层面的哲学基础之外,新的大学理念的提出还有赖于社会实践的变革。19世纪初期,深受西欧工业革命震撼的德国政府官员和市场代言人对仍然处于蒙昧状态的学术体制不满之意日甚,于是联手实施改革以促进大学的现代化。在政府和市场的共同引导下,新型大学的学术实践开始向官僚化和商业化转变。柏林大学根据国家和社会的需要重新核准了新的大学功能:首先,教授不需要是教导多样课程的通才,而是在各自的领域进行教学和研究;其次,由于在传统(已确立的知识)和理性探究之间存在永恒的冲突,因此各学科都需要在理性之光的照耀下对已确立的知识再次进行再验并获得发展;最后,大学还需要以专业训练的形式进行组织和管理,致力于学术研究和研究人员的培养。经过将近一个世纪的发展,19世纪末期的德国大学已经成为领先世界的科研中心,为世界各国——尤其是资本主义和工业革命处于迅速上升期的美国——

所钦慕和仿效。

（三）"组织化的现代性"与市场化的大学

自第二次世界大战之后，现代性进入第三个时期，也是最后一个危机期。文化整合模式受到新的排斥，统整文化受到来自于各个方面的冲击，原先的知识模式和专业自我立法也在一个不断质疑的社会里遭遇普遍危机。或许主流文化也在不遗余力地消除差异，但是这一过程却与现代性的分化原则背道而驰。对于现代性而言，其本身也存在一个深刻的危机。由于祛魅时代的价值取向，"理性"和"现代性"自身都开始受到质疑。在此情形下，大学开始由特立独行、超越世俗的知识机构，退化成循规蹈矩、平庸逐利的社会组织。此时期的大学不仅接受政府的引导，而且主动投向市场的怀抱，无论是研究项目、学科设置，还是课程体系和教学方式，都不再纯粹出于追求知识和真理，也不再为了培养高尚的人格和永恒的理性精神。

（四）后现代知识社会的来临与大学危机

如果按照弗朗西斯·福山所提出的设想，自从"民主、自由"从观念的萌芽到制度的设计再成为普遍的意识和共同的追求，人类社会已经进入并将永远处于"现代性"之中，即所谓"历史的终结"。虽然福山在论述过程和最后的论断中都颇具片面性，站在资本主义的立场过分强调了西方自由主义的"普世价值"，但无可否认，其对"现代性"这一概念的理解引起了广泛的关注和论辩：当进入"现代"之后，是否意味着人类追求的至高目的已经清晰的显现出来，并以"现代性"的形态供人们引用探寻？

齐格蒙特·鲍曼发人警醒的指出，在一个快速变化的社会里，各种技能在被人们充分掌握之前就已经陈旧无用了；现在已经不存在被普遍认同的、可以系统发展和传授的知识；大学不再像从前那样拥有传授知识和技能的垄断权。与此同时，在新的市场分配格局下，大学对市场及其商业之都的模仿行为，将注定以失败而告终。坚持旧的大学功能与模式是无能为力的，但"拥抱"新的大学功能与模式同样危险。[①] 鉴于以上事实，知识社会时代的大学进入一个新的图新期，而且不再是像以往一样以某个典型国家为代表，而是在不同的文化背景与社会环境中共同图新。随着知识民主化的进程以及交往理性的兴起开始彼此靠近，大学正在由培养少数精英的学术机构转变成为全体民众服务的公共机构。学术研究依然是大学的生命，但是知识社会时代的学术研究不再被学科和专业所限制，不再是专家体系的专属。现代大学的学术研究同时面对三重需要：国家、社会与市场。关于知识社会时代的大学定位，埃兹科维茨和雷德斯多夫提出了大学、政府和工业的"三重螺旋结构"：政府关注大学的重点之一，是使大学为技术文明服务；全球化将大学推向市场，但市场又离不开政府的宏观调控；大学越来越多的从社会获得资助并与工业联合，但仍然需要对政府的压力做出反应。由此可见，知识社会中的大学将会变得更加多元、更加开放。

在当前的知识社会中，大学的基本功能就是通过学术研究，将国家诉求、市场需要和个体利益有机地联系起来，成为社会秩序重建和良性发展的中心。这既是知识在现代社会中的核心功用，也是大学组织合法性的根本所在。

四、现代性逻辑下的新时代中国大学图新

（一）中国大学的现代发展与核心问题

20世纪90年代以来，中国社会步入现代化的快车道，政治与经

---

① 安东尼·史密斯、弗兰克·韦伯斯：《后现代大学来临？》，侯定凯、赵叶珠译，北京大学出版社2010年版，第46页。

济的制度转型以及思维和价值的重新架构,都需要新的知识加以解释以及新的认知模式加以稳定。由于社会实践和理论研究的双重渴求,近年来国内学界关于"现代性"这个概念展开了广泛的对话与研究,涉及的领域主要集中在哲学、文学、艺术、政治、法律、经济等方面。然而,虽然学者们对现代性的研究的确广泛而深入,但却始终没有关注到一个十分关键的内容:既然现代性的核心是知识体系和认知模式,那么作为现代社会知识中心和认知基地的大学,究竟在现代性图式的展演过程中扮演何种角色?从现代性社会理论到高等教育研究,这是一个跨度极大的论题,西方学界,尤以英国学者为代表,对此论题的关注也相当晚近。但是,该论题是现代性讨论的焦点所在,尤其是在当代中国的社会语境下,人们对教育问题越来越集中的关注,对当前高等教育系统越来越显明的失望,以及对大学革新越来越迫切的期望,都促使我们必须认真审视现代性图式中大学发展的历史逻辑以及革新中国大学的核心问题。

　　从历史上来看,中国的高等教育可谓源远流长,但现代性高教理念和制度的形成在中国确是相当晚近的事情。传统中国在遭遇外来侵略的危机之前一直是一个稳定的自循环皇权社会,在这里并没有大学赖以生存的土壤。中国现代大学的产生与中国社会的现代性进程是基本一致的。从清朝末年的京师大学堂迄今,中国现代大学也不过100多年的历史,可以说是典型的"后发"。并且,在很大程度上,中国现代大学的形成也不是基于本民族的文化根基和社会制度而产生的,而是对日、德、英、美等发达国家的临摹。其形成模式可谓典型的"外生"。

　　加拿大学者许美德(Ruth Hahoe)曾指出,19世纪的亚洲大学可以看作是"欧洲大学的凯旋"。[1]这一说法一语道破中国近现代高等教

---

[1] 许美德:《中国大学1895—1995:一个文化冲突的世纪》,许洁英译,教育科学出版社2000年版,第3页。

育发展的本质，由此也引出了现代性背景下中国大学的核心问题。

在此需要审视一个广为流传的论题：中国大学的舶来特征，抑或中国大学的"后发外生"。由于近代中国的积弱历史和向西方学习的连续性过程，该观点具有相当强烈的暗示意义——中国社会本身不出产大学这样的机构，只能从走在现代性序列前排的西方"舶来"大学这种现代机构。这一观点引申出两个论点，第一个论点是积极进取的，既然大学是舶来的，在现代社会中西方模式的大学系统又一直领先于世界，那么中国大学就必须尽可能地从头到脚地模仿与复刻这一套完整的大学体系，从制度到精神，从课程到语言；与之相反，有关这一观点的第二个引申论题是消极被动的，认为在现有的中国社会背景与文化语境下难以产生第一流的大学，因此必先彻底革新社会体制，然后才有大学的发展与繁荣。但只要稍作深思，便会发现这两种思路都具有不可弥补的漏洞。

第一种思维论式忽略了中国社会的大环境，如果离开了社会文化的深厚土壤，这种完全属于移植而来的大学就会成为弱不禁风的盆栽，无法成长为枝繁叶茂的参天大树。第二种论断发出的是一种"橘生淮南则为橘，橘生淮北则为枳"的无助哀叹，在转型期的当代中国具有一定的认可度；其存在的问题在于理所当然地认为在橘只能是橘，有且只有一种表现形式，而忽略了柑、橙、柚等所处地域不同、滋味同样丰富且与橘同属同种的果实。事实上，上述两种思维都属于狭隘的形式逻辑发展到教条主义的典型表现，其最大的问题在于遵循某种程式化的思维定式进行简单的理论演绎与推导，罔顾真实的历史发展与社会实践。对于以上问题的解决，最重要的就是要鼓励多样化，要允许多种形式的大学理念和办学模式出现，拒绝"非此即彼"的狭隘论争。与此同时，不应有哪一种理念和模式是最优的，也不需要一两所大学高高在上。百花齐放，多元发展，让大学遵循不同的逻辑。因此，中国大学若要建构自身的内在品格，背负社会赋予的种种使命，必须在文化心理和制度设计两个方面完成双重建构。

（二）现代性视域下的中国大学图新

大致而言，可以把中国大学在现代性视域中的发展归结为几个关键点。

其一，中国大学以何种姿态进行"现代性"的理念图新。

在当代中国的语境下，由于传统的断裂和现代性本质上的"不在场"，中国大学的发展事实上正在遭遇现代性困境与后现代性转型的双重挑战。这既是机遇，也是危机，中国大学必须遵循社会发展的历史逻辑和实践逻辑，理解当今中国社会的认知模式，完善现代大学制度，建构中国现代社会的知识体系。

大学的知识性和公共性从一开始就决定了其基本功能是对人类社会生产和生活的知识诉求做出集中回应，无论何时何地这一基本功能都应当被坚守，否则大学就会被淘汰或重组。有鉴于此，中国大学最基本的功能就是要对中国社会的知识诉求做出回应。大学所提供的知识不仅要面向内部的所有个体，同时还要积极面向外部的社会成员。通过知识传播和学术研究，将国家诉求、市场需要和个体利益有机地联系起来，成为经济发展和社会进步的交往中心，是现代大学存在合理性的现实需要。

首先，在当前的知识社会背景下，中国大学应当综合考虑大学的历史起源和当代实践，兼顾学术研究的理论逻辑和现实理路，从职业规定、道德诉求、政治责任和社会功能四个维度面对自身的知识担当。具体而言，大学的发展必须以知识和学术为核心，但现代大学的学术研究绝非一套闭门造车、自圆其说的表达方法，亦不止于诸种演绎归纳、实验论证的研究范式；中国大学的知识担当应当立足于具体的社会进程当中，以既有的民族文化为土壤，以政府导向为动力，以公共需要为鹄的，进行知识的传播与创新。易言之，学者应以大学为依托，构成兼具职业规范和道德诉求的知识分子群体，回应来自国家、社会和个人的利益诉求。

其次，从当前中国所处的国际格局来看，中国大学也应当立足特定文化传统与意识形态，在所处的文化体系与时空坐标中独立自主地思考问题、发挥功能和承担责任。作为社会主义国家的大学，其建立和成长都有赖于社会主义意识形态的推动和支持，因此应以社会主义核心价值体系为指导，在社会主义文化大发展、大繁荣的历史场域中履行职责。具体而言，现阶段的中国大学必须坚持社会主义办学方向，致力于社会意识的统领和反思；在弘扬和发展核心价值观，探索新时代背景下的意识形态建设方面做出表率和贡献，并通过科学知识与文化知识的生产保障国家的意识形态安全，促进社会主义文化的繁荣和发展。

其二，中国大学应当有何特殊之处。

中国大学，在特殊的一元化社会背景下被改造和建设，即使在价值多元、碎片化生活的后福特时代，其依然由于依靠强大的意识形态正统性和一个经济上迅速崛起的政府的支持，守住了对知识与技能传授资格的垄断权。年轻的中国大学不用像美国和欧洲的新型大学那样时刻面对市场的挤压和政府的挑剔，政府为它们提供了一个温暖的怀抱。但问题也出在这里，相对于欧美大学与市场、政府的合伙人身份，中国大学更像一个正在试图摆脱家长束缚的孩子。市场充满了竞争和陷阱，但却有着不可抵御的自由之诱惑；政府的怀抱无比温暖，近年来中国在经济上的巨大成功更是能够为大学提供更加优越的物质条件。成长中的中国大学何去何从，不仅是体制的转型问题，更是知识分子身份建构和心理认可问题。

其三，中国大学如何具体纠正甚至引领现代性的方向。

树立普遍交往的平台理念交往的任务。现代性的起点就是交往与沟通，也正是基于交互理性的精神，现代社会才不会像传统社会那样陷入社会体系的封闭性循环之中。的确，现代性具有同质倾向，但后现代思想的崛起就是力图摆脱现代性的本质主义、理性主义、中心主义乃至工具理性和社会规训带来的社会危机。自尼采将现代精神的本质归结为"生理颓废"的"虚无主义"（Nihilismus）以降，海德格尔、后期维特根斯坦、胡塞尔、舍勒、雅斯贝尔斯、伽达默尔、马尔库塞、哈贝马斯、利奥塔、德里达等纷纷对科学危机、工具理性、技术理性、全球市场等现代社会危机进行了批判，抛弃了现代性的"元叙事"特征，分别从不同的角度提出了克服现代性缺陷的解决方案，其中哈贝马斯的"交往理性"与吉登斯的"自反性"最具说服力，此二者共同的特点在于指出摆脱现代性困境的唯一路径就在于承认世界的多元共存，丢弃社会建构范式的唯一性，并通过交往和自反达成某种共识。罗尔斯也认可这一观点，不过他的解决意见是在形成"公共理性"的基础上达成"重叠共识"。

　　基于对现代性的批判，雅斯贝尔斯以存在主义哲学家的身份呼吁大学必须尊重民族传统并致力于为师生提供"创造性的文化生活"；齐格蒙特·鲍曼大力抨击现代大学将内容迥异的知识和技能不加区分地加工为"等价物"的制度化现象，呼吁在大学中形成多元价值和思想；杰德勒·德兰迪创造性地将知识社会学、现代性社会理论和全球化理论综合纳入高等教育研究的范畴，他认为，将知识置于"大学"而不是置于社会当中，就像将柏拉图所描述的"城邦"陶醉于洞穴的认知状态一样。[①] 在当今的知识社会中，大学应该成为一个交流的场所，并担负起三个使命：重新沟通大学与社会之间的联系；恢复各个学科之间的联系；构建大学与社会、国家之间的联系。安东尼·史密斯和弗兰克·韦伯斯特则根据对英国高等教育系统变革和后福特主义时代精神的考察，主张大学是文化交流和探索的主要场所，而且只能是一个

---

① 杰德勒·德兰迪：《知识社会中的大学》，黄建如译，北京大学出版社2012年版，第2页。

"共享思考过程的地方,在这里教学时大学与外部社会进行永恒对话的过程,在这里'不同思想共生共荣'"。交往的原则是求同存异,前提是相互尊重,交往的深入依靠取长补短,交往的目的在于共生共荣。

"学者阶层的真正使命就是要高度注视人类一般的实际发展进程,并经常促进这种发展进程。"[①] 在当代中国的语境下,"现代性"讨论究竟是基于社会观察的实际问题,还是思想界"启蒙的自我循环"的呓语?对于这个问题中国大学及其知识分子一定要有清醒的认识。一方面,我们要认清中国现代性发展的"不在场",中国社会还没有真正完成从前现代到现代的转变。另一方面,尽管西方社会已经在后现代的语境下反思现代性的危机,但这并不意味着我们就不需要沿着现代性的方向前进,更不意味着可以借后现代思想来解构和消解现代性。对于中国大学而言,首要任务还是要完善现代大学制度,但这只是第一步,制度只是精神的外壳,如果没有内在的认知模式和思想,舶来的制度是无法真正起到作用的。而社会的认知模式和思想又必然是内生的,遵循"实践出真知"的历史逻辑。因此,中国大学若要建构自身的内在品格,背负社会赋予的种种使命,必须在文化心理和制度设计两个方面完成双重建构。制度的建构,既有现成的西方现代大学制度可资借鉴,也有中国大学的特殊之处。可资借鉴的几个方面包括:行政与学术之间必须划定一个界限;政府、大学和社会三者之间应当形成一个"三重螺旋"的支撑关系;政府的行政决策与资金支持必须与大学的内部治理保持一定的距离;大学的学术生产与评价必须有一个专业的、成熟的、多元的机制和体系。中国大学的特殊之处在于,中国共产党领导下的中国政府兴办和改造的中国大学,既无可能,也无必要跳出意识形态的范畴进行现代大学制度建设。

其四,中国大学需要建构怎样的知识体系。

[①] 费希特:《论学者的使命・人的使命》,梁志学等译,商务印书馆1984年版,第40页。

大学的内核是知识，知识具有两种形式，一种是作为解释的知识，一种是作为发现的知识。作为解释的知识是人类对自我的认知和期许，是个体自身寻找价值和发展之路的参考模式，与之相关的是道德、信仰和艺术；作为发现的知识是为作为解释的知识提供的现实证据，是人类对客观事物的观察描摹以及对主体经验的累积和总结，与之相关的是科学、方法和技术。这两种知识并无高下之分，也没有哪一种可以指导另一种的发展，它们分别对应着人类对自身和他者的认知。当人作为个体时，其他人和一切物都是"他者"，当人作为群体时，物是他者。无论单纯强调哪一种知识的重要性，都会有失偏颇。过于强调作为认知的知识，会因缺少实践的证据从而耽于神秘和玄思，过于强调作为发现的知识，则会陷入工具主义，丧失主体性。德兰迪将后现代大学所产生的知识分成四类：（1）与研究有关的知识，（2）与教育有关的知识，（3）与专业训练有关的知识，（4）与智力探究和批判相关的知识。[1] 其实，德兰迪的"四类知识"完全可以概括为"解释的"和"发现的"两种知识范畴，不同的是，他加入了关于"解释"和"发现"的工具。"与研究有关的知识"以及"与专业训练有关的知识"分别涉及的是基础的研究框架方法以及专业的知识生产、操作训练，这两类知识是用来"发现"客观世界、解决客观问题的。"与教育有关的知识"设计人的经验与个性的形成，亦即自我修养（Bildung），"与智力探究和批判相关的知识"则致力于解决更广泛的社会公共问题（Ausbidung），与社会公共知识与理智相关，这两类知识是用来"解释"的。从知识的应用的特性来看，作为"发现"的知识无疑是基本的、普遍的、一元的，是可以无差别流动和借鉴的；但作为"解释"的知识，却是异质的、个别的和多元的。中国的知识体系在历史上过于重视作为"解释"的知识，缺乏作为"发现"的知识。当今的中国

---

[1] 杰德勒·德兰迪：《知识社会中的大学》，黄建如译，北京大学出版社2012年版，第10页。

大学需要继续完成对后一种知识体系的补充和完善,但更重要的是,如何继承和建构前一种知识。

学者郑永年认为,中国的知识体系缺乏一个"宏大论述"的阶段,而西方知识体系自 16 世纪之后得到发展,在 18、19 世纪得到长足的进步,到 20 世纪初基本完成。这个知识体系是建立在一系列"宏大的论述"的基础之上的,经由马克思、韦伯、涂尔干、亚当·斯密等思想巨匠的努力,逐渐形成一个相对完善的体系。然后才逐渐转向微观研究。反观中国知识分子,"自五四运动以来,扮演的只是一个西方'代理人'的角色,或者说,他们所作的和西方学者所作的并没有什么两样,都是把西方概念和理论传播和应用到中国。直到今天,这个传统还是根深蒂固"[①]。郑永年对西方知识体系建构的历程具有一定的洞见,但却没有把握住最核心的部分。16 世纪以来,西方知识分子的确开始从宏观层面上为人类社会的发展进行谋划,但这一过程的根本动机是从"神圣"到"世俗",从单纯强调内心的"信仰"转而关注真实的生活与社会的进步。西方现代知识体系的形成过程同时也是现代性的发展过程,现代性大幕的开启,传统"属神的"知识体系在宗教改革和工业革命面前已经无法安慰人们的内心世界,于是一种新的"属人的"知识体系开始彰显。

事实上,中国知识分子从来不缺乏"宏观论述",从《大学》的开篇之言"大学之道,在新民,在明明德,在止于至善",到张载的"为天地立心,为生民立命,为往圣继绝学,为万世开太平",再到明清知识分子的"天下兴亡,匹夫有责",中国一直不缺乏以"大义名分"之蠹,立"振聋发聩""振臂一呼,应者云集"之志的知识分子。五四运动时期不少知识分子的所作所为也只不过是从孔孟程朱之学换成"德先生""赛先生",改换门庭的背后还是流于空洞。所以胡适才提出

---

① 郑永年:《通往大国之路:中国的知识重建和文明复兴》,东方出版社 2012 年版,第 7 页。

"少谈些主义，多解决些问题"。因此，中国知识体系的建构面临着两重挑战，一是对中国传统文化价值的重新认识和梳理，二是对现代西方知识范式的清晰洞见和正确借鉴。从希腊罗马的古典时代，到中世纪神学时代，再到现代性的不断展演，西方的知识在价值上有一条贯穿始终的主线，无论是自由主义还是保守主义，今日西方学者的哲学思考仍然延续了柏拉图和亚里士多德的思想。所以才有怀特海的话语："公正地说，关于西方哲学最令人信服的特征就是一系列对于柏拉图思想的注脚。在哲学领域内，没有一个问题不能从他的作品中找到一些观点的。"但不同的是，西方知识的研究范式却发生了极大的变化，从思辨到想象，再到经验主义和实证科学，西方知识分子一直在继承的基础上进行突破。中国的传统文化具有极高的价值，但需要明确一点，中国文化传统不等于儒家文化传统，尽管其自汉唐以来经常以主流的面目出现。先秦诸子百家，魏晋玄学，陆王心学、明清批判现实主义等等，都应当纳入中国传统文化价值的范畴。当前，中国大学首先需要做到的是关注真实的中国社会，以微观的方法支持宏观的思想。这才是中国知识体系建构的正道。

相对于提供科学知识，文化知识对于中国大学来说更加重要，也更加不易。这不是一个一蹴而就的短期任务，而是一个长期的文化身份重建的过程。在1968年出版的《认识与兴趣》一书中，哈贝马斯指出，认知旨趣乃是人类知识的构成因素，正是这些知识构成旨趣的不同，形成了相应类型的社会科学。他把社会科学知识分为三种类型，并以隐含于这三种知识中的三种不同类型的旨趣作为区分知识形态的标准。哈贝马斯指出，相对于三种不同的研究过程类型，我们可以展示出存在于逻辑方法论的规则与知识构成的旨趣之间的三种具体关系，即经验分析科学的进路包含了一种技术的认知旨趣，历史—阐释科学的进路包含了一种实践的认知旨趣，而以批判为导向的科学的进路则包含了一种解放的认知旨趣，展示这些关系便是欲求摆脱实证主义诡计的批判的科学哲学的任务。哈贝马斯认为，随着科技成为新的隐形的意识形态，当代资本主义社会处于异化和病态之中；在哲学层面，实证主义宣扬的三种彼此关联的理念——科学主义、客观主义和工具理性——引起知识类型的实证化嬗变，加剧了社会的异化和病态。因此，必须对知识类型的实证化展开批判。

大学学科的现代性问题及其超越

崔延强　权培培

摘　要：学科是现代性的产物，是知识不断分化的结果。学科构成知识生产与再生产的中心结构，规训着从业者的学术理念和学术方法，规定着学术生产的目标、流程、模式和标准。学科同时也逐渐积淀为一种具有相对独立性和保守性的体系文化，使得各种学科传承成为可能。作为体系文化的学科隐含着一种权力，划分学术领地、评价学术水准、配置学术资源、分化学术阶层。当下大学学科的现代性突出表现为学科组织结构的科层化、学科专业目录的行政化、学科知识生产的功利化、人才培养的标准化、学科专业文凭的符号化以及学科评价的量化等问题。因此，超越学科的现代性，亟须调整学科组织、打破学科壁垒、完善学科管理、优化学科评价，实现学科的高水平治理和持续健康发展。

关键词：学科；现代性；知识生产；学科发展

现代性是一个具有弹性的概念，其内涵并没有确切的界定，正如哈贝马斯所认为的，"现代性是一项未完成的方案"[1]。"现代性"，一般

---

[1] 哈贝马斯：《现代性的哲学话语》，曹卫东等译，译林出版社 2004 年版，第 1 页。

说来是指滥觞于欧洲后封建社会时期，受18世纪启蒙主义的浸润，在20世纪成为具有历史性与世界性影响力的制度及行为模式。现代性对社会的影响反映在方方面面，包括思想层面的理性主义和计算思维，制度层面的科层管理，社会层面的工业化和城市化进程以及经济层面的市场经济和商品化趋势等。现代性特征深层影响着现代大学制度和学科体系的构建，它形塑了制度化和标准化的学科运行模式，规定着知识生产与再生产的范式和标准，承载着教学、科研和服务等主要功能。随着现代社会的发展，发生在学科组织体系身上的现代性的"双刃剑"效应逐渐凸显，学科体系的封闭性和保守性日益沉淀为一种文化，体现出一种制度性的权力：划分学术部落、评价学术水准、垄断学术资源、分化学术阶层，"学术资本主义"现象成为学科现代性的显明特征。因此我们有必要从现代性的视域出发，对作为大学知识生产、传播和交流方式的学科制度进行审视与反思，为学科的现代性添加拮抗性元素，增强学科组织体系的合理张力，实现学科的高水平治理和持续健康发展。

一、学科的内涵及演进形态

学科的产生和发展，是知识不断分化的结果。学科的形成既与知识的分类有关，也与知识的高度专业化发展密切相关。随着知识社会的发展，知识生产的专业化促使知识分类日趋精细化，知识分化到一定程度便形成了不同的知识门类，这些门类即是本文所指的学科制度。学科是构成大学肌体的细胞与元素，无论是人才培养、科学研究还是社会服务均是基于学科这一重要载体，学科的发展决定了大学发展的水平与高度。

（一）学科核心内涵的三重释读

关于学科内涵，尚未形成统一的定论。学者们主要是围绕学科的知识本质、组织特性以及内在属性进行阐释，即基于不同的研究视角将学科看作"学问的分支""教学科目""学术组织"或是"规训制度"等。综合来看，我们认为对学科的理解主要集中于三个方面，即知识说、组织说和规训说等理论界说。

1. 知识说：学科是知识体系的划分机制

知识是人类理性认识和实践建构的结果，具有庞大的体系和规模，如何将这些理性认识进行划分和条理化，是文明进程中的永恒主题。历史上，知识类型的划分具有多种形态，思想家们从不同的理论与视角出发，勾勒了多种划分框架。如，亚里士多德将知识总体上划分为三类，"所有知识要么是实践的，要么是创制的，要么是理论的"。从实践维度看，知识包括伦理学、政治学等，从理论的维度看，知识包括神学、数学和物理学，而创制的学问则有诗学与修辞学等。考尔丁认为，人们面对的是自然、人和上帝三大问题。科学处理第一个问题，文学、法律和历史处理第二个，神学处理第三个，哲学对三个问题都有涉及。[1] 从历时态角度看，学科是知识的量及其体系发展到一定程度才产生的知识管理机制，近代以来科学知识的繁荣在根本上推动着学科的形成，知识分类是学科制度的基础，也是现代学科产生的首要原因。可以说，作为分类制度的学科其本质即是专门化的知识体系，伯顿·克拉克（Burton R. Clark）指出，"从教育学的角度，学科（subject）是一种知识的分支；从大学的角度，学科（discipline）指一种专门而高深的知识"[2]。需要指出的是，知识体系划分和学科建立需要遵循特定机理与机制，并非所有专门知识体系都能成为学科。华勒斯坦（Immanuel Wallerstein）认为，称一个研究范围为学科，即是说他并非只是依赖教条而立，其权威性并非源自一人或一派，而是基于普遍

---

[1] 李醒民：《知识的三大部类：自然科学、社会科学和人文学科》，《学术界》2012年第8期。
[2] 伯顿·克拉克：《高等教育新论——多学科的研究》，王承绪等译，浙江教育出版社1988年版，第20页。

接受的方法和真理。①我们认为，学科属性及其知识体系对内的普遍性和对外的特殊性是其建立的理论根基。

2. 组织说：学科是学术生产的组织机制

组织学通常把学科看作一种知识生产的组织或学术机构，认为"学科是由一群学者以及学者们依赖于一定学术物质基础，围绕知识进行的创造、传递、融合与应用的活动所组成的组织系统，是一个实在存在的具有组织形态的学术组织系统"②。克拉克也曾形象地指出，学科是一种连接各种专家学者的专门化组织方式，当我们把目光投向高等教育的"生产车间"时，我们所看到的是一群群研究一门门知识的专业学者，这种一门门的知识称作"学科"，而组织正是围绕这些学科确立起来的③。从学术范畴来看，学科就是一种被划分后的学术部落和场域，学科背景下的学术生产是专门知识体系内的生产，基于学科特定范式和理念而展开，其生产方式、生产组织以及知识产品与这一学科在本质上能够相通相融，体现的是该门学科的经验、理论和结构，简言之，学科是学术生产的控制体系，通过同一性来设置生产的边界。学科形式的知识生产方式形成后，具有一定的排他性和垄断性，学科成了高等教育组织矩阵的交叉点，知识生产、传播、选择、控制都是在这些交叉点上完成的，每门学科都垄断着自己领域内的专门知识。④

3. 规训说：学科是学术训练的规训机制

现代意义上的学科译自英文 discipline，具有智力训练、纪律、惩罚及知识科目等内涵。具体来说，学科一方面指的是专门化知识体

---

① 华勒斯坦等：《学科·知识·权力》，刘建芝等编译，生活·读书·新知三联书店 1999 年版，第 103 页。
② 宣勇：《基于学科的大学管理模式选择》，《中国高教研究》2002 年第 4 期，第 43—44 页。
③ 伯顿·克拉克：《高等教育新论——多学科的研究》，王承绪等译，浙江教育出版社 1988 年版，第 23 页。
④ 钱志刚、崔艳丽：《知识生产视域中的学科制度危机与应对策略》，《中国高教研究》2012 年第 10 期，第 46—49 页。

系,另一方面,也具有对某类知识及其相关的方法、规则进行训练之意,并且侧重强力性质的规范和塑造。这与学科概念的词源相一致,古代拉丁文 disciplina 本身已兼有知识(知识体系)及权力之义。现代学科制度是一项整合性制度,学科不仅是一项知识分类制度,同时也是知识生产制度、知识传播和交流制度,体现了人类知识专业化与制度化水平,学科规训贯穿于全过程。语义学上的学科内蕴规训意涵,这一解读也得到了福柯、华勒斯坦和海姆等人的支持。福柯(Michel Foucault)基于社会学视角指出,任何一门学科都是一种社会规范,而学科本身就是一种规训制度。因此,学科除了知识本质和组织特性外,它还是一种为知识领域确立某种规范的规训活动。华勒斯坦则认为,学科既要生产及传授最佳的知识,又需要建立一个权力结构,以期可以控制学习者及令该种知识有效地被内化。[①] 曼海姆(Karl Mannheim)从知识社会学观点提出,知识是建构在意识形态或利益的基础上的,"学科规训制度其实是社会控制和轨调(regulate)方式的一部分"[②],通过知识传授和社会道德规范达到行为约束和思想同化的目的。知识往往和规训紧密相连,规训是生产知识的手段,而学科知识的发展则要受到规训制度的制约。就大学中的学科而言,学科规训就是通过某些内隐的手段使学习者在学习学科知识的同时,潜移默化地习得学科内的各种隐形规则和惯习。

(二)学科的演进形态:从"自由七艺"到现代学科建制

对人类知识生产、传承与实践最优路径的探索是学科演进的根本动力。历史地看,无论是我国还是西方,学科制度的建立与完善都是

[①] 华勒斯坦等:《学科·知识·权力》,刘建芝等编译,生活·读书·新知三联书店1999年版,第79页。

[②] 华勒斯坦等:《学科·知识·权力》,刘建芝等编译,生活·读书·新知三联书店1999年版,第5页。

一项动态过程，中西有着不同的探索路径和方式，但仔细审视我国现代学科体系，毋庸置疑继承了西方的制度建构。从希腊罗马时期的学科萌芽，经由中世纪时期学科的制度化进程，再到近代科学体系的建立和现代学科的诞生，科学知识经过不断地分化、融合，在传承和变革中形成了当今的学科体系。

从柏拉图的《理想国》到亚里士多德的《政治学》《形而上学》等均对教育进行了系统的描述，这其中就包括了初步的文法、文学、音乐和算术等基本训练。西方知识分类走向成熟的标志应该从大学的兴起算起，大学的兴起促进了知识分类的细化和制度化。但从本质上说，大学知识分类遵循的依然是亚里士多德的模式，因为大学产生的理由之一即在于亚里士多德学术的复兴，以及这类知识分子建立起来的学者行会。中世纪大学使古代传承下来的知识等级观念得以制度化，作为公民培养预备教育的自由科目在此时就已经被提出，自由民的科目逐渐成形，这些学科可以统称为"自由七艺"，包含了三种语言学科即文法、修辞和逻辑以及四种数学科目，算术、几何、天文和音乐，也就是"三艺""四科"。中世纪大学发展之初，"自由七艺"奠定了西方学科演化的重要基础，在远离神学的大学，尤其是欧洲南部大学中，"自由七艺"占据了绝对的支配地位。随着 11 世纪到 13 世纪翻译运动的开始，大量来源于希腊和阿拉伯的哲学、医学和科学著作被翻译成拉丁文，知识体系被又一次重塑，形成了以"自由七艺"为基础，医学、法学和神学共同构成的新的学科体系。

"科学革命"以来，自然科学从中世纪的神学枷锁中解放出来，形成了有别于中世纪经院哲学的新兴科学体系。18 世纪末，知识的专业化发展要求知识的分类更加精细化，科学发展出现向深层分化的趋势，物理、生物、化学等学科从自然哲学体系中分化出来，逐渐分化成各门独立的自然学科。自 18 世纪后半叶开始，伴随着自然科学的强盛、人文社会科学的兴起和现代意义上的学科体系的确立，特别是当研讨班、实验室、课室这三种新的高等教育场所登上历史舞台时，学科制度已到了呼之欲出的时候。① 进入 20 世纪之后，学科建制的进程日益加快，许多新的知识门类在 10 到 20 年的时间里就完成了从产生到在大学建制的过程，统计学、政策科学、工业心理学等都属于这种情形。② 知识分类的多元化和精细化使得传统的西方"自由七艺"已经不能适应近代科学知识的分类，构建一种适应新知识体系和知识增长的学问分类制度就成为内在诉求。

20 世纪后半叶以来，在第三次科学革命的推动下，互联网和信息技术的迅猛发展，促使知识的传播更加方便快捷，加速了"信息社会"和"知识社会"的到来。"知识社会的兴起见证了大学作为知识生产中心的重要地位和衰落"③，大学不再是垄断知识的场所，大学之外的研究机构、工业实验室和智库等日益增多。近些年来，社会日新月异的变化为科学研究提供了越来越多的研究难题，依靠单一的学科力量已经难以解决当前人类社会所面临的现实问题。在学科发展的过程中，现实问题的复杂多变以及研究方法的日臻成熟促进了跨学科研究的出现。随着科学技术的发展和学科自身发展的需要，各个学科不断经历调整和分化，同时，不同学科之间的交叉、跨界及合作也越来越频繁，学科分化、学科互涉，以及超学科等跨学科现象变得日益普遍，逐渐形成了当今的学科组织结构。

二、学科现代性问题的现实形态

现代性发端于文艺复兴后，工业革命以来蔓延与渗透进社会各领

---

① 鲍嵘：《学科制度的源起及走向初探》，《高等教育研究》2002 年第 4 期，第 102—106 页。
② 鲍嵘：《学科制度的源起及走向初探》，《高等教育研究》2002 年第 4 期，第 102—106 页。
③ 彼得·伯克：《知识社会史（下卷）：从〈百科全书〉到维基百科》，汪一帆等译，浙江大学出版社 2016 年版，第 299 页。

域。现代性以理性与自由为主旨,激活了人类的潜在力量,推动了社会文明的发展,但不可否认对理性力量的滥用与误用也给社会发展带来风险。作为高等教育发展的核心基石,学科建设同样被现代性所主导,作为基本图式与根据,现代性无孔不入地渗透至学科发展的各方面,尤其是工具理性和计算思维等深层形塑着学科建设与运行系统。管窥当前学科发展势态,本文认为现代性主导下的学科发展路径在以下方面存在偏误,围绕当前一流学科建设,我们需要着力突破这些"症结"。

（一）学科组织结构的科层化

科层制是现代性在管理制度上的重要体现,以理性和计算思维为主要特征,它将整个社会视为庞大的、非人格化的机器,有基于此,严密的基于理性计算的技术系统和分工清晰、层级和职责分明的技术化管理体制被建立起来。[1] 现代性的理性思维反映在大学组织上,就是科层制的运行安排,这种分工明确、层级分明的管理机制为大学办学提供便利的同时也导致了诸多问题。一方面,多层垂直管理制约学术自由与创新活力。科层制的鲜明等级要求所有学科成员按照自身职责行事,下级必须服从上级,以标准化、可计量的考评办法对岗位主体的绩效进行考核,一切基于事先的理性计划和统筹安排。诚然,理性主义的科层安排使得学科管理获得了"效率",但也限制了学科知识分子的自由与个性,这种约束对于学科知识生产而言是"致命"的。众所周知,为了保证学术探究能够最终获得科学认识,我们需要提供宽松和适合自由探索的场域,最大程度消除外部环境影响,学术只服从真理的标准。科层制管理与学科创新向往自由的个性要求在目标、方

---

[1] 崔延强、吴叶林:《现代性语境下高校学术量化评价的隐忧及超越论析》,《国家教育行政学院学报》2015年第5期,第15—20页。

式与评价等维度均存在偏误与背离。另一方面,学科组织内部的科层化易使学术权力异化,使得学术权力顶端的学者更易占有和垄断学术资源,科层化的学科运行体系是学术不端、学术腐败的温床,深层约束了学术生产能力。大学学科组织的特点决定了大部分学科成员集中在底层,在基层学术组织中开展教学与科研活动,学科权力的集中和等级化阻滞了一流学科建设进程。事实上,在大学场域内部,不仅学科内部科层化,学科之间的地位也不均等,学科身份的区隔以及某些隐性心理契约都在实践中造成学科发展困境。

(二)学科专业目录的行政化

学科专业目录的制定就是为了方便知识的分类与学科管理,为高校学科建设提供咨询和指导性服务,促进知识生产与学科发展。学科专业目录成为人才培养、招生、学位授予、就业、统计以及需求预测的重要依据。总体审视我国学科专业目录的实践史,其源于计划经济时期的特有烙印仍然存在,也就是目录制定和执行的行政化。沈文钦等在《层级管理与横向交叉:知识发展对学科目录管理的挑战》一文中也明确指出,学科专业目录作为对知识的管理手段,可以说是政府权力在知识领域延伸的重要表现。[1] 行政参与学科专业目录具有必要性,然而完全由行政推动的涉及总体知识生产的目录架构却又显得不尽科学,在现实中也带来诸多窘境。知识生产逻辑与管理逻辑没有实现共生性融合是学科专业目录问题的本质体现,行政对知识生产的干预体现了人对自身理性力量的过分夸大,我们无法预计和控制知识的分化发展会具体到什么程度或达到什么水平,因此人为力量设计的目录就难以驾驭事实上的知识演化,这也正解释了产生于学科目录之外

---

[1] 沈文钦、刘子瑜:《层级管理与横向交叉:知识发展对学科目录管理的挑战》,《北京大学教育评论》2011年第2期,第25—37页。

的跨学科和交叉学科常常面临"无家可归"的尴尬局面。实践中，目录体系的异化已然成为阻滞知识进步的力量，如行政权力参与下目录执行的强制性既是优势，也是其保持强大惯性而拒斥新学科、新学问的推手。

（三）学科知识生产的商品化

学科知识生产是学者在学术部落内面向客观世界的一种有意识、有目的的，满足自身发展需求的创造性活动，其成果形式既可以是科学发现、技术发明，同时也包括原创性观点和思想的提出等。现代性的消费性与商品化特征在全方位蔓延至社会各领域的同时，也渗透进了大学的学科知识生产系统，学科知识的消费与商品化趋向日益显著，其典型的表现即是学术资本主义在大学的接受，甚至盛行。学科知识生产的商品化至少体现在以下两方面。

一是学科知识生产以市场为导向，离市场近、易实现产品与货币交换关系的学科更易得到发展，远离市场的学科知识生产在资源配置上处于不利地位。另一方面，学科成员为了获取内外部各种形式的资源积极开展具有商品经济行为的学术生产活动，如开设科技产业园、专利申请、技术转让以及申请科研经费和争取与工商业合作等。在经济利益的驱动下，越来越多的学科成员热衷于把知识和技术投放于社会生产，以此获取高额的资金回报和社会资金的支持，大学知识生产的功利化、市场化趋势明显。以高深知识作为商品交换的利益相关者日益复杂多样。[1]

二是在现行学科评价机制下，学科知识生产因其深刻量化特征而呈现数量繁荣、泡沫化等现实危机。一方面，学科组织内部的晋升需

---

[1] 胡钦晓：《高校学术资本：特征、功用及其积累》，《教育研究》2015年第1期，第59—65页。

要学科知识生产数量，学科知识生产的逐利倾向消解了其真理性的价值追求，履行了其工具主义下的功能，这种漠视意义与价值而强调经济效用的生产在本质上仍然是商品主义的体现。另一方面，学科知识生产在商品主义的催生下，出现的学术论文甚至学位论文的买卖和利益交换现象，成为近年来困扰学科发展的重要因素，对"量"的重视和"利"的追逐是现代性语境下学科知识生产商品化的内在因由。

（四）学科人才培养的模式化

从本质上讲，基于知识的类别划分而建立的学科，既是一个相对独立的知识体系，也是一种专门化、规范化的知识生产范式。在现代性的影响下，学科被赋予一项新的功能，即知识生产标准的制定，该项功能对于科学探索和知识传播的系统化、专业化和精准化起到了播种机、孵化器以及加速器等作用。在现代大学中，知识生产的流程、标准的制定，以及教材的编制、使用甚至垄断，都由学科专业来完成。学科作为一种学术范式，同时也是一种学术秩序，规定着知识生产的方向、标准、规模与质量。大学既是生产、传播、创造和保存知识的场所，又是为社会培养各类人才的机构。大学对人才培养标准的规定主要通过学科专业来实现，学科作为大学进行人才培养的载体，规定了人才培养的目标定位和准入条件，包括学生的入学条件、培养方案、培养过程以及毕业要求等。在人才培养过程中，学科规训发挥着重要作用，正如华勒斯坦所言，学科不仅完全控制了学者的训练，还控制了学者结束训练以后的职业样式。[①] 作为知识生产的载体，学科规训既包括通过知识的"传播—习得"过程对学习者进行知识和技能的显性规训，也包括对学习者隐性层面的价值形塑和思想引导。学科对人才

[①] 华勒斯坦等：《开放社会科学：重建社会科学报告书》，刘锋译，生活·读书·新知三联书店1997年版，第77页。

的内在规训主要表现为形塑学科从业者的学术理念，规范从业者的学术伦理，奠定从业者的学术世界观和方法论。然而，学科知识的标准化和统一性使得学生接受了统一的学术训练和技能培训，在这个过程中，同一性裁剪了异质性，教育就像一场规模化、标准化的人才生产过程，把不同的学生培养成同质化的教育产品投入劳动力市场。随着高等教育的大众化，人才培养的标准化和同质化导致了劳动力的过剩，大学的人才输出和劳动力市场的人才需求出现了明显的偏差。

（五）学科专业文凭的符号化

作为一种文化资本，学位文凭是知识分子的标签，不仅象征着其学术身份和地位，也在一定程度上说明着其社会地位和声望。在现代性的影响下，文凭获得有时变得不再强调知识和技能的习得，以及学术的探究和真理的发现，而是作为一种符号象征成为一种消费的对象。① 在符号消费的现代社会，消费是一个以某种符号系统为基础的富有意义的沟通过程，正是在该符号系统中消费行为确定其位置并获致其意义。② 知识和文凭作为商品进入市场流通，为知识习得者带来经济利益的同时也带来社会资本和文化资本的回馈。作为职业身份的区隔符号，学科专业在劳动力市场代表了一种知识身份和职业类别，不同的学科和专业代表不同的知识背景和专业技能，学科专业不仅具有职业身份差异性，同时也具有等级性。每个人都事实上从属于某一特定层次的特定学科专业，学生的专业学习和毕业学位与自己所属的学科专业密切相关。

学科文凭的符号化事实上是一种悖论，羊皮纸效应下，社会既需要通过符号来甄别人才，提升人力资源优化配置能力，同时羊皮纸背

---

① 吴叶林：《基于知识社会的我国学位制度变革研究》，重庆出版社 2017 年版，第 74 页。
② 鲍德里亚：《符号政治经济学批判》，夏莹译，南京大学出版社 2015 年版，第 271 页。

后也会带来风险,尤其是在功利主义思想的诱导下,文凭证书的制造和买卖完全成了一种符号的生产与消费,学科文凭符号化是羊皮纸风险的一种放大和彰显。符号化消费的文凭意味着人们不去关心文凭自身的知识内涵与价值,更多关注的是文凭的等级符号、学科符号与文凭发放主体的符号等。伴随着学生与家长高等教育消费观的生成,人们倾向于将高等教育视为一种"产品""商品",高等院校则成为"文凭工厂"。毋庸置疑,文凭符号化消费是现代性裹挟的风险,同时,高等教育市场尤其是学历继续教育市场的混乱给文凭买卖提供了空间。

(六)学科评价的量化和标准化

现代性的理性主义和计算思维对学科评价机制产生了深刻影响,在其形塑下形成了以量化和标准化为特征的学术评价机制。一方面,评价过程过分凸显表格和量化指标的重要性,导致评价的标准过于单一,评价指标重科研轻教学现象严重。理性的量化评价崇尚确定性与可计量性,但其最大的不足就在于用同一性、标准化裁剪异质性、多样性,忽略或消解了学科之间的属性与范式差异,管理专家将概念与意义绝对化进而演绎成指标体系和表格系统,并以此引导学者从事学术探究。[1] 譬如,在评价过程中,把发文量、论文的刊物级别、论文引用率、出版专著数量、申报课题数量等科研成果作为年终评价的主要指标,造成了高校、学科专业以及教师盲目追求论文高产、重科研轻教学等现象的出现。量化评价的后果之一即是导致学者对量的迎合,正如齐美尔所认为的,我们的时代正在接近这种状态,而与此相关的现象是:一种纯粹数量的价值,对纯粹计算多少的兴趣正在压倒品质的价值,尽管最终只有后者才能满足我们的需要。[2] 另一方面,评价过

---

[1] 崔延强、吴叶林:《现代性语境下高校学术量化评价的隐忧及超越论析》,《国家教育行政学院学报》2015年第5期,第15—20页。

[2] 齐美尔:《金钱、性别、现代生活风格》,刘小枫译,学林出版社2000年版,第6页。

程中过分强调标准化，学科专业的差异性往往被忽视，无论是社会科学还是自然科学，学科的学术评价中越来越强调数据和指标，忽视了不同学科研究内容与学科间研究范式差异。伽达默尔认为，用一个评判标准裁决异质性、多样性的学术成果是同一性哲学的实践体现，这种同一性所造成的后果就是，将从经验中抽象出来的概念实体化、本体化，并将其作为整个世界存在的根据。[①] 学科评价量化与标准化体现了现代性对学科发展的深层渗透，这种渗透会导致学科发展出现多重困境。一方面，它会带来学科学术生产的不自由，指标体系的约束将学科成员限制在特定的学术生产目标、环节和质量标准下，韦伯认为，完全理性化了的世界将成为一个组织化了的世界，一个非人格力量统治的世界，人在这个世界中既然受到官僚机器的统治，受非人格化力量的支配，自然也就没什么自由可言。另一方面，最为严重的是它会导致学科学术生产的意义为"量"所遮蔽，工具理性湮没了价值理性，而与此同时，对"量"的迎合更易导致知识分子陷入道德危机。

三、超越学科现代性困境的行动路径

现代性在大学的全面渗透和蔓延对学科造成了现实的发展危机，现代性的风险在学科建设上展现得淋漓尽致。破解这些"症结"，提升学科建设和学科治理水平，为我国一流学科建设提供新动能，本文认为需要从以下四个方面着手。

（一）改革学科专业设置机制，优化学科门类设置体系

学科专业的设置既要遵循学科知识自身的发展规律，又要和国家经济发展水平和产业结构的发展需求相适应。然而，当前学科专业的

---

① 伽达默尔：《摧毁与解构》，孙周兴译，《哲学译丛》1991年第5期，第22—28页。

目录化管理模式严格限定了学科专业的归属和范围,为学科发展带来了种种束缚,显然已经不能适应经济发展与社会进步对各方面人才的需求,调整学科专业目录,改革学科专业管理体制迫在眉睫。对此,我们认为需要从两个方面着手推进学科设置机制改革。一是建立市场主导、政府参与、专家论证的目录制定决策机构。我国学科专业目录的制定一直沿袭行政主导、部分专家参与的自上而下的模式。这种指令性的目录制定方式显然不能适应一流学科建设需求。理顺计划与市场的顺序,将市场的人才需求、知识需求作为目录制定的第一原则,建立一种自下而上的目录设置机制具有重要现实价值。在市场经济时代,随着知识生产模式的转型,政府主导规划知识生产领域的传统已经不能适应新的形势,学科知识的生产更加分散,主体更加多元,尤其是产业机构、行业组织等扮演重要角色,因此,学科目录的制定要引入更多外部力量和专家力量的加入,提升目录的适应性和科学性。二是改变目录的功能属性,由事前计划转变为事后总结,学科专业目录更加强调决策咨询的价值,而不是行政对知识生产的规制能力。在这一点上,可以一定程度上借鉴某些发达国家的目录体系经验,就其本质而言,该分类系统既不是专业目录,也不是特定层次的学位学科专业目录,而是一个通用于各领域、各层次的分类方案,旨在方便对学习领域与计划项目实施准确跟踪、评价与报告。[1]换言之,学科专业目录并不是行政性规范文件,而是一种服务于大学招生、人才培养和科学研究的咨询文件,是一种信息的综合服务,并不具有强制的计划特性。

（二）打破学科壁垒,增强学科跨界与互涉能力

科学技术的日新月异与知识社会的深入发展促使学科组织活动逐

---

[1] 鲍嵘:《美国学科专业分类系统的特点及其启示》,《比较教育研究》2004年第4期,第1—5页。

渐走向互涉与融合，学科跨界、学科交叉、多学科合作等学科发展形势已经成为当前学科发展的常态，学科交叉和融合既是学科深化发展的趋势，也是产生创造性成果的重要途径。由于知识生产外部环境的变化，当前封闭的学科模式对学科发展带来了束缚，已经不能适应学科的多元化发展趋势。为了促进学科的发展和学科融合，我们要遵循学科自身发展规律，利用不同学科间的共性，在学科边界之间建立沟通的桥梁，打破学科壁垒，推动学科走向互涉与融合，促进学科的多元化发展。具体而言，一是要树立科学的学科观，形成一种跨学科和超学科观，树立学科跨界意识和学科融合意识，重视多学科合作和学科互涉，积极探索学科交叉和学科合作的研究方法，在承认学科差异、尊重学科发展规律的基础上，促进不同学科之间的相互渗透和交叉合作。二是积极构建以问题研究和知识生产为导向的学科群，为交叉学科提供平台支撑，打破学科壁垒和学术壁垒。以"问题解决"为导向，依据知识的整体性和学科交叉、学科互涉等特点，结合高校学科特色和区域优势，优化整合不同学科间的优质资源，充分调动各学科组织的积极性，构建以问题研究和知识生产为导向的学科群、学科链，建立大学科集成平台，积极推动学科的统筹发展，构建协调可持续发展的学科体系。三是明确交叉学科的学科地位和学科归属问题。对跨学科研究中心的工作制度、人员流动制度、科研活动管理、研究经费、资源共享、成果转化等方面提供制度保障，促进交叉学科研究平台的有效运行和跨学科研究的顺利开展。

（三）完善学科治理体系，提升学科治理水平

学科治理的目标就是要最大程度形成学科建设合力，在促进学科内部真理追求、知识体系完善的同时，满足社会、国家和市场的知识需求。学科治理是大学治理的关键和核心任务，是实现高等教育内涵式发展的重要进路，学科的治理不仅要面向自身的内部，同时也要处

理好其与外部主体之间的互动关系。具体言之,一是建立扁平化的学科内部治理机制,消解过度科层化导致的学科治理风险。学科组织的特点即是大量学科成员聚集于学科一线开展学科知识生产与学术创新,一般而言,越是接近真理探索场域,越应该赋予自由权力,在学科学术权力组织的设计上,权力重心要下移,增强基层学科成员的学术话语权。加强学科带头人、学科领军人才等与其他一线学科成员关系的制度化构建,厘清学科组织负责人的权力边界,实现学科内部的高效治理。二是建立学术主导、政府与市场参与的共同治理架构。知识社会中的学科发展和学科知识生产超越了传统的学科框架,学科建设的利益相关者日益复杂多元,以情境化问题为导向的学科创新与以往实验室创新或书斋式研究存在显著差异,其特点在于学科研究不再局限于学科自身知识体系的完善和拓展或学科内部成员之间的协作,而要更加关注国家和市场创新需求,提升学科对外部诉求的回应能力。因此,在学科治理上要提升市场和政府的地位,建立协调有序的官、产、学关系。学科治理体系构建是一项复杂议题,我们在理顺内外部关系的同时还要加强学科治理中的制度建设,任何治理效果的达成均是基于合理的制度安排,譬如,学科内部的学术权力运行机制,学科组织与市场关系的制度化设计等。

(四)优化学科评价机制,建立价值多元、方法灵活的评价体系

合理、规范的学术评价对大学以及学科的发展至关重要。当前我国的学术评价过分强调量化评价,评价指标和评价过程过于追求同质化和标准化,同时评价体系中也存在明显的利益机制,形成了利益驱动下的评价体系,因此,优化学术评价机制,建立多元学科评价体制是当前的重要任务。对此,我们可从三方面着手推进。一是要建立规范的学术评价体系,坚持客观公正的评价原则,进一步规范学术评价中各项程序的标准和规则,不断提升学术评价过程的公开化和透明

度。同时，做好评价过程各环节的监督工作，积极利用第三方社会监督和评价机制，有效防范各种学术不端行为。二是建立学术同行评价体系，形成学术同行、政府和社会有机结合的评价机制，提升学科建设和学科创新与社会、国家之间的对接能力，避免大学院墙内的自娱自乐现象。一方面规范同行专家的引入机制，同行专家应该是以学术同行专家为主，而不是以行政官员为主，防止利用行政权力主导学术资源的分配和垄断，与此同时加强国际同行和市场同行等主体的引入，以"大同行"作为学科评价的重要组织载体。此外，为了保证学术同行评价的有效，可建立同行评议问责机制，进一步约束评审专家的评审行为，保证评价过程的公平公正。三是重视不同学科间的差异化评价。由于学科在知识属性、研究范式、学科文化和成果形式等方面存在明显差异[1]，所以，学术评价应该根据学科特点和专业特色，采用灵活多样的学术评价方法，特别是针对跨学科专业的评价，制定多元化的考评指标，丰富学术评价的方法和途径，逐步设立弹性考核制度。

［本文选自《华东师范大学学报（教育科学版）》2019 年第 2 期］

---

[1] 崔延强、吴叶林：《现代性语境下高校学术量化评价的隐忧及超越论析》，《国家教育行政学院学报》2015 年第 5 期，第 15—20 页。

"双一流"建设下的高等教育体系均衡发展
——基于美国经验的省思

邓 磊

摘 要:"双一流"建设的意义不仅在于实现少数精英大学和优势学科的卓越,更在于推动整个高等教育体系的发展。美国高等教育经过六个阶段的学习与创新,形成了多元立体、内部贯通的体系。但近阶段由于美国政府领导力的下降,导致高等教育体系断裂,社会的公平和稳定也受到影响。基于美国经验,中国要坚持中央政府对高等教育的整体布局,同时加大省级统筹,鼓励高校自主创新、特色发展,进而实施差异化管理和分类评价,以促进体系均衡。

关键词:高等教育体系;多元立体;"双一流";均衡发展

高等教育体系是指高等教育机构和要素按照一定的秩序和内部联系组合而成的整体。现代大学已成为社会核心机构,能同时促进国家振兴、社会进步和个人进阶。但政府、社会和个体对高等教育的要求各有侧重,不同阶层的期待也不一致,单一院校无法面面俱到。因此,构建和完善高等教育体系是政府不可推卸的责任。美国自独立以来便力图通过发展高等教育来促进国家的兴盛,经过广泛学习和自主创新,逐步形成了相对完善的体系。该历程不仅是几所精英大学的崛起,更是综合体现政府意志、社会价值和市场需求的系统发展。

一、美国高等教育体系的建构历程

1636年哈佛大学诞生，北美高等教育构建由此起步。美国独立后，高等教育规模不断扩大，功能不断丰富，体系逐步完善。综合来看，其发展可分为六个阶段。由于影响高等教育发展的因素较多，高校的风格也比较多元，这六个阶段并不严格遵循线性发展规律，在某些时间段略有重叠。

（一）起源（1636—1775）：以英国为模板的书院移植

从17世纪起，欧洲移民迁入北美大陆。1636年，北美殖民地第一所高校——哈佛学院（今哈佛大学）成立，拉开了美国高等教育的序幕。在殖民时期，高等教育机构皆是中世纪英国书院的翻版，受教会控制，强调心智训练和道德养成。

虽然在机构组织和课程内容上源于英国，但殖民地高校还是表现出一些新的特征。首先，殖民地高校环境相对宽松，允许学生在课程之外拥有自主学习空间，各校普遍形成了以政治辩论和文学批评为主旨的学生社团。其次，由于移民社会的探索精神，殖民地高校逐渐发展出实证性质的课程，教学语言也从拉丁语逐渐变成英语。早期的殖民地高校以拉丁语为教学语言，以经典诵读和辩论为主要教学方式。开拓新大陆的需要使移民推崇实践验证，这种风气也对高等院校造成了影响。随着经验主义哲学和实证主义思想的兴起，再加上社会上广受推崇的实用主义风潮，新的实验教学法和实践验证逐渐占据主导地位，到殖民地时期结束时，"经验哲学和实验哲学已经完全取代了经院哲学的地位，教学语言也变成了英语"[①]。

---

① 亚瑟·科恩、卡丽·基斯克：《美国高等教育的历程》，梁燕玲译，教育科学出版社2012年版，第20页。

总体来看，殖民地高校深受英国传统的影响，由教会资助和控制。但新大陆开拓进取、追求实用的风气调和了教会与世俗的关系，高校逐渐变成知识化、世俗化的智力场所。及至独立战争前夕，北美大学的宗旨已经变成"为全体公民服务，特别是为那些有前途的绅士服务"①。

（二）拓展（1776—1904）：法国启蒙思想影响下的公立大学建设

19世纪中期，历时六年的独立战争给美国社会带来了巨大破坏，但也让人民对政府和教育的公共责任有了深层次的认识。新国家百废待兴，领导人希望重新规划高等教育，使之能为政府和公众服务，关于公立大学的理念和实践由此拉开序幕。

1.公立大学理念的提出。独立战争期间，法国曾为美国提供支持，其启蒙思想和教育理念也对后者产生了积极影响。法国高等教育推崇在统一的国家意志下建立完整的公立大学体系，这一思想对美国的创建者产生了较大影响。乔治·华盛顿就任总统之初就希望联合各州之力共同创办一所世界一流的国立大学，因为这样做不仅有利于国家团结，而且对新立之国的声誉大有裨益。本杰明·拉什（Benjamin Rush）曾在1788年为"联邦大学"的成立设计过一份方案，目的在于"获取各种能够提高生活品质的学问，降低人们的痛苦，改善我们的国家，促进人口的发展，提升人们的理解力，以及加强家庭、社会和政治的幸福感"；因为"教育要适合自治的需要；教育应反映不断变化的国家需要；教育应该是实效的而不是古典的或点缀的，应当是美国的而不应当是欧洲的"②。托马斯·杰弗逊提出，"国家权力属于人民，

---

① 罗杰·L.盖格：《美国高等教育的十个时代》，刘红燕译，《北京大学教育评论》2006年第2期，第129页。

② Benjamin Rush, "Address to People of the United States", in Lorraine Smith Pangle and Thomas L. Pangle eds., *The Learning of Liberty: The Educational Ideals of the American Founders*, University of Kansas Press, 1993, p. 148.

新政权的健康程度取决于掌权者能否学会正确使用手中的权力；而这一切皆来源于教育……尤其是高等教育"[1]。在建国者的宣扬下，公立高等教育理念广为传播。1784—1787年，纽约州立法机构准备建造一所能够对整个州教育事业或州内各级学校进行控制和管理的高等院校，纽约州立大学由此诞生。与此同时，华盛顿和拉什还曾基于国家主义立场提出"国立大学"理念，但由于筹划不足，未能付诸实践。

虽然"国立大学"无疾而终，但兴办公立高等教育的计划却流传开来。1819年，美国历史上著名的"达特茅斯诉讼案"作出判决，赋予"文化机构以稳定性和不可侵犯性"[2]，传统私立学院由此确保了自治权，同时也明确了发展公立大学的基本理念。自此之后，政府不再寄希望于私立大学改造，坚定了兴建公立大学的决心。

2. 赠地学院的兴建。由于南北生产方式和政治观念的差异，独立后的美国存在深重的社会矛盾，尤其是对待蓄奴制的不同态度，导致南北方的分裂难以调和。国家的分裂导致公共事业的土壤十分薄弱，直到南北战争前夕，公立大学的发展仍然举步维艰。为推动高校为社会服务，同时也从根本上促进国家的统一与发展，林肯总统1862年批准了佛蒙特州议员莫雷尔提出的《赠予土地设立学院以促进农业和机械工艺在各州和准州发展的法案》(即《莫雷尔法案》)，该法案的核心思想是通过政府赠地来建立公立大学，培养大批农业、工业专门人才。《莫雷尔法案》的颁布极大地促进了公立大学的发展，也推动了整个高等教育体系的建设。1890年，《第二莫雷尔法案》通过，赠地学院进一步蓬勃发展。至19世纪末，赠地学院扩大到69所[3]，其中大部分发展为教学与科研并重的州立大学，成为美国公立高等教育的核心力量。

---

[1] Richard D. Brown, *Thomas Jefferson and the Education of a Citizen*, Library of Congress, 1999, pp. 94-96.
[2] 陈学飞：《美国高等教育发展史》，四川大学出版社1989年版，第44页。
[3] 刘宝存：《美国研究型大学的产生与发展》，《高教探索》2005年第1期，第24—26页。

在众多接受政府赠地的大学中，康奈尔和威斯康星的影响最为深远。康奈尔是一所公私兼并的大学，1865年甫一问世就因综合学科、新型课程和服务理念而受到关注。这所大学注重通过改革课程和专业为社会提供实用人才，开创了美国高等教育的社会服务职能。威斯康星大学成立于1848年，《莫雷尔法案》为其提供了发展动力，也使其明确了办学理念。1904年，查里斯·范海斯校长上任后确立了大学为社会服务的理念，认为大学不应把自己局限在围墙之内，而应发挥其在社会经济中的作用，教学和科研也要充分考虑社会的需要。这种将服务视为与教学、科研同等重要且紧密相连的理念被称为"威斯康星思想"。"威斯康星思想"进一步确立了社会服务理念，"建立了一种既体现实用教育价值观又反映高等教育发展趋势的新模式，昭示着高等教育新纪元的到来"。[1]

（三）提升（1876至20世纪20年代）：德国理念主导下的研究型大学创生与改造

1810年柏林大学诞生，其卓越的学术成就和先进的大学理念对美国高等教育产生了巨大影响。从19世纪初到20世纪初的100年中，美国学者大量译介德国大学的相关信息，并先后派出10000余人赴德留学。[2] 19世纪后期，深受德国大学影响的美国企业家开始筹办新型现代大学。1876年，全美第一所专注于学术创新和研究生教育的研究型大学——约翰·霍普金斯大学成立，这对于美国高等教育具有划时代的意义。随后，克拉克（1887）、芝加哥（1890）、斯坦福（1891）等研究型大学也相继成立。与此同时，留德学者回国后也致力于传统大学的改造，在办学理念、育人模式、课程设置和教学方式等多方面

---

[1] 陈波、陈廷柱：《美国高等学校社会服务职能的形成与动因探析》，《大学（学术版）》2013第11期，第71—75页。

[2] 贺国庆：《德国和美国大学发达史》，人民教育出版社1998年版，第115页。

实施改革,努力促进其向研究型大学转变,此种趋势一直持续到第一次世界大战爆发。

德国研究型大学理念主导下的现代转型从整体上提升了美国高等教育的学术内涵,哈佛、普林斯顿等传统大学以及约翰·霍普金斯等新型大学皆获得了国际影响力。值得关注的是,美国研究型大学的改造方式并非单纯模仿,而是在学习德国"崇尚科学研究"精神的同时,维持其重视实践的特色。[1] 由于密切关注社会需要,研究型大学极大地促进了经济的繁荣和社会的进步,而雄厚的经济基础和强大的综合国力又为大学提供了充裕的物质基础和进一步的改革信心。

(四)丰富(1901至20世纪60年代):社区学院的普遍创办

南北战争后的美国迅速崛起,1860—1900年间其工业投资总额增长了9倍,工业制成品的价值增长了7倍,工业产值跃居世界第一。[2] 由于经济的爆发式增长,训练有素的技术人员成为稀缺资源,提供专业技术培训的高等教育大受欢迎。19世纪最后15年,美国人口增加了一倍,教育规模在短时间内剧烈膨胀。[3] 规模的剧烈膨胀给美国高等教育带来了新的挑战,涌入高校的大批学生中相当一部分并不具备相应的学术水平。当时赠地学院和私立大学正向研究型大学转型,传统学院又无力培养专业技术人才,"社区学院运动"应运而生。

社区学院理念起源于19世纪末。哈佛校长艾略特曾经认为,美国大学和学生的学术水平相对低下,为建设研究型大学,应将教学功能转嫁给专门从事专业技术教育的新机构。1896年,芝加哥大学校长哈

---

[1] 王春梅、曾晓萱:《他山之石,可以攻玉——德国大学模式对美国大学发展的影响》,《比较教育研究》1992年第3期,第6—12页。

[2] 英东、俞炜华:《近年来我国经济增长形势与19世纪末20世纪初期美国经济发展特征的比较研究》,《学术论坛》2008年第3期,第139—142页。

[3] 顾月琴:《美国社区学院的发展历程及其未来趋势》,《中国成人教育》2011年第1期,第122—124页。

珀（William Rainey Harper）提出了"初级学院"（Junior College）和"高级学院"（Senior College）两阶段办学计划。"初级学院"包括大一大二两个年级，主要任务是通识教育，缺乏学术竞争力的学生可以在结束两年课程之后可获得副学士学位。此理念很快得到认可，副学士学位也在20世纪初成为美国学位结构的重要组成部分。

第一所公立两年制学院建立于1901年，但此时初级学院尚未具备职业功能。一战结束后，美国经济和人口持续快速增长，目睹了欧洲战乱和社会衰落的美国人对民主的内涵也有了新的理解——接受高等教育应当成为每一个有天赋、有追求的公民的权利，而非上层社会的特权。在此背景下，宽口径、低收费且对学术水平要求不高的初级学院备受青睐。20世纪30年代，初级学院发展成以职业技术教育为主旨的"社区学院"（Community College）。从20世纪50年代开始，社区学院以令人震惊的速度增长，特别是20世纪60年代后期，平均每周就有一所新学院建立。至2015—2016学年，社区学院招生人数占到美国高校招生总数的46%。社区学院不仅提供了充分而便捷的高等教育机会，而且能够根据本地就业市场的需求，灵活多样地提供各种实用课程。其"开创了向社会学习的伟大转变，在这样的社会中，每个人只要愿意，就能在几乎任何地方学习几乎任何科目"[①]。

（五）创新（1960—1990）："总体规划"的推出与"多元巨型大学"的崛起

二战结束后，美国进入"辉煌时代"。两次世界大战打破了特权阶层对社会资源的垄断，上升通道前所未有地洞开。民众对政府的高度信赖使战时的高税收政策得以延续，促进公共事业发展成为社会共识。社会进步和产业升级齐头并进，不断觉醒的民众意识和迅速繁荣的市

---

① 王英杰：《美国高等教育发展与改革百年回眸》，《高等教育研究》2000年第1期，第34页。

场经济推动着高等教育的发展,知识扩展和技术创新成为社会上升的核心动力。至 20 世纪 50 年代,美国高等教育已呈现出多种层次和风格,但不同类别的高校各行其是、彼此分离。随着高等教育规模和功能的拓展,政府意识到高等院校之间也应当通过相互协作以满足社会对生产发展、社会公平和个人进阶的综合需求,一份关于高等教育总体发展的计划呼之欲出。

1960 年,加利福尼亚州议会通过了名为"加州高等教育总体规划"(California Master Plan for Higher Education)的报告,计划将不同类型和层次的高校整合成一个彼此协作、内部贯通的体系。该报告的设计者,是对美国乃至世界高等教育都有巨大影响力的克拉克·克尔。"总体规划"的指导思想,是在政府主导下通过大力发展高等教育来同时促进进步与公平,这一思想被称为"加州理念"(California Idea)。在此理念指导下,总体规划主要采取了两个措施——扩大规模和完善体系,前者是后者的铺垫。在克尔主持下,加州迅速建立起一个涵括加州大学系列(UC)、加州州立大学系列(CSU)和应用技术大学及社区学院的三级公立院校系统;第一层级致力于卓越,第二层级促进繁荣,第三层级则保障公平,三个层级相互配合、彼此贯通,能够广泛为个体上升和社会发展提供支撑。[1]"总体规划"是美国高等教育的体系创新,一经推出便获得了社会各界的关注与支持,并在四个方面为美国高等教育做出了贡献:(1)促进了美国公立研究型大学的现代化;(2)将美国大学理念和体系推广至世界各国;(3)在兼顾"上升机会公平"与"劳动市场分类"的原则下,将高等教育体系扎根于广阔的社会背景中;(4)创造了多元巨型大学(Multivertisy)理念。[2]其中,第四个方面对当今世界高等教育有最重要的影响。

---

[1] Simon Marginson, *The Dream is Over: The Crisis of Clark Kerr's California Idea of Higher Education*, University of California Press, 2016, p. 14.

[2] Clark Kerr:《大学的功用》,陈学飞等译,江西教育出版社 1993 年版,第 12 页。

如克尔所言,多元化巨型大学"是一个不固定的、统一的机构。它不是一个社群,而是若干个社群——本科生社群和研究生社群;人文主义者社群、社会科学家与自然科学家社群;专业学院社群;一切非学术人员社群;管理者社群。多元化巨型大学的界限很模糊,它延伸开来,牵涉到历届校友、议员、农场主、实业家——而他们又同这些内部的一个或多个社群相关联"①。多元巨型大学并非高等教育内部进化的产物,而是开放社会的必然选择。四个方面的因素决定了多元巨型大学理念必然在美国乃至全世界盛行:一是日趋激烈的国际竞争促使政府大力支持学术研究,以获得包括军事领域在内的技术和人才回报;二是民主运动促使大学必须更平易近人以稳固其组织合法性;三是战后经济的复苏与发展,刺激了社会各界的消费需求,这种需求不仅体现在物质上,同时还体现在精神上;第四,也是美国高等教育的独创,就是将知识创新与市场的生产、消费结合在一起,促使大学成为社会生活的中心。以多元巨型大学为平台,政府、企业、学者、家长和学生形成了复杂联系,多元需求通过知识、资金、技术、人才的相互支持与交换而彼此满足。"高等教育可以通过科研、教学和服务,以各种不断推陈出新的改革方式,成为推进社会生活和改进政治民主的力量。"②随着"加州理念"的推广,美国公立旗舰大学(flagship publics)和部分私立精英大学先后发展为多元巨型大学。

(六)辉煌与危机(1991—):"世界一流"掩盖下的体系分裂

20世纪80年代以来,通讯和交通行业的发达在技术上极大地促进了人类社会的交流。1991年,冷战的结束从政治上推动了全球对话与合作。网络时代的到来真正实现了信息的即时传播,全球性的学

---

① Clark Kerr:《大学的功用》,陈学飞等译,江西教育出版社1993年版,第12页。
② Clark Kerr, Marian L. Gade, Maureen Kawaoka, *Higher Education Cannot Escape History*, State University of New York Press, 1994, p. 160.

术交流和成果评价成为现实，国际的学术竞争和大学排行开始出现。2003年，上海交通大学的"世界大学学术排行榜"（ARWU）首次公布；2004年，QS全球教育集团（Quacquarelli Symonds）与泰晤士高等教育（Times Higher Education）联手推出了"世界大学排行榜"（QS World University Rankings）；2013年，原本只关注美国国内大学的美国新闻也开始"放眼世界"。全球大学排名竞争愈演愈烈，"世界一流大学"的概念也流行开来（尤其是在高等教育后发国家）。因为具备学术研究上的先发优势和成果数量上的规模效应，美国多元巨型大学迅速成为"世界一流大学"的模板，不仅在各种"排行榜"上占据统治地位、在国际学术交流中居于人才流入的中心，而且建立起国际性的学术评价体系，使"美国标准"成为"世界标准"。毋庸置疑，国际化背景下的美国高等教育的确风光无限，接近50所精英大学和200所左右的研究型大学在学术上表现卓越。但同样需要关注的是，由于片面注重大学的学术产出导致资源分配出现"马太效应"，美国高等教育体系的内部分裂已经越来越严重，由此导致的阶层固化和社会分裂成为不可忽视的危机。

美国高等教育体系的分裂有着深刻的政治和社会原因。自20世纪70年代以来，由于一手导演了越战等非正义战争，再加上国内的种族冲突和政治矛盾，美国政府在公众心中的公信力大打折扣，个体主义的自由主义政治哲学开始抬头。20世纪80年代，里根政府实施"减少税收、刺激经济"的供应学派经济政策，放弃促进公共利益的角色，高等教育受到巨大冲击。由于政府持续削减教育支出，大学为了生存多方寻求资助，市场资本便乘虚而入，由此加剧了公立和私立、盈利型和非营利型高校的分离。为了追求学术产出和国际吸引力，资源不断向少数大学集中，由此又导致了"研究型"与"非研究型"大学的差距不断扩大。以上现象导致了两个严重问题：一是除少数精英大学之外的多数大学都遭遇了经费问题，以至于教学和研究都受到了影响；

二是大学学费普遍上涨，不仅精英大学令人望而却步，州立大学和社区学院也不再"亲民"。总而言之，由于政府角色的弱化，美国高等教育越来越难实现"公平与卓越"兼顾的公共承诺。

二、美国高等教育体系的基本特征

尽管当下面临危机，但美国高等教育在历史上表现出的学习与创新并举的发展特征，多样、复杂且综合的框架特征，以及"政府引导、多方参与"的运行特征，都值得关注和借鉴。

（一）兼收并蓄、自主创新：美国高等教育体系的发展特征

美国高等教育的诞生和发展深受欧洲影响，但也注重在全面学习的基础上结合自身实际情况进行创新。美国大学主要受三种外来模式的影响，一是强调自由教育的英国古典大学，二是以研究为中心的德国现代大学，三是政府主导型的法国公立大学。英国古典大学为早期的美国高校涂上了精英教育的文化底色，即便经过多次改革，这种传统仍然在老牌院校清晰可见。法国的影响虽然并不那么明显，但却意味深远。公立大学理念的提出、《赠地法案》的实施以及社区学院的兴盛，背后都有法国大学的影子。德国对美国高等教育的影响主要是体制与结构的现代化，美国学者用将近一个世纪的时间一步步学习德式研究型大学的理念、体系和制度，让美国高等教育完成了从传统到现代的转型。不仅如此，美国大学还创造性地将"自由、寂寞"的德式学术研究改造成与社会和市场高度结合的美式学术研究，从而为多元巨型大学的出现奠定了根基。

理念上的拿来主义、决策上的民主主义以及行动上的实用主义，是美国高等教育体系发展过程中呈现出来的显著特色。在漫长的学习和改革过程中，美国高等教育之所以能够长期保持良性的发展态势，

没有陷入散乱无章或自相抵牾的境地，最关键的因素就在于坚持立足现实、自主创新这一原则，给予高校自由发展的空间。

（二）多元理念、立体结构：美国高等教育体系的框架特征

美国高等教育具有典型的多元理念特征。不同时期创办的大学在理念上具有明显差异，虽历经变革但仍留有浓重的历史印记。殖民地时期创建的学院秉承英式博雅教育理念，虽然其中许多院校后来发展为现代研究型大学，但仍以古典人文传统为豪，注重历史、场域和文化的育人功能。尤其是一部分以本科为主的四年制小型人文博艺学院（Liberal Arts College），仍然遵循英式书院的博雅教育传统。19世纪中后期成立的赠地学院最初在实用主义理念下致力于专门人才培养，后经德国理念的改造和大众化的洗礼，最终形成了研教并重、服务社会的基本原则。二战后兴起的研究型大学和应用技术类大学，则与产业结构和区域经济紧密结合，高度注重产学研相结合，形成了高效完整的资助、研发与应用产业链。

美国高等教育体系具有显著的立体特征。其主要体现在以下两个方面：第一，根据学术实力和社会影响力，美国高等教育体系形成了不同的层次。自"加州高等教育总体规划"实施以来，各州先后制定相关措施，严格控制博士、硕士和学士学位的比例，避免高等院校的同质发展和无序竞争，引导不同层次的高校根据产业的布局和市场的需要做出定位。以常青藤联盟为代表的古典名校以及麻省理工、斯坦福、芝加哥大学等现代顶尖私校，因较小的招生规模、极低的录取率、巨额的经费投入以及崇高的社会声誉而处于高校金字塔顶端。这一层次的高校极为重视本科教育，在基础理论研究和尖端技术创新上具有其他高校无可匹敌的影响力，主要办学目标是引领意识发展、培养社会领导者。第二层次以旗舰公立大学和赠地大学为主，本科招生规模较大，拥有博士学位授予权，致力于培养卓越的科技和商业人才，尤

其重视与所在地区的经济相结合。此类大学的学术实力也十分强劲，其中不乏密歇根大学、加州大学洛杉矶、伯克利分校等名校。与第一层次的高校相比，第二层次高校的学术成就并不逊色，但对本科教育的重视度相对不足，对公众意识和社会文化的影响无法与前者相媲美。第三和第四层次的大学都以服务区域经济、培养应用型专业技术人才为主旨，二者的区别在于办学规模和科研实力。前者主要包括科研实力较弱但规模较大的州立大学和应用技术学院，后者则是美国高等教育体系中数量最多但规模较小的社区学院。上述四个层次并非孤立存在，除第一个层次相对封闭（但和规模更小、更重视本科教育的人文博艺学院互通），后三个层次在教学与科研的互动、学分和学位的互认上都有着密切的合作关系。第二，由于理念和层次的差异，美国大学在资金来源、办学目标和评价方式上，也有着不同的"维度"。研究型大学因其卓越的学术表现和人才培养而获得了来自政府、企业和私人的资助和捐赠，但并不能代表其他类型高校的发展模式。在以科研资助和学术产出为评价指标的体系之外，还存在着其他几种体系。古典人文博艺学院在基金和捐赠的支持下承袭自由教育传统；应用技术学院和社区学院则主要在地方政府的资助下培养实践类技术人才；此外还有一系列与产业高度相关的人文、艺术类院校，则完全遵循市场逻辑，依靠高素质的专门人才培养获得声誉和资助。

（三）政府引导、多方参与：美国高等教育体系的运行特征

自独立以来一直到 20 世纪 80 年代，美国政府一直是高等教育发展的积极领导者，在理念、政策和资金等诸多方面引领了高等教育体系的丰富和完善。综合借鉴英国大学的高度自治模式和法国大学中央控权模式，美国建立了联邦立法与大学自治相结合的高等教育体制。政府主要通过提供财政拨款和制定法律法规对不同高校进行分层管理和分类引导，各高校则根据自己的办学方向和服务对象进行自主发展

和治理。尤其是在 20 世纪 60 年代，以加州为代表，政府在"进步理念"的指导下将发展高等教育视作促进经济繁荣和社会公平的关键措施，在从立法层面上完成整体布局和财政支持后，尽量减少对大学的直接干涉，赋予大学较为充分的自治权利。在政府的支持和赋权下，美国高校又建立了与外界紧密联系的董事会制度。通过董事会，大学和外部保持联系，根据社会发展的趋势做出相应的变革。但董事会不参与具体事务，从而保证了大学与社会能保持一定的距离和张力，不至于成为市场的附庸。为维持学术自由，避免行政对学术的干涉，各高校不仅在校内设有独立运行、内部自治的学术评议会，而且成立了全国性的大学教授协会（American Association of University Professors）以及各学科的学会组织，从而最大限度地保障了学术权力。

概括来讲，美国高等教育体系的运行是在一个相对民主、鼓励创新的大环境下，由政治家、教育家、实业家、中产阶级和劳工阶层共同参与完成。政府的分层管理和分类引导为美国高校提供了自主发展的动力与空间，社会参与帮助大学明确了服务对象和发展目标，学术自治则为高等教育的发展提供了基础平台。在此体系中，每个大学都有自己的定位，培养的人才也各有去处。社区学院和职业技术学院解决就业、服务经济，州立大学促进社会流动，研究型大学向世界展示学术成就和文化吸引力。不同类别的高校各行其道、特色发展，既能为市场提供多样化的人才资源，也保障了公众的机会公平。虽然 20 世纪 80 年代之后出现了较为严重的问题，但美国高等教育体系的运行仍然值得世界各国学习借鉴。

三、美国经验的省思：促进高等教育体系的均衡发展

通过高等教育改革实现国家振兴、社会发展和个人进阶，已成为现阶段中国的共识。2015 年 11 月，国务院印发《统筹推进世界一流

大学和一流学科建设总体方案》，明确提出"到本世纪中叶，一流大学和一流学科的数量和实力进入世界前列，基本建成高等教育强国"。在此需要关注的问题是，"高等教育强国"不仅是一流大学和一流学科的强，更应是整个高等教育体系的强。引导少数精英大学和优势学科迈向卓越，只是建设"高等教育强国"的第一步，在此基础上还要促进整个体系的均衡发展。为实现此目标，既需要政府积极引导、总体布局，还要求大学自主创新、特色发展，以及在社会支持下实施差异化管理和分类评价。

（一）在中央领导下加大省级统筹，兼顾重点发展与总体布局

高等教育体系的建构与完善，需要有一个有担当、有凝聚力的中央政府扮演主要角色。反过来，一个有作为的政府无论何时都不能放弃公共责任，尤其是在公共教育方面的责任，否则便会导致教育体系和社会价值的双重分裂。美国政府和公立教育当前面临的窘境，已充分证明了上述观点。中国有一个强大且有作为的中央政府，这是完善中国高等教育体系最坚实的基础。但中央政府不可能事无巨细、面面俱到，因此加大省级统筹，强化省级人民政府在高等教育长远规划、政策引导、财政支持、监督评价等方面的职责，厘清中央与地方、政府与大学之间的关系，也势在必行。只有如此，才能兼顾高等教育体系的重点发展和总体布局。

一流大学能够集中反映一个国家的核心竞争力，美国在近半个世纪的强盛也最显著地表现在精英大学强大的研发能力和卓越的人才培养。哈佛、耶鲁、普林斯顿、麻省理工、加州伯克利等世界顶尖的高等学府不仅培养了大批的本国精英，而且吸引了来自全世界的卓越人才，极大地增强了美国的科研水平和国际影响。作为后发国家，中国政府需要在中央支持下集中优势资源进行重点发展。在"双一流"建设的推动下，学术实力雄厚的大学必须在世界学术范围内争夺话语权、

保持竞争力；加强在高深理论和尖端科技方面的表现，致力于本土文化的全球传播和世界级领袖人才的培养。学术的发展自有其规律，文化的积淀和内涵的提升需要适宜的土壤和空间，越俎代庖式的过多干涉或揠苗助长式的急于求成只能适得其反，因此政府在重点支持的同时，还要赋予精英大学充分的自治权。

社会稳定需要保障公平和尊重差异，因此中国高等教育还必须整体布局、均衡发展。参考美国经验，中央政府和省级政府皆可以通过行政命令和财政支持促进高等教育体系的多元化、立体化发展，打破单一同质的办学模式，避免无序竞争和低水平重复。鉴于大学的多元功能，省级政府必须进行横向布局，引导不同类别的学校分别在教学、科研和服务等不同方面重点发展，制止盲目（规模）求大、（学历）求高、（学科）求全的趋势。根据市场的人才需求层次和大学的人才培养水平，两级政府还要联合进行纵向布局，引导不同层次的高校明确自身的定位。

从影响范围来看，现代大学可分为三大类型——世界级、国家级和地方级。这种分法不意味着前者就要优于后者，而是侧重于不同的使命。世界级大学的使命是惠及世界各国及地区；国家级大学的目标是国家的发展；地方级大学的使命则是满足本地社会的需要。照此逻辑，我国大学体系的建构应综合考虑知识话语权与国际影响力，科研推动力与国家贡献度，技术革新性与市场参与度等多维因素，分级分层地进行布局。尤其需要指出的是，为保证体系的完整和贯通，大学人才培养模式宜综合化和扁平化，并保持上升渠道的畅通。不同层次的高校应具有不同的定位，但不能相互隔离。为此中央政府需要全盘考虑、分类引导，避免同质化发展下的马太效应，遏制应用型大学盲目求高、求全的不良趋势；省级政府则要为地方高校的特色发展设定清晰的支持计划，在减轻中央政府负担的同时促进大学发挥社会服务功能。

（二）推动参与主体的多元化，鼓励高校进行自主创新与特色发展

高等教育的发展涉及多方利益，因此广泛的社会参与也是其健康发展的因素之一。并且只有参与主体多元化，才能将自上而下的引导和自下而上的创新相结合。

政府要以法律形式明确与大学的权责关系。政府是高等教育的主要支持者和监督者，对高等院校实施有力的指导和监督，但这并不意味着政府对大学具有无限权力和责任。在明确定位的前提下，应当给予各高校较大的办学自主权，鼓励其与市场合作，根据地域特征和产业结构制定发展计划。为了促进高等教育多样化和提升高等教育质量，政府必须立法明确大学的责任和权利，支持大学按自身特点、办学条件和教育规律进行自主创新、特色发展。

市场的介入有利于高等教育的多元化。当前我国高等教育正从大众化向普及化过渡，入学年龄放开限制、成人教育迅速发展，接受高等教育的学生身份发生显著变化。与此同时，社会各个行业对职业技术人才的需求日趋旺盛，各产业对培养内部所需的高层次人才的兴趣愈发浓厚，企业办大学，或者出资在现有的大学内部办学院，已经成为一种新的趋势。近年来，我国对研发的巨大投入有目共睹，政策制定者将研发视为提高国家竞争力与促进经济增长的源泉，研发投入也成为大学接受资助的重要来源。但需要澄清的是，科学研究并非只是少数精英大学和优势学科的专利，现代大学的社会服务功能决定了每所高校都应当通过不同层次和领域的科技创新来反馈社会的支持。因此，各级各类大学须以国家政策为宏观导向，根据市场需求组织科研与教学。通过市场的介入，中国高等教育可以实现精英化与大众化并存，这不仅符合"双一流"大学建设的目标，也可以满足劳动市场对劳动力的多元与多层需要。

（三）促进高等教育体系内部的动态平衡，推行差异化管理和分类评估

管理和评估是推动高等教育事业不断向前发展的必要措施和保障，也是实现高等教育体系内部动态平衡的"调节器"。我国传统的高等教育办学模式和管理体制高度同质化，评估体系过度追求学术产出，导致少数以研究为主的大学风光占尽，多数以教学和应用为主的高校沦为"一流"身后的"残次品"。自20世纪末以来，中国高校办学定位模糊、资金来源不足、教学质量不高、学生就业困难的情形愈发突出，相当一部分学生将报考"双一流"大学的研究生作为改善出身和就业的捷径，这不仅违背了研究生教育的初衷，而且降低了教育质量。

反观美国高等教育，私立精英大学、旗舰公立大学、普通公立大学、应用技术大学和人文博艺学院皆各成体系、差别管理。每一类大学都充分发挥自身的特色和功能，在整个高等教育体系中实施分类评估，每一所高校，无论其侧重何种功能，都可以在其同所属的类别中追求卓越，在社会中获得顶尖声誉，在高等教育的领域内实现"一流"价值。正如加拿大学者比尔·雷丁斯所言，"一流不是一个确定的判断标准，而是一个尺度，它的意义依附于其他事物。用一流飞机的标准评价一只一流的小船，这小船就称不上一流。所以，说一流是个标准就等于说，委员会绝不会出台用于评价的标准"[①]。以美国的经验和教训为鉴，中国高等教育应当在体系内部实施差异化管理和分类评估。"差异化思维本质上是一种多元思维。它强调经济、环境、市场主体等差异性因素，要求管理与政策的实施达到深度传导，但并非一致性的效果。差异化管理强调的是多元目标的管理，重视诸要素的关联互动，

---

① 比尔·雷丁斯：《废墟中的大学》，郭军、陈毅平等译，北京大学出版社2008年版，第23页。

并极力通过关联互动将后期的监控成本降到最低。"[①] 我国高校应当根据功能定位和学科特点进行差别化管理,针对不同类别和层级的高校实施分类评估,真正做到在激励中体现差别,在差别化中促进发展,实现高等教育体系内部的动态平衡。

---

① 谢进川:《关于差异化管理的理论探讨》,《理论前沿》2005 年第 23 期,第 22 页。

中国研究生教育改革

——从学术型到职业型的转变

邓磊　崔延强

摘　要：当前中国的研究生教育已经从跨越式发展阶段过渡到平稳发展阶段，但规模的增长依然迅速。研究生教育规模的急剧扩张带来一系列亟须解决的新问题，其中最为突出的是过于重视学术型人才的培养，而忽视应用型人才的培养。因此，中国研究生教育亟待改革，实现从学术型到职业型的转变。

关键词：研究生教育；改革；学术型；职业型

自1981年1月以来，中国开始实行《中华人民共和国学位条例》，这昭示着中国研究生教育的自主发展拉开帷幕。30余年来，中国研究生教育取得了一系列令人瞩目的成就，教育规模已经达到世界领先水平。1990年至1997年间，美国、英国、德国、日本和印度五个国家的博士学位授予人数的年均增长幅度分别是2.6%、4.2%、1.1%、3.0%和0.8%，我国博士学位授予规模则从1990年的2127人，增加到1997年的6793人，年均增幅达到18.0%。[①] 至2003年，

[①] 杨东平主编：《2005年：中国教育发展报告》，社会科学文献出版社2006年版，第19页。

全国授予研究生学位共计92.6万人,与1982年相比,研究生招生总量增长了23.3倍,在校生数量增长了25.2倍,学位授予数量增长了24倍。[①]在此之后,中国研究生教育规模继续增大,至2009年研究生招生总数已超过50万人,成为名副其实的研究生培养大国(见表1、表2)。

表1　2005—2009年中国研究生招生人数　　　　单位:人

年份	合计	博士 总数	博士 高校	博士 科研机构	硕士 总数	硕士 高校	硕士 科研机构
2009	510953	61911	55472	6439	449042	437328	11714
2008	446422	59764	53595	6169	386658	375527	11131
2007	418612	58022	51916	6106	360590	349778	10812
2006	397925	55955	50078	5877	341970	331489	10481
2005	364831	54794	48824	5970	310037	299583	10454

资料来源:http://www.moe.gov.cn/publicfiles/business/htmlfiles/moe/s4958/list.html。

表2　2005—2009年中国研究生招生增长率

时期	总增长率	博士增长率	硕士增长率
2005—2006	9.07%	2.12%	10.30%
2006—2007	5.20%	3.70%	5.44%
2008—2009	6.64%	3.00%	7.23%
2007—2008	14.46%	3.60%	16.13%

资料来源:中国教育报《教育部:2010年全国教育事业发展统计公报》,2011年7月6日,http://news.xinhuanet.com/edu/2011-07/06/c_121629066_4.htm。

总体而言,我国研究生教育取得的成就是有目共睹的,但在快速

[①] 李莹、陈学飞:《我国研究生教育规模发展分析》,《高等教育研究》2008年第2期,第16页。

发展的同时也存在着诸多不足，其中最为突出的问题便是过于注重发展学术教育，忽视了复合型人才与应用型人才的培养。笔者认为，为进一步完善研究生教育体系，中国研究生教育发展重心应实现从学术型到职业型的转变。

一、扩大专业学位培养规模，丰富其办学层次

长期以来，中国研究生的培养都以"学术型"人才为主要培养目标。20世纪80年代中后期，为了满足社会对高层次应用型、职业型人才的需求，个别研究生培养单位开始探索应用型硕士和专业学位研究生的培养工作，但总体而言以培养"学术型"人才为目标的学历学位教育依然是研究生教育的主体。以博士培养为例，在2006年授予的35628个博士学位中专业学位394人，仅占1.1%。截止到2006年年底，教育部和国务院学位委员会批准招收培养专业学位研究生的单位为402个，通过脱产学习和在职学习等多种方式，专业学位研究生招生总数为61万人，专业学位在读人数10万余人。① 总体来看，专业学位的设置领域、规模比例明显偏低。因此，我国的研究生教育改革就要在培养规模上完成从学术型到职业型的转型。

首先，扩大专业学位培养规模。目前我国攻读专业学位的在学研究生数量，仅占在学研究生总数的25%左右。据美国教育部国家教育统计中心的统计数据显示，20世纪80年代以来，美国全国硕士学位超过660种，硕士生培养计划所涉及的学科领域达2000多个。在所有的硕士学位中，具有专业应用方向的硕士学位占85%，纯学术性的硕士学位仅占15%，其中仅科学和工程学位就占到全美国学位授予的

---

① 黄宝印：《我国专业学位教育发展的回顾与思考》，《学位与研究生教育》2007年第6期，第4—8页。

1/4，学位点设置广泛分布于各类专业学院。[①]为了进一步与国际接轨，并有效回应社会的需要，中国研究生教育应当在未来适当削减学术学位教育培养数量，逐步提高职业学位所占比重。

其次，要丰富专业学位设置层次，将重点建设与分类发展相结合，多层次发展专业学位研究生教育。目前我国研究生专业学位的学位点基本集中在综合实力较为雄厚的研究型大学，从理论上来讲，专业学位人才培养与学术性学位人才培养是这些大学培养高层次人才培养的两个重要方面，但在具体的办学过程中却存在重学术学位而轻专业学位的倾向。近年来，国家已经在制度安排和顶层设计上，突出专业学位教育在高等教育和经济社会发展中的战略地位，同时市场经济的发展也需要培养和依靠大量的应用型高层次专门人才。因此，应在战略定位、制度设计、工作部署上突出专业学位教育的重要位置，特别是对有地域特色、行业特色和有办学模式特色的学校，加大建设经费投入，为其发展提供条件支持和制度保障。一方面，研究型大学具有创新优势，应当在着重发展学术学位的同时重点建设高水平的专业学位教育；另一方面，地方院校应积极开展具有本校特色的专业学位教育。

二、加大经费投入，提高专业学位教育的培养质量

在 2009 年举行的"中国研究生培养模式改革"高端论坛上，由武汉大学、武汉科技大学多位学者共同完成的"硕士研究生教育质量"课题调查报告正式出台。报告指出，在接受调查的研究生中，62.7%的人认为，与 5 年前相比，硕士生的生源质量"略有降低或明显降

[①] 陈恒、胡体琴：《专业学位教育存在的问题及相关对策探讨》，《浙江师范大学学报（社会科学版）》2010 年第 2 期，第 88 页。

低"，37.6% 的人认为，现有的教学条件可以适应研究生招生规模逐年扩大的要求，其中多达 60.5% 的人认为，"高校应压缩招生规模"，研究生生源质量下滑已经是不争的事实。[①] 一方面，随着研究生招生规模的急剧扩大，中国政府教育投入的水平却长期停滞不前；另一方面，中国高校研究生教育的教学条件和师资力量的发展速度无法与规模的扩大保持一致，这才导致了研究生教育质量的下滑。鉴于当前的发展趋势，笔者认为我国研究生教育的发展须从扩大规模转向提升质量。

首先，加大对研究生教育的经费投入和政策支持，以吸引更多优秀的人才。根据武汉大学 2010 年"硕士研究生教育质量"课题调查报告提供的数据，84.8% 的中国研究生认为，学费"偏贵或太贵"。事实上，多年来中国政府在教育经费的投入上一直处于较低水平。目前世界各国政府财政性教育经费投入占国内生产总值比例的全球平均水平为 5% 左右，一些发达国家超过 10%，许多发展中国家皆达到了 5%—6% 的水平，而中国的投入水平一直未能达到 4%。根据国家发改委公布的数字，2009 年，国家财政性教育经费占到国内生产总值的 3.48%，这已是历年来的最高水平。在中国，只有不到三分之一的研究生能够获得免费就读资格，其余大部分研究生都将自己支付每年 7000 至 10000 元的高昂学费。2010 年，全年中国人均国民收入已达到 1740 美元，其中城镇居民家庭人均总收入 21033 元，农村居民人均纯收入仅有 5919 元。换句话说，对于大多数的中国家庭来说，供养一个自费攻读研究生学位的子女都是一笔沉重的负担，绝大部分农村家庭则根本无法承受这笔支出。经费投入的匮乏和学习成本的高昂，必将影响部分高素质人才的选择，从而造成研究生教育招生水平的下降。因此，中国研究生教育若想提高质量，必须首先提高经费投入。一方面，政

[①] 王碧云、陈国平、邱均平：《硕士研究生教育质量调查分析》，《教育与现代化》2010 年第 1 期，第 80 页。

府要加大经费投入力度；另一方面，高校亦须调整研究生资助体系，从单纯由国家出资的方式转为以科研为导向、以导师研究项目为依托的政府、校方和导师三方资助体系，从而在增加经费支持的同时提高研究生科研水平。

其次，提高研究生教育师生比。1981年，我国首批博士学位授予单位共计151个，2007年达到346个，博士学位授予点达1739个。我国博士学位授予数量1996年超过韩国，2000年超过印度，2002年超过英国和日本，2005年超过德国；截至2008年，累计授予博士学位近28万人。就数量而言，我国已步入世界博士研究生教育大国行列。但是，随着博士研究生培养规模的扩大，导师规模却没有得到相应的提升。1981年之后的13年间，国务院及国务院学位委员会审批了8043名博士生导师。55岁以下的博导1981年仅占12.9%，2006年则达70.9%。1995年博导审批权下放后，1997年至2006年博导数量10年间翻了近两番。但由于博士生数量增长幅度更大，师生比明显下降。根据2010年的《中国博士质量报告》的统计数据，我国博士生教育的师生比远远低于世界发达国家水平，半数以上导师指导博士生的频次每月不超过两次，其中人文学科（占57.8%）和管理学科（占55.2%）尤为突出，严重影响博士生的培养质量。[①] 因此，中国研究生的培养必须提高师生比，提高教育效率，引进高水平教师，加强导师对研究生的交流和指导，提高教育质量。

三、实行多元培养模式，加强专业学位教育的实践环节

在当前中国高校的研究生培养模式下，学术学位和专业学位研

---

① 朱建华：《中国博士质量报告公布，生师比偏高影响质量》，中国经济网，http://www.ce.cn/xwzx/kj/201012/07/t20101207_22028492.shtml，2010年12月7日。

究生的培养并没有突出各自的特色；在培养方案、课程设置、培养方式等方面，没有明确的差别，由此导致的结果是"人才培养的双向欠缺"，即学术型人才在培养模式上缺乏足够的学术训练，专业型研究生缺乏足够的实践训练。问卷调查表明，51.2%的博士生导师、67.2%的硕士生导师赞成此种说法。[①]笔者认为，实行多元的培养模式，注重实践能力的培养，不仅是进一步推动研究生专业学位教育发展的需要，同时也是有效促进学术学位教育发展的必要手段。

我国当前的研究生教育虽然在理论上存在学术型和专业型两种，但二者之间的区分并不明显，培养模式较为单一，对"理论"和"应用"的要求模糊不清。对此，笔者认为，研究生教育要借鉴国外的先进经验，实行多元化的培养模式。一方面，对于学术型研究生的培养可以借鉴日本研究生教育的主要培养模式——教学式；严格控制研究生的入学质量，课程设置注重基础理论和教育目标的结合，以讨论带动学生自学的教学方式，通过参加实践课题提高研究能力，以研究室形式对研究生进行过程管理，鼓励研究生参加学术会议，通过严格的评估制度对研究生质量进行监督，以期获得高水平的理论型人才。另一方面，专业学位教育可以同时采用以下几种培养模式：(1)以德国为代表的"学徒式"，强调导师个人能力对研究生的培养以及研究生直接参加科研教学实践活动。(2)以美国为代表的"专业式"，注重培养过程的标准化和培养类型的多样化，采取灵活而富有弹性的学制，规范化的组织管理，专业特色突出的课程设置，"指导小组"与工商企业联合培养。(3)西方国家普遍存在的协作式培养模式，注重通过修读课程而获得学位，采取宽进严出的教育风格，淡化教材，注重能力训练，重视研究方法和第一手调查研究，采取信息化的教学管理和灵

---

① 陈学飞、金红梅：《研究生教育：培养模式、质量与问题》，中国网，http://www.china.com.cn/chinese/zhuanti/05jybg/1163249.htm，2006年3月23日。

活的学分制学习安排，加强高校与工商企业联合培养，注重科研能力的培养。[①] 高校可以根据自身条件以及专业学位的设置自主借鉴不同风格的培养模式，积极探索具有本校特色的创新型专业学位研究生培养模式。

专业学位研究生教育要尤其注重实践能力的培养，提升研究生的创新能力。专业学位旨在培养应用型人才，首先应当注重通过相关课程和案例的学习与研讨，提升其解决实际问题的能力，至于课程学习的学术性、知识性以及学位论文的理论性可以适当降低要求。要转变办学观念，强化目标导向，建立专业学位研究生教育办学新模式以及相应的课程体系、教学方法、论文标准及考核办法，增大实践教学在教育过程中所占的比重；其次，要推行产学研联合培养研究生的"双导师制"，引进来自实践领域有丰富经验的高层次专业人员承担50%以上的专业课程教学。应就以上两个方面实施专业学位研究生教育的创新计划，以满足国家经济社会发展对应用型人才的需求。

四、结语

随着我国经济社会的发展，对高层次、应用型专门人才的需求，无论是规模还是质量都在日益扩大和提高，对此，中国政府亦做出了积极的努力。根据中国研究生教育最新的改革方案，2009 年之后除工商管理硕士（MBA）、公共管理硕士（MPA）等管理类专业和少数目前不适宜应届毕业生就读的专业学位外，其他面向应届毕业生招收的专业学位研究生，应实行全日制培养。至 2015 年，我国硕士研究生教育将实现从以培养学术型人才为主向以培养应用型人才为主的战略性转变，硕士层次的专业学位类别增加一倍左右；至 2020 年，专业学位

[①] 王欢：《国外研究生培养模式分析与借鉴》，《光明日报》2008 年 5 月 21 日。

和学术学位基本达到1∶1的水平，基本实现从培养学术型人才为主到学术与应用并重的转变。届时，我国的专业学位教育体系将基本完善，研究生教育结构和布局亦会进一步优化，培养质量明显提高。总体而言，中国研究生教育从学术到专业的转型业已逐步推进，并必将深入发展。但与此同时我们也应当关注一个新的问题：政府主导推进专业学位发展的合理性。当前，中国专业硕士学位已增加到36种，专业博士学位5种，其中2010年一年新增研究生专业学位便达到19种，相当于过去30余年的总和。与西方具有悠久高等教育历史的国家不同，我国研究生专业学位的设置并不是根据学位自身的性质自然形成的，而是以政府"报菜单"的形式推行。这种政府主导型的专业学位设置与发展究竟具有何种程度的合理性与可行性，尚有待进一步的观察和验证。

（本文选自《教育学术月刊》2017年第2期）

大学的文化性格与中国大学的文化功能

邓磊　杨甜

自中世纪肇始,大学经历几百年的发展,已经成为现代社会的核心机构,集中体现了人类的精神追求。大学之树常青的奥秘之一,在于大学之文化性格。大学的文化性格是大学组织在人类文明演进中逐渐沉淀而固化形成的内在品质,具体表现为文化气质和文化功能。大学一方面以其内在的知识属性深刻地诠释和研究客观世界及主观世界,另一方面又因其外在的社会属性而成为文化选择、保存和传承的重要社会器官。

一、大学文化性格的解读

鉴于大学的深厚传统和中心地位,对其文化性格的解读应当从不同角度进行。首先,作为知识生产中心和学术研究场所的大学需要从历时性角度来分析其内在性格;其次,大学还是国家教育组织和社会核心机构,这就要求我们在共时性的视角下思考其外在身份。

从大学的历时性发展来看,其内在的文化性格具有普遍性。首先,这源自于一个历史事实:大学脱胎于中世纪欧洲的修会学校,是教会传播宗教思想、培养人才的机构。中世纪的欧洲由于古典文明的衰落和北方蛮族的破坏而长期文化黑暗、社会动乱，为了拯救欧洲文明，同时也加强自身的精神统治，基督教创建了当时唯一的教育机构——修会学校，旨在通过传授知识和研究经典完成基督教义的广泛传播。由于基督教的世界精神和神学研究超越世俗的文化特性，中世纪大学初步奠定了求知无国界、研究无藩篱的文化性格。其次，大学文化性格的特征还取决于其从事的工作——科学研究与知识生产。德国哲学家雅斯贝尔斯认为，大学是一个由学者与学生组成的、致力于寻求真理之事业的共同体；任何一个真正意义上的大学，都要包含三个相互之间密不可分的方面：学问传授、科学与学术研究以及创造性的文化生活。由于科学研究的客观性和知识生产的规范性，大学在长期发展过程中逐渐形成了通过全面的观察、合乎方法论的思考以及作为客观性训练的自我批评来表达求知热情、展现科学精神的传统，并形成了稳定的认知范式和价值取向。这种文化性格不会因政权的更替和生产的发展而消失或改变，在宗教神学退出世俗生活，封建体制崩溃，人类社会发展到信息时代之时，大学依然能够保持自己独特的内在气质。

从大学的共时性存在来看，其文化性格则具有特殊性。大学不仅是实现人类基本求知意志的学术组织，也是被赋予了社会责任的国家机构。自中世纪以来，大学先后经过了"象牙塔"、"研究所"、"服务站"三个具有典型特色的发展阶段，至今已经成为人才培养、科学研究和服务社会的核心组织，扮演着重要的公共角色。鉴于国家间不同的历史文化传统、政治体制模式和经济发展水平，各国大学所扮演的公共角色不尽相同，其文化性格也自然有所差异。大学是社会有机体的重要器官，是知识发展与科学创新的策源地，是现代社会经济发展和民主程度提高的动力之源，因此其文化具有民族自觉性和社会引导性。正如英国哲人霍尔丹勋爵所说，"大学是民族灵魂的反映"，大学的文化性格与民族性格不可分离，如法国大革命、资产阶级知识价值观塑造了法国大学的风骨；深邃的德国哲学，尤其是黑格尔、康德哲学催生了德国大学的自治观念；悠久的博雅教育传统和经验主义哲学观则赋予了英国大学的学术尊严。由此可见，大学的文化性格还取决于大学之人的文化传统。

二、中国大学的文化功能

大学的文化性格是大学基业长青的源泉，是大学生存样态延续的文化基因。功能与性格是一体两面，性格是本质属性，功能是这种属性下的外在社会表现，对功能的解释从反面证明了大学内在的文化属性。

首先，依照内在的普遍性视角，大学是拥有自由思想、自治理念的学术园地，具有文化自主、文化反思和文化批判的能力。这就决定了中国大学要树立自身的文化自信和文化自觉，维护学术研究的独立性和自主性。大学是知识分子自由探究的知识殿堂，要坚守思考的独立和学术的自治。正因为如此，中国大学必须注重大学精神的培育和学术理念的创生，并作为科学知识与文化知识的生产者与改革者，以自身的交往能力为依靠对知识进行协调与联系，对文化进行评价与传播。大学文化的核心是形成学术传统，学术传统是学术制度建设的基础，反过来学术制度的建设则有利于对学术传统的呵护。因此，中国大学在传承学术传统、培育学术理念的同时，也不可忽略制度的设计与建构。

其次，基于大学文化性格的特殊性以及社会身份的赋予性，中国大学应当立足特定文化传统与文化形态，在所处的文化体系与时空坐标中独立自主地思考问题、发挥功能和承担责任，不能罔顾精神和历史的差异，在纷繁复杂的世界文化体系中奉某个暂时流行的舶来品为圭臬，而是要时刻保持历史的清醒与文化的独立。作为社会主义国家的大学，其建立和成长都有赖于社会主义意识形态的推动和支持，因此应以社会主义核心价值体系为指导，在社会主义文化大发展大繁荣的历史场域中履行职责。具体而言，现阶段的中国大学必须坚持社会主义办学方向，在弘扬和发展社会主义核心价值观、探索新时代背景下的意识形态建设方面做出表率作用和突出贡献，并通过科学知识与文化知识的生产，保障国家的意识形态安全，促进社会主义文化的繁荣和发展。

（本文选自《光明日报》2012年11月）

"双一流"背景下的学位制度改革与卓越人才培养

——基于英美大学"荣誉学位"的省思*

邓磊 郭玉佩

摘 要：荣誉学位既是一种学位认证制度，也是一套人才培养机制。荣誉学位制度的核心功效在于激发学生的进取意识，发挥学生的学术潜能，最终提高其自我教育能力。回顾英美大学荣誉学位制度三个世纪的实践经验可以发现，其不仅是培养卓越人才的有效途径，而且能够成为富有历史底蕴和文化内涵的大学传统。中国大学正处于创建"双一流"的大变革时期，当前最关键的任务是培养卓越人才、提升大学内涵。在此阶段实施荣誉学位制度，应从理念、制度和文化三方面展开思考，努力从学习走向创新、由制度生成文化、由中国走向世界，使荣誉学位制度成为培养卓越人才、建设伟大大学的有力保障。

关键词：学位制度；荣誉学位；人才培养

学位是培养高级专门人才、衡量高等教育质量和评价学术水平的客观标准，完善学位制度是现代大学制度建设的核心内容。与英美等

---

* 本文系中央高校重大培育项目"英式书院教育演进及其对中国大学文化共同体构建的启示研究"（SWU1509368）及西南大学2015年度教育教学研究重点项目"书院教育传统与来华留学生文化认同教学改革研究"（2015JY032）的阶段性研究成果。

先发国家相比，中国大学的学位设置相对单一，缺乏对学术成就和综合能力的区分，难以激发学生的学术热情。2016 年，以清华大学为代表的国内高校开始探索学位制度改革，试行"荣誉学位"。① 此次改革开启了我国一流大学通过学位制度改革提升大学教学质量和文化内涵的先例，其本质上是以提高学术为目的的人才培养模式改革，目的在于为学有余力的本科生提供更好的资源，创造更高的奋斗目标。② 在此方面，英美大学实践经验丰富，效果也非常显著，值得中国大学学习和借鉴。

一、我国学位制度在人才培养方面的不足

学位制度起源于西欧中世纪大学，最初是对新教师执教资格的认定，在大学的演进过程中，逐渐发展成区别知识层次和学术水平的认证体系，以及学生从事某种职业的入门资格。学位制度是国家人才培养制度的重要组成部分，为了在促进创新人才培养机制和激励卓越人才脱颖而出等方面发挥更重要的作用，其本身亦需要不断创新。③ 正是因为创新不足，当前我国的学位制度已经显现出一些问题，对大学的人才培养产生了不利影响。

首先，学位授予形式单一，无法区分学生综合素质的差异和创新能力的高低。根据当前的学位制度，学生进入大学后按照各学科统一的培养方案接受一定年限的教育，积累一定数值的学分以及满足其他硬性要求后，便可一致获得学位认定，区别之处仅在于学科的不同。这种形式单一、内涵固定的学位制度，不仅难以激励天赋出众的学生，

---

① 郑泉水、白峰杉、苏芃等：《清华大学钱学森力学班本科荣誉学位项目的探索》，《中国大学教学》2016 年第 8 期，第 50 页。
② 张航：《清华大学设立本科生荣誉学位》，《北京晚报》2016 年 9 月 22 日。
③ 骆四铭：《中国特色学位制度构建略论》，《江苏高教》2009 年第 4 期，第 79—81 页。

也无法调动全体学生在学术方面的进取精神和竞争意识。由于大部分的学业修习都是"规定动作",获得的认证又价值一致,导致其自主性和创造性意识受到压抑。而那些缺乏创新思维、自主能力不强的学生,虽然更适应按部就班的培养方式,其中一部分还会因此表现优异,但事实上却是失去了自我完善的契机,甚至还会形成反向激励。

其次,学位规定的课程基本固定,当前多数大学的教学方法也比较僵化,不利于培养学生的规划意识和长远眼光。学位作为接受高等教育的终极认证,体现的是综合素质,强调的是知识技能、学习能力、反思精神和创新意识的整体提升,而不是离散的课程修习和细碎的经验拼凑。按照当前的学位设计,学生是在被动情形下按部就班地修习各门缺乏联系的课程,完成规定的任务便可获得学位。在此种课程设置下,学生的主体性和选择性无法得到体现。在教学过程中,学生与学生、学生与教师以及教师与教师之间的沟通协作,也难以得到保障,以至于学习者常常知其然而不知其所以然,对学科知识的综合理解和学习计划的总体把握严重不足,更遑论对未来职业生涯的长远规划。

第三,由于当前的学位制度无法对学生的学术水平做出有效区分,难以体现创造性和自我教育能力,导致社会和企业在信息不对称的情形下不得不将"出身"作为评价依据,忽视了真实的个体素质和发展潜力,从而出现了"出身决定论"和"高分低能"这两种看似矛盾的双重误解。所谓"出身决定论",是指社会公众和就业市场普遍存在片面重视人才出身和学位等级,过度追求"名校"和"高学历"的现象。"高分低能"则是过度重视学历和出身,忽视主体意识和个性差异导致的必然结果。长期以来,我国大学"严进宽出"的制度设计让学生在中等教育阶段不得不激发最大的潜力以获得入学资格,而一旦进入高等教育阶段,相对宽松的培养过程和缺乏区分的学位制度,致使一部分学生失去了方向和动力。一方面,进入"名校"者在学校光环的笼罩下就业前景相对乐观,一部分人不再像中等教育阶段那样认真对待学业。另一方面,"非名校"的大学生因为无法在学校声誉方面获得支持,则容易产生"努力学习也不能为就业增加筹码"的观念,从而导致学习积极性普遍不高,在满足了学校基本要求的情况下,他们更倾向于追求更能证明个人成就的职业证书和有利于就业的双学位教育,或者选择报考"名校"的研究生以改变出身和学历。

中国高等教育正努力创造世界一流的大学和学科,实现这个目标的关键举措在于培养具有主体意识、进取精神和创新能力的卓越人才。当前的学位制度在此方面有所欠缺,我国大学应当综合借鉴他国经验,并结合自身实际进行创新。

二、荣誉学位制度在英国大学的起源

荣誉学位(Honours Degree)最早出现在英国古典大学,较易与其混淆的一个概念是"荣誉性学位"(Honorary Degree)。荣誉性学位是大学或其他学位授予机构放弃通常获取学位的要求,例如:入学、学位论文、毕业考试等,授予那些与学术机构没有任何关系或之前没有受到高等教育的,但是对某一特定领域或社会做出贡献的人。[1] 通常荣誉性学位仅作为奖励在个人简历中呈现,而不是获得者学历水平较高的表现。荣誉学位则属于正式学位,而且只有那些学术表现高出平均水平的学生才有资格获得。

英国大学荣誉学位的设置可以追溯至 16 世纪,剑桥大学神学教师团依据类似"常模参照"的方法将学生分为前 25%,中间 50% 和最后的 25%,分别授予不同荣誉级别的学位。[2] 1754 年,天文学家内维尔·马斯基林(Nevil Maskelynebe)在剑桥大学获得荣誉学士学位,

---

[1] "Honorary Degrees: A Short History", http://www.brandeis.edu/trustees/hdr/.

[2] "Tear Up the Class System", https://www.theguardian.com/education/2003/oct/14/administration.highereducation.

这是英国大学在神学外设置荣誉学位的早期案例。[1] 1807 年，牛津大学各书院普遍设立旨在鼓励学术竞争的文学、数学和物理学荣誉学位。[2] 荣誉学位设立的初衷在于表彰那些领悟深刻、具有独创性的学生，而非奖励在考试中取得好成绩的学生。[3] 但在后来的发展过程中，按考试成绩进行排名的做法逐渐流行起来。为了避免因过分追求知识的精确性而在求知方式上失去创造性，牛津和剑桥两所大学皆对荣誉学士学位进行了等级划分，不同等级的荣誉学位有着严格的比例控制。[4]

英国大学现行的荣誉学位制度直至 1918 年才最终形成。[5] 以牛津大学为例，申请荣誉学位与普通学位的要求有很大不同，需要结合学生的学习成效和学术水平两个方面。申请荣誉学位的学生比普通学生需要获取更多的学分。必须选修专门为荣誉学位设置的"荣誉课程"。较之于普通课程，"荣誉课程"难度较大，更具有挑战性，常常需要学生进行独立研究。获得学分只是申请荣誉学位的条件之一，通常情况下，申请荣誉学位的学生还需参加考试，即"专业测评"。测评形式包括笔试和口试，笔试以撰写论文为主，论文的质量在很大程度上能够决定荣誉学位的等级。尽管精深程度无法与博士论文相提并论，但少部分获得荣誉学位的本科生的论文颇有可取之处。[6] 与牛津和其他大学相比，剑桥大学的荣誉课程稍有不同，其由多个"部分"构成，申请荣誉学位的学生需要通过每"部分"的"荣誉学位测试"（Tripos），只有通过全部测试的学生才有资格获得荣誉学位，测试成绩决定学生

---

[1] Arthur Thomas Malkin, *The Gallery of Portraits with Memoirs*, Nabu Press, 2010, p. 20.

[2] Abbot Lawrence Lowell, *At War with Academic Traditions in America*, Harvard University Press, 1934, p. 40.

[3] "Dumbing Down of University Grades Revealed", https://www.telegraph.co.uk/education/universityeducation/8235115/Dumbing-down-of-university-grades-revealed.html.

[4] 卢晓东：《荣誉学士：为拔尖人才另辟通道》，《中国教育报》，2016 年 8 月 8 日。

[5] "Tear Up the Class System", https://www.theguardian.com/education/2003/oct/14/administration.highereducation.

[6] Arthur Thomas Malkin, *The Gallery of Portraits with Memoirs*, Nabu Press, 2010, p. 20.

的荣誉学位等级。[①]

　　荣誉学位分为三级，分别对应不同的综合成绩。在英国大学中，一般而言，达到总成绩分值70%以上的可以获得一级荣誉学位（First-class Honours），达到60%—69%的可以获得二级上荣誉学位（Upper division），达到50%—59%的获得二级下荣誉学位（Lower division），达到40%—49%的获得三级荣誉学位（Third-class Honours）[②]。获得二级上荣誉学位是许多英国大学研究生课程的最低要求，这在一定程度上保证了研究生的生源质量。三级荣誉学位在现代大学中是最低的荣誉等级，又被戏称为"绅士学位"。未获得荣誉学位的学生可以申请普通学位。普通学位一般没有等级，其获得者可以是直接申请普通学位的学生，同时也可以是申请荣誉学位而没有通过的学生。由于每个高校的荣誉学位等级标准都有所不同，为了保证各等级在不同学校所代表的学术水平一致，英国政府会对每所大学的教育教学水平进行评估，进而确定不同等级学位的授予比例。英国高等教育质量保证署（QAA）是独立且唯一的高等教育质量保证代理机构[③]，其核心工作就是负责评估英国高等教育的质量，提供全国统一的参照点。[④] 尽管各高校的荣誉学位授予比例不同，但皆会尽力保证荣誉学位的含金量，切实评价学生的学术水平和发展潜力，这也是英国大学保持和提升自身声誉的重要途径。

　　荣誉学位制度对于英国大学的意义非同一般。首先，作为一种学术奖励，荣誉学位是对知识功底扎实、学术见解独到的学生的认证；

---

① "The Structure of Undergraduate Courses at Cambridge", https://www.camdata.admin.cam.ac.uk/structure-undergraduate-courses-cambridge.

② "Understanding the Undergraduate Grading System in the UK", https://www.hotcoursesabroad.com/study-in-the-uk/applying-to-university/understanding-undergraduate-grading-system-in-uk/.

③ 张世英等：《英国QAA评估程序、方法及其启示》，《当代教育论坛（综合研究）》2011年第6期，第102—104页。

④ 方鸿琴：《英国高等教育质量保证署的院校审核》，《高等教育研究》2005年第2期，第104—107页。

高等级的荣誉学位是在学术领域继续深造的必要条件，在此意义上荣誉学位制度也是一种高水平学术人才的选拔机制。其次，作为一种精神激励，荣誉学位能够激发学生的求知欲望，要求学生形成自我规划能力，是一种体现综合素质的考察机制。最后，经过数百年的历史积淀，荣誉学位形成了一系列较为固定的制度、习俗和仪式，这又为大学增加了厚重的文化内涵。基于以上缘由，荣誉学位得到了社会各界的认可与尊重，逐渐成为全面衡量学生品行和能力的重要标准。英国大学的师生们一直相信，无论从事何种工作，其学位等级与其日后的发展有紧密联系，事实上高等级的荣誉学位也往往意味着较高的职业起点。因此，荣誉学位制度能够保证牛津、剑桥等精英大学一直拥有大量勤奋刻苦的优秀学生，即使学习的课程与未来从事的职业毫无联系，他们也会全力以赴。

三、荣誉学位制度在美国大学的发展

19世纪中期以来，美国大学的学位制度主要模仿德国，为修满学分的学生提供无差别的普通学位。但是由于不具备德国文理中学（Gymnasium）般根基深厚的中等教育，美国大学生的通识基础较差。进入大学后，学习成绩成为死记硬背的代名词，本科生对学术普遍缺乏兴趣，宁可将热情挥洒在运动场上。为了激发学生对学术潜能，也为了改革人才培养模式，美国大学从20世纪30年代起探索"荣誉教育项目"，英国大学的荣誉学位制度也是在此阶段被引入。[1] 在英国大学荣誉学位的基础上，美国大学制定了荣誉项目（honors program）与荣誉学院（honors college）两种荣誉学位授予机制。参与荣誉项目或进入荣誉学院的学生都被称为"荣誉学生"，荣誉教育能够提供挑战自

---

[1] Peter C. Sederberg, *The Honors College Phenomenon*, University of Nebraska, 2008, p. 13.

我的机会，让他们尽可能地发挥自己的学术潜能。[①] 获得荣誉学位以及在荣誉项目中表现突出的学生，同样能够得到学校乃至社会的认可。

在引入英国荣誉学位制度的大学中，洛厄尔（Lowell）领导下的哈佛成效最为显著。洛厄尔出身于波士顿望族，是一位颇有成就的法学家。1909年起，洛厄尔任哈佛大学校长长达24年。基于学者的人文关怀和改革者的理性反思，洛厄尔对美国大学使命和功能，以及高等教育的目的与理念，都提出了独到见解。洛厄尔认为，美国大学必须在保证达到最低学业水平的基础上强调学术奖励，为此他借鉴牛津、剑桥的做法，在哈佛大学设计了荣誉学位制度。哈佛大学采用的是三级荣誉学位体系，即把荣誉学位分为三个等级。第一等级是"初等荣誉学位"（cum laude），通常授予前25%或30%的毕业生；第二等级是"优等荣誉学位"（magna cum laude），通常授予排名前10%（或15%）的毕业生，第三等级是"最优荣誉学位"（summa cum laude），通常授予排名前1%—5%的毕业生。为了完善荣誉学位制度，洛厄尔还在哈佛大学出台了一系列配套措施：

其一，改革考试制度，改变院线各门功课单独考核的传统方式，推出综合考试制度。综合考试一般在最后一个学期举行，着重考查学生四年所学知识的整体掌握程度，以及将不同学科知识融合的整体思维能力和综合运用能力，其实施目的在于帮助学生将理论与实践两大板块进行结合，提升综合能力。综合考试制度以笔试与口试为主，笔试以撰写论文为主，口试则是通常意义上的答辩。综合考试的成绩与荣誉学位的授予紧密相连。笔试成绩未能达到普通学位授予标准的学生都会参加口试，申请荣誉学位的学生需要在获取普通学位的基础上，增加考试的类别或项目。

其二，改革教学模式，引入导师制度，通过加强师生之间的沟通

[①] 熊月之、周武：《圣约翰大学史》，上海人民出版社2007年版，第95页。

与交流，启发学生的创新意识和自我教育能力。洛厄尔在荣誉学位和综合考试制度设立之初就为学生配备导师，尽管教师在学生知识学习和逻辑思维养成的过程中起着不可磨灭的作用，但要取得经久不衰的效果，还需要学生学会自我教育。首先，自我教育意味着学生在各个阶段积极主动的学习意愿，荣誉学位能够帮助学生在毕业时获得更好的工作，提高社会地位，获得普遍的尊重，学生必然会投入更多的精力在专业知识学习中；其次，自我教育还意味着自我探究的刻苦精神。由于荣誉学位的获得需要更高的学习成绩，学生必须付出更多努力，由此，为了保证学生的课外自主阅读时间，洛厄尔规定在每个学年设计两个阅读季，让学生自主阅读相关材料，一方面可以减轻教师压力，使其能够投入更多精力于学术研究，同时也为学生之间的交流提供契机。除此之外，洛厄尔还将全体本科生和授课教师、导师一同安置于数个住宿书院中，营造具有文化内蕴的教育场域和追求卓越的学术气氛，鼓励不同学科背景的学生相互交流、互动，激发和培养学生的学术兴趣与学术能力。

在哈佛大学的引领下，越来越多的美国大学开始实施荣誉学位制度。在三级荣誉学位的基础上，部分美国大学也设置了五级荣誉学位，即在前三个等级之外再添加第四等级——"卓越的荣誉学位"（egregia cum laude），这一等级的学位偶尔出现，设立目的在于表彰那些获得相同平均分成绩的学生；以及第五个等级——"极大的荣誉学位"（with great honor），它是所有荣誉学位等级中的最高级别，这种学位通常授予成绩几乎完美的学生。1966年，美国成立全美高校荣誉教育理事会（National Collegiate Honors Council，NCHC）旨在为全美的荣誉教育提供服务，有接近900所高等教育机构成员加入其中，影响了超过33万名荣誉学生。[①] 这些高校主要通过建立荣誉学院、开展荣誉

---

① "About NCHCN", https://www.nchchonors.org/about-nchc.

项目对学生进行荣誉教育。其中不仅包括哈佛、耶鲁等顶尖私立大学，也包括普渡大学、加州大学洛杉矶分校、加州大学戴维斯分校等一流公立大学，以及众多两年制社区学院。[①] 随着荣誉学位在美国大学的普遍实施，制度风格也逐渐从英式的精英、博雅向美式的民主、实用转化，其不仅是对少数学术卓越人才的荣誉认证，而且是激励每一位学生自我超越和完善的主要路径，有利于培养不同领域的高级专门人才。

四、荣誉学位制度对中国大学人才培养改革的启迪

在当前国家大力进行"双一流"建设的历史背景下，每一所追求卓越的中国大学都在迎来迅速发展的契机，同时也面临着深化改革的挑战。无论是建设一流大学还是一流学科，培养卓越人才都是最关键的问题。在此问题上中国大学可借鉴英美大学，以荣誉学位制度为切入点，从理念、制度、文化三方面推进人才培养改革。

（一）理念焕新

基于英美大学荣誉学位的实施目的和制度设计，中国大学应在两方面焕新人才培养理念。首先，荣誉学位以及与其配套的综合考试、导师辅导等制度体系的实施，要求中国大学改变专门化、碎片化的课程设置，改变课堂中心、教师主导的教学方式，从根本上激发学生自主探究、追求卓越的意识，树立以加强自我教育能力和创新精神为核心的教学理念。学生潜能的激发和素质的提升，皆有赖于自我教育能力。而自我教育能力的提升又离不开两个关键要素：兴趣和方法。荣誉课程能够为学生设置更高一层的学术目标，为具有天赋的学生提供

---

① David Moltz, "2-Year Honors Boom-Courses for High-Achieving Community College Students Are Getting More Exposure and Becoming More Competitive", *Inside Higher Education*, vol. 2, 2010.

发展平台,鼓励学生挑战高难度的课程与科研项目,有助于学生形成主动学习与自我探索的兴趣。综合考试和导师辅导则能为学生提供整体性的求知视野和自反性的学习方法。

其次,积极实施荣誉学位,需要中国大学深入理解和促进人才培养理念的国际化,通过卓越人才的培养,引领"人类命运共同体"的构建。正如习近平总书记所言,"今天的世界是各国共同组成的命运共同体。战胜人类发展面临的各种挑战,需要各国人民同舟共济、携手努力。教育应该顺此大势,通过更加密切的互动交流,促进对人类各种知识和文化的认知,对各民族现实奋斗和未来愿景的体认,以促进各国学生增进相互了解、树立世界眼光、激发创新灵感,确立为人类和平与发展贡献智慧和力量的远大志向"。[①] 引入荣誉学位,首先意味着高等教育对外开放的进展,有利于从学位学历层次开始推动中外高等教育相互承认。其次也有利于提升高层次人才的培养质量,提高教育对外开放的自信,在构建"人类命运共同体"过程中掌握更多的主动权。

(二)制度改革

通过荣誉学位制度的实施来培养学生创新精神和自我教育能力,不只是简单的设置荣誉学位,同时还需要进行教学、课程、管理等全面相关的制度改革。

1. 改革考试制度,设置荣誉学位授予标准

评价作为教学过程中的重要一环,对学生的培养质量起着至关重要的保障作用。学位授予的标准基于对学生进行公平、客观评价,考察学生的思维和学习能力,需要设置一套完备的考试制度。荣誉学位强调的是进取意识和自我教育能力,考察的是综合品质和素养,因此

[①] 赵婀娜:《清华大学苏世民学者项目启动仪式在京举行 习近平奥巴马致贺信》,《人民日报》,2013年4月22日。

需要构建一套与之相对应的考试制度。在此方面，可以借鉴洛厄尔在哈佛大学的改革，在各门课程单独考试的基础上按照学科区分设置综合考试制度，对学生四年的学习经历和效果进行整体考察，以此锻炼学生的综合思维，鼓励学生将客观知识与主观体验相联系，根据所学知识表达自己的观点与看法。

为了保证荣誉学位的"含金量"，防止授予标准出现较大差异，教育行政部门应当引导设立荣誉学位的高校建立联盟，或者引入第三方质量评估机构，以统一标准，设置合理的荣誉学位比例。这样做首先能为学生提供大学四年一以贯之的奋斗目标，另一方面也有利于打破高校之间的隔阂，为劳动力市场提供一个普遍适用的人才衡量标准。

2. 改革课程与教学制度，培养学生的创造力

荣誉学位既是一种学术奖励，也是一种激发潜能、个性发展的人才培养模式。设置荣誉学位的高校，需要在一般课程的基础上设立具有挑战性的荣誉课程和荣誉项目，为天赋较高的学生提供更高的学术目标。荣誉课程的设置主要在于对学生创新思维能力的培养，学科知识的交叉往往能够有效激发新思想的涌现和创新性研究的产生，因此，荣誉课程的设置需要跨越学科与单一课程的界限，为学术目标服务。荣誉项目的设置则是将学生置身于具体的科研实训中，培养学生的实践操作能力和团队精神。学生的成长需求是"多元"的，促进学生的个性发展，荣誉课程与荣誉项目的设置意味着人才培养过程中资源配置模式的转变，进而能够为学生未来的发展奠定广泛的基础与无限的可能。

为帮助学生顺利完成荣誉课程和荣誉项目，可以为学生配备导师。导师的作用主要在于为学生提供启发式的课业辅导，进行个别交流，挖掘学生的研究潜质，并在其指导下开展具有创新意义的科研项目。学生的未来不是固定的，而是变化、发展的，提高学生整体素质有赖于学生思维能力的发展，这就需要为学生提供自主学习时间，促进学生自主阅读与独立思考，同时能增强师生交流、生生交流，以养学术

争鸣之风。

(三) 文化建设

大学文化是大学育人的根本,大学文化的建设扎根于长期的办学实践,体现在长期一致的历史传统和富有象征意义的文化符号上。布尔迪厄认为,文化"关系性地存在于'符号位置空间'(space of symbolic stances)与'社会位置空间'(space of social stances)的同源结构中"[①]。文化独立于经济和政治,其自主发展的驱动力是专家群体,作用机制乃是一套符号体系。而大学的独特之处就在于通过操纵符号来完成知识传播和人才培养的核心使命,知识和人才的生长规律又决定了大学必须形成深厚而稳定的文化传统。唯有如此,才能发挥"不言而喻""不为而成"的文化育人效果。

由此可见,荣誉学位制度的引入是否能够提升中国大学的人才培养质量,根本还在于能否形成"荣誉文化"。首先,根据大学组织一贯传承的学术文化传统,中国大学的"荣誉文化"首先体现为不断突破、不断创新的求知精神。其次,"大学是民族灵魂的反映",因此中国大学的"荣誉文化"还体现为"修身、治国、平天下"的知识分子理想。最后,当前时代的中国大学,还应当倾力建设社会主义事业的"荣誉文化","以求科学研究之知为基础,以求社会主义建设之功为目标,以求中华民族伟大复兴之德为理想"。[②] 以此三重内涵为导向,中国大学的荣誉学位才能由制度生成文化、由学习走向创生、由中国走向世界,成为培养卓越人才、建设伟大大学的重要载体。

[①] Edward Lipuma, "Culture and the Concept of Culture in a Theory of Practice", in Craig Calhoun, Edward Lipuma, Moishe Postone, eds., *Bourdieu: Critical Perspectives*, University of Chicago Press, 1993, p. 18.

[②] 邓磊、杨甜:《古典大学文化生活的现代续延——英式住宿学院的缘起、承继与启示》,《高等教育研究》2013 年第 9 期,第 89—94 页。

城市参与大学治理与章程制定路径初探

邓磊　刘琴

摘　要：城市提供的优质环境及制度支持是早期大学产生与发展的基础，地方政府参与大学章程制定也是早期大学制度建设的重要途径。在现代社会，依托成熟的市民社会环境，遵循契约治理模式，通过具有法律效力和可操作性的章程与条例来规范大学与社会的权责关系，形成科学合理的管理秩序，是地方政府参与大学章程制定的旨归。

关键词：城市；大学；大学治理；章程制定

城市提供的物质条件及制度支持是早期大学产生与发展的基础，在大学创立伊始，城市政府便参与大学章程与条例的制定，对其进行审核，从而使其具有法律效力，此过程亦可称作城市为大学立法。章程与条例是大学内外部关系总的规范，堪称规定大学行为的纲领性文件。城市政府参与大学章程与条例的制定是早期大学完善制度建设的重要途径，在充分发挥大学职能、协调大学内外部关系中起到了重要作用。由于种种原因，当前我国大学章程所拥有的效力和发挥的功用甚为有限，亟须提高法治化程度。城市参与大学的内部治理与章程制定是西方大学章程法治化的传统路径，我国大学应在充分考虑其理论与现实意义的基础上有所借鉴。

一、城市与大学的历史渊源

从历史渊源来看，城市与大学的关系颇为复杂，但可以肯定的是，早期大学的成长离不开地方政府的支持。大学脱胎于中世纪的教会学校，随着12世纪欧洲文艺复兴的兴起和教育势力的壮大，大学逐渐远离寺院和教堂，融入欧洲大陆和英伦三岛的中心城市，并在地方政府的支持下逐渐发展壮大。相对于教会而言，大学与城市天然地亲近和契合。首先，大学的创生离不开城市提供的优越环境，如淳朴的民风、有益身心的新鲜空气、丰富多样而价格低廉的食物等等。事实上，早期的大学城大多风景宜人，交通便利，中世纪学者在谈及巴黎这所城市的气候时用尽了溢美之词，剑桥和牛津也皆被一江绿水所环绕。其次，文化和政治的繁荣也是早期大学不可或缺的发展保障。如在博洛尼亚，罗马法光辉依然闪耀的伦巴第诸城成为法学研究者的圣地。中世纪学者在这两座伟大城市集结，建立起巴黎和博洛尼亚两所大学。由于对城市的依赖，中世纪大学虽然拥有教宗权力的鼎力支持，但也必须努力维持与城市当局的合作关系。城市供大学栖身，大学为城市添彩，二者相互依存的互惠关系是中世纪城市参与大学治理与章程制定的根本原因。

第一部有史可鉴的大学法令是1158年腓特烈·巴巴罗萨（Frederick Barbarosa）在隆卡利亚宗教会议（The Diet of Roncaglia）上颁发给博洛尼亚学者的国王宪章，该宪章初步奠定了中世纪大学的法团地位。国王宪章明确规定全体伦巴第学者都处于神圣帝国君主的特别保护之下，若有学者成为被告，牵涉到任何法律议程，都可以在本校教授或本地主教之间自由选择接受其中一位的传讯。在上述法令中，虽未明确提及城市如何为大学立法，但却隐含了二者之间在处理重大问题时的协商之意。在中世纪的伦巴第诸城，学者团体被视作一个既不同于寻常世俗大众又区别于神职人员的独立阶层；他们的特权基本都是通过与城市商定的协约而逐渐稳定下来的，在此过程中甚至不乏残酷的斗争。即使是作为神学中心的巴黎，大学师生因为具有教会身份而拥有宗教豁免权，在理论上可以不受世俗政府的规约，但在现实生活中他们却无法做到如此超然。由于大学在城市之中，同时大学的同乡会组织也与世俗渊源深厚，因此其组织发展一直伴随着与世俗世界的斗争与妥协。远在罗马的教宗虽能在名义上授予大学种种特权，但事实上无论生活起居的安排抑或学术活动的举行，大学组织的每一步发展以及大学章程的每一次改动都离不开与城市当局以及市民阶层的斗争、妥协和协商。

中世纪城市为早期大学立法的核心思想是二者之间的契约关系。从松散的教师行会发展成为组织严密、目标明确的法人社团，大学必须走过四个至关重要的步骤：（1）将非成文的惯例逐步转变为章程，并通过法律法规的形式确立下来；（2）确立，或（如果没有必要获得权威认证的话）使用作为一个合法社团的起诉权和被起诉权；（3）组织成立永久性的办公机构；（4）使用共同的印章。而这四大步骤的实施无不浸润着大学与城市的协约，因此拉斯达尔才会以不容置疑的口吻宣称："这段历史（中世纪大学章程发展史）在不经意间大致展示了中世纪欧洲地方政府的市政管理、司法人员对社会公正的监督以及宗教生活与学术生活的真实情形。"

二、城市参与大学治理与章程制定的现实意义

与早期大学相比，现代大学最大的特点就是其存在于法治社会之中。中世纪的时代特征曾赋予大学超越性的宗教特权和政治特权，而在现代社会，民主和法治是组织权力的基础和保障，这便决定了大学的制度建设必须通过立法的形式来确定。在我国，随着高等教育管理体制改革的不断深入，地方政府与大学的联系日益紧密，对此，城市

参与大学治理与章程制定具有十分现实的意义。

（一）现代大学制度建设的主旨

明晰高校与政府的权责，建立法人治理结构，充分发挥教代会与学代会的作用，依法形成科学合理的管理秩序，是现代大学制度的核心要义。城市参与大学的治理与章程制定不仅为大学的内部治理提供了法律依据，同时也为厘清政府与大学的权责关系，为社会各界依法监督大学组织的运行提供了可供探讨的路径。

首先，城市参与大学治理与章程制定是高等教育管理宏观体制变革的需要。高等教育管理体制亦即国家与政府对大学管理的体系与制度的总称，早在1985年的《中共中央关于教育体制改革的决定》中，中央政府就首次提出了改革高等教育管理体制的建议；在此之后，又在1994年至1996年间持续探索并最终形成了"共建""合作""合并""协作"和"划转"的五种改革形式。至2000年的再次布局结构调整，我国高等教育管理体制完成了历史性的转变，全面废除了部门办学、条块分离的传统体制机制，形成了中央政府与省级政府两级办学、地方管理的新格局。但是上述改革并不彻底，无论是传统的部门管理还是之后的地方管理，都没有跳出政府管办不分、行政干预过度的窠臼，依然存在着行政权力越位、学术权力式微的现实可能。因为我国高校实行地方管理为主，所以明晰地方政府的权责就具有了重大的意义。城市参与大学治理旨在探索大学制度建设的新路径，通过地方立法机关的参与，规范地方政府与高校的权利与责任。

其次，城市参与大学治理与章程制定是规范大学内部关系的关键。现代大学功能被概括为人才培养、科学研究与社会服务三个方面。从逻辑关系来看，人的发展是大学发挥组织功能的出发点，也是其最终目的。因此人才培养是大学的核心功能，从事科学研究是大学培养人才的途径，提供社会服务则是其结果。无论是人才培养还是科学研究，都需要优良的教学管理机制和科研管理体制进行规范与引导,因此大学的内部关系应当以学术事业为中心,行政力量介入的主要目的是为科研和教学服务,沟通大学与政府、社会的关系。但在目前的学术管理模式下,行政化的科层思想充斥着学术管理队伍,大学内部的学术生态和教学秩序都受到了严重干扰,导致中国大学难以培养出具有创造性思维的杰出人才。在此方面,中国科协曾做过调查:有33%的人认为"科研管理机制导向使得科研人员急功近利",45%的人认为"社会环境的利诱使科研人员难以静下心",37%的人认为"做官对争取项目、解决职称均有利""有机会可以走仕途"。① 由此可见,"学术—行政—利益"在一定程度上已经形成了一个紧密相关的链条,利益则成了学术与行政的最终导向,最终造成科技的创新力不足和创新人才培养的困境。打破这种困境的最佳举动就是通过立法来厘清学术、行政与利益集团之间的关系,并进一步将其制度化、法治化,最终促使大学的教学、科研和行政都围绕人才培养的核心任务协调展开。对此,中央政府只能从宏观上进行把握,地方政府有必要也有义务做出努力和突破。

(二)张扬大学精神的诉求

大学精神是大学发展的内在动力,也是大学人的永恒追求,其主要含义是学术独立、研究自由以及创造性的文化生活,这一切都建立在合理合法的大学制度基础上。在目前我国的高等教育管理体制下,政府作为举办者却越位扮演了管理者的角色,过度强化了行政权力,以至于大学精神难以张扬。对此,只有通过立法,为大学自治提供法律保证和制度空间,才能真正实行学术的自治与自由。城市参与大学

---

① 熊润频、曹健:《中科院院士:社会浮躁致科学精神出现危机》,《半月谈》2009 年第 12 期,第 45 页。

章程制定是对大学所享有权利的肯定，是对大学的内部秩序和外部关系进行科学的规范与管理。大学制度与大学精神互为表里，相辅相成，只有通过完善的制度，大学精神的张扬才能得以实现。因此，城市当局参与大学章程制定不仅有利于大学制度的建设，也有益于培育现代大学精神。为了寻求学术发展的自由与外在秩序的平衡，维持、协调、规范大学组织活动的有序运行，城市当局既需要对大学权利进行维护与保障，也需要对大学及大学人的行为进行约束。"制度安排是特定组织内在精神与理念的外在表现形式，而反过来，制度安排又培育和营造了组织内部所特有的文化氛围，进而内化为组织中个体的精神人格、价值诉求、信念和行动取向。"[①] 由此可见，地方政府对大学立法是大学管理的制度安排，是体现大学理念、张扬大学精神的内在诉求。

三、城市参与大学治理与章程制定的现实困境

城市为大学立法是必要的也是可行的，然而在我国现行制度背景下也存在诸多问题与困境。城市为大学立法是地方人大由司法监督到立法参与大学治理的表现，当然，这种立法也是建立在宪法与现有的国家法律框架之下，其法律效力不能超越上位法。我国高等教育管理体制是中央与省级两级管理，因此地方人大对于地方所属大学的立法就存在诸多问题。比如，作为下位法，地方人大的立法空间和制度空间就显得狭小；其次，城市为大学立法是大学寻求办学自主权与自治的有效途径，但必须突破"'高等学校办学自主权'是政府授予所隶属高校的有限且随时可以收回的权力的局面"[②]，寻求宪法与法律契约性

[①] 阎光才：《识读大学：组织文化的视角》，教育科学出版社 2002 年版，第 288 页。
[②] 郭垒：《宪政的视角：高等教育的权力配置》，《国家教育行政学院学报》2007 年第 8 期，第 39—43 页。

的权力分配空间，成为真正意义上的独立法人，而不是依附于政府的次级法人主体。另外，地方政府也并非专业性的教育研究机构，因此需引入第三方高等教育管理机构负责管理咨询工作。

四、城市参与大学治理与章程制定的现实基础

城市参与大学治理与章程制定当前在我国尚停留在探索实践的初期阶段，总体而言尚无现成的经验可供参考，因此仍然有必要探讨其现实基础。

（一）市民社会的成熟

市民社会理论是黑格尔伦理哲学三大领域之一，他认为市民社会是家庭与国家之间的"差别阶段"，其部分独立于国家。一般说来，整个社会应当包括国家、经济（市场）与市民社会三大部分，市民社会处于国家与经济（市场）之间，就如同大学介于政治国家与市场之间一般，既不能彻底国家化，同时也需要有面对市场的底线。在此种意义上，大学的出现和发展也是市民社会的实体要素之一，"高等教育无论在理论上还是在实践中都具有明显的市民社会的特征，无疑应属于市民社会"[①]。市民社会中的个体成员作为理性人而存在，要求在自己的权利领域内能够独立地处理事务而不受国家的干预。任何一个国家都是通过政府制定各种政策，继而用强力的手段推行实施政策，这种自上而下的推行方式使得政府的权力日益膨胀，人民的权利就容易受到行政权力的干涉，市民社会是中国法治社会形成的重要推动力量，市民社会的存在一定程度上制衡了政府的权力。在大学法的制定上，市

---

① 王飞南：《市民社会："契约性"社会自治的伦理精神》，《胜利油田党校学报》2007年第4期，第67—68页。

民社会体现了其公共指涉性,并最终促成了蕴含深刻的公共伦理精神或公共精神的"契约性"社会自治的生成。[①]对于大学这种公共社会机构而言,这种"契约性"社会自治的体现就表现为城市参与大学治理与章程制定。

市民社会的不断成熟意味着政府在一定程度上退出公共领域,其在高等教育管理领域越来越扮演"有限政府"角色。城市参与大学治理与章程制定是市民社会日益成熟的表征,市民社会的利益可以经由地方政府得到表达,市民社会的这种自下而上的力量推进,可以推进建设现代大学制度的进程。

（二）社会契约关系的体现

大学法的本质是大学与政府以及社会等利益团体之间的契约,通过各自权力的让渡从而达成一致,并在契约的规范下各司其职。

对于大学而言,其本身就是利益相关者的契约组织,它包括了学生、学校、教师、社会与国家等诸多利益团体,无论国家、学校抑或大学师生都以自己的方式对大学的发展施加影响,现代大学制度的制定也必然是各利益主体之间进行的协商妥协、博弈与平衡的结果。契约管理思想强调的是管理的有限性与有序性,有限指的就是政府有所为有所不为,不能缺位、不能错位也不能越位；而有序性就是有章法、有秩序的管理。城市为大学立法使得大学在自主管理上有章可循,这种规定不仅规范了内外部关系,为现代大学制度提供了法律保障,同时也为大学精神的张扬提供现实可能。

对于政府而言,以契约作为治理途径是现代政府治理方式的变革。这种以契约治理代替行政命令的上传下达,打破了政府对公共服务供

[①] 毛玲:《市民社会：中国社会变迁的必由之路》,《经济研究导刊》2009年第2期,第194—195页。

给的垄断,在提高公共服务供给效率的同时也增强了现代政府的民主合法性。全球治理委员会曾经提出了四个治理特征,其中就强调说明治理过程的基础是协调而不是控制,同时还指出治理是一种持续的互动过程。城市参与大学治理是政府与大学之间的协调与互动,而不是一种僵化的科层制。契约治理下的政府在参与大学管理时应该放弃传统的权力核心与权威,在协调与互动中扮演好有限政府与无限服务的角色,并承认大学自身也是管理的权利主体。以法定的形式对政府与大学之间这种通过协商谈判而达成的契约加以认同,正是现代大学制度建设的题中之义。城市参与大学章程制定是政府与大学协商、谈判后的产物,大学章程一旦通过地方政府的审核,就以成文法的形式稳定下来,由此大学才能真正依法自主办学,政府也能够依法参与大学的管理。

(三) 外来经验借鉴

近两个世纪以来,德国与美国的大学堪称世界高等教育的杰出代表。以上两个国家的高等教育经历了较长时期的发展,形成了相对完善与合理的现代大学制度体系,值得我们学习和借鉴。

德国大学管理模式的主要特点是强调联邦政府的宏观调控与大学的自主发展,限制州政府对大学的直接干预。特别是 1985 年《高等教育总纲法》的出台,给了科学审议会较大的权力,同时在审议会的席位上,联邦与学者利益的代表所占比重达到了 72%,而州政府的席位只有 28%,此外各州有关高等教育的重大决策须经审议会批准,州政府虽然直接领导大学,但实际上又不能随意干预大学的工作。"20 世纪 70 年代以来,联邦政府根据新宪法关于'联邦政府就高等教育的一般性原则制定纲领性法律'的规定,制定了一系列的法规,使得'几乎所有涉及高等教育的问题都有相应的法律规定',这些法律对州政府控制大学的权力进行了约束,同时也对大学的权力进行了规范。"①

按照美联邦宪法，联邦政府并不直接管理高等教育，而是由州政府通过州议会的教育立法实现对教育的规划与管理。州议会对所在州的教育法案、教育目标与教育政策握有重要权力，甚至州教育董事会的职权也是通过州议会裁量而确定。然而，州议会的权利也并不是没有制约的，联邦对州就有制衡的力量。在 20 世纪的达特茅斯学院一案中，联邦政府就有否定州议会决定的先例。虽然教育立法是州的保留权力，但在实践中州的教育法受到联邦对公民保护权利的制约。因此总的来说，在美国，联邦政府对高等教育的影响力是深远的。具体到各州高等教育管理事务，一般说来都是由州立法机关指定一所州级机构负责，这类机构要么由州立法机关以法令的形式建立，要么是以宪法的形式建立。州政府主要通过制定高等教育的法规、高等教育发展规划以及财政资助和预算等方式实现对本州的教育管理，对本州高校管理、教学、财政等方面施加直接的影响。②

大致而言，在处理地方政府与大学的关系上，无论是美国还是德国都以立法作为途径。德国在加强联邦政府宏观调控的同时，其立法机关也制定了细则性的一系列法规，从而明晰政府与大学的权利与义务；美国由于其政权特点，州议会的教育权力很大，然而同样也受到联邦政府的制约。州的教育权主要通过州的立法机关得以表达，也就是说州议会通过立法参与大学的管理，与我国相比，美、德等国的州议会在大学事务上表现得更为活跃，其中蕴含的大学"法治"精神和政校之间的关系区分值得我国借鉴。

总之，让城市参与大学治理与章程制定，以立法的形式寻求对大

---

① 张俊宗：《现代大学制度》，中国社会科学出版社 2004 年版，第 154 页。
② 刘勤勇：《论美国立体式高等教育管理体制》，《高等教育研究》2000 年第 2 期，第 107—109 页。

学的契约治理，对于构建现代大学制度、完善我国大学治理结构和充分发挥大学组织功能具有重要意义。我国应在充分思考与借鉴的基础上，尽快探索出一条可行之路。

（本文选自《国家教育行政学院学报》2013年第5期）